日本比較法研究所翻訳叢書
82

学習と実務
医事刑法入門

エリック・ヒルゲンドルフ 著

髙橋直哉 訳

Eric Hilgendorf

Einführung in das Medizinstrafrecht

中央大学出版部

EINFÜHRUNG IN DAS MEDIZINSTRAFRECHT
by Eric Hilgendorf
© Verlag C.H.Beck oHG, München 2016

装幀　道吉　剛

日本語版へのはしがき

　医事刑法に関するこの著作は、このテーマに関する他の教科書とはいくつかの点で異なっています。一方では、限られた紙幅の中で、実定法の規定のほかに、法的状況を理解するために必要だと思われるところでは、精神史や法倫理学的な基礎も描き出すことが試みられています。他方ではまた、臨死介助団体の登場から人間の「サイボーグ化」に至るまで、近時の動きや最新の動向について、少なくとも言及はすることに努めました。医学は、今日、科学技術が進歩したすべての国々において、最も急速に変化している分野の一つです。法は、就中、刑法も、この展開を制御し、人間にふさわしい方向から外れないように保つ任務を有しています。これは、国内的な課題ではなく、国際的な課題です。

　そのようなわけで、本書が日本においても関心を持たれ、今や日本語の翻訳書が出版される運びとなったことは、著者にとって大きな喜びです。翻訳にご尽力いただいたことについて、友人である髙橋直哉氏並びに只木誠氏に心から感謝いたします。この仕事が、日本とドイツの法文化間の密接な結びつきをより一層深め、まさしく医事刑法の領域も含め更なる協同への道を切り開く一助となることを願っています。

　2018年6月　ファイツヘーヒハイムにて

　　　　　　　　　　　　　　　　　　　　　　エリック・ヒルゲンドルフ

はしがき

　この教科書は、私が 2001 年以降ヴュルツブルク大学で行った医事刑法に関する講義に由来するものです。ターゲットグループには、若い法律家だけでなく、医師や他の医療関係者も含まれます。更に、本書は、医学と刑法の関係における様々な問題に関心のある全ての人を対象としています。

　幅広いターゲットグループに対応するために、私は、できる限り明確でわかりやすく叙述することに努めました。多数の図表や分類を挙げることで、とっつきやすいものにしたつもりです。それに比べて、詳細な解釈論は後退せざるを得ませんでした。他方、例えば、臨死介助の法的な規制といったまさに世界観的に特別に議論の多い問題に関しては、読者が独自に判断を下すことを可能にするために、歴史的な展開にも目配りをしました。

　本書が成るに当たっては、Meike Heinz と Susanne Beck（今では、彼女自身もハノーファーで教授となっています）の協力を得、その後、Carsten Kusche と、とりわけ、Katharina May の協力を得ました。彼/彼女ら全員に、厚く御礼申し上げます。Kerstin Schmiedel と Marcel Gernert は脚注資料をチェックし、Annika Schömig は索引を作成し、Enis Tiz はゲラ刷りの校正の際に手伝ってくれました。これについても同様に、心から謝意を表します。

　建設的な批判は大歓迎です！
　どうぞ、Hilgendorf@jura.uni-wuerzburg.de までご連絡ください。

2016 年 1 月　ファイツヘーヒハイムにて

　　　　　　　　　　　　　　　　　　　　　　エリック・ヒルゲンドルフ

略 語 一 覧

AG	Amtsgericht
AMG	Arzneimittelgesetz
AöR	Archiv des öffentlichen Rechts (Zeitschrift)
AP	Arbeitsrechtliche Praxis (Nachschlagewerk des Bundesarbeitsgerichts; Entscheidungssammlung)
APuZ	Aus Politik und Zeitgeschichte (Zeitschrift)
Art.	Artikel
ArztR	Arztrecht
ArztStrafR	Arztstrafrecht
AT	Allgemeiner Teil
Az.	Aktenzeichen
BÄK	Bundesärztekammer
BAG	Bundesarbeitsgericht
BayObLG	Bayerisches Oberstes Landesgericht
BB	Betriebs-Berater (Zeitschrift)
Bd.	Band
BFH	Bundesfinanzhof
BGB	Bürgerliches Gesetzbuch
BGBl.	Bundesgesetzblatt
BGH	Bundesgerichtshof
BGHSt	Entscheidungen des Bundesgerichtshofes in Strafsachen
BGHZ	Entscheidungen des Bundesgerichtshofes in Zivilsachen
BioPat-RL	Biopatentrichtlinie
BT	Besonderer Teil
BT-Drs.	Bundestags-Drucksache
BtMG	Betäubungsmittelgesetz
BVerfG	Bundesverfassungsgericht
BVerfGE	Entscheidungen des Bundesverfassungsgerichtes
DÄBl.	Deutsches Ärzteblatt
DFG	Deutsche Forschungsgemeinschaft
dh	das heißt
DNA	Desoxyribonukleinsäure
DSO	Deutsche Stiftung Organtransplantation
EG	Europäische Gemeinschaft
EGMR	Europäischer Gerichtshof für Menschenrechte

EschG	Embryonenschutzgesetz
EuGH	Europäischer Gerichtshof
f./ff.	folgende Seite(n), Randnummer(n) usw.
FamRZ	Zeitschrift für das gesamte Familienrecht
FAZ	Frankfurter Allgemeine Zeitung
FD-SozVR	Fachdienst Sozialversicherungsrecht (Online-Newsletter)
fMRT	funktionelle Magnetresonanztomographie
Fn.	Fußnote
FS	Festschrift
GewO	Gewerbeordnung
GG	Grundgesetz
GRUR Int	Gewerblicher Rechtsschutz und Urheberrecht Internationaler Teil (Zeitschrift)
GS	Gedächtnisschrift
HdB	Handbuch
HIV	Humane Immundefizienz–Virus
Hrsg.	Herausgeber
IVF	In-vitro-Fertilisation
iVm	in Verbindung mit
JA	Juristische Arbeitsblätter (Zeitschrift)
JR	Juristische Rundschau (Zeitschrift)
Jura	Juristische Ausbildung (Zeitschrift)
JuS	Juristische Schulung (Zeitschrift)
JZ	Juristenzeitung (Zeitschrift)
Kap.	Kapitel
KG	Kammergericht
LG	Landgericht
LK	Leipziger Kommentar (vgl. Literaturverzeichnis)
LohnFG	Lohnfortzahlungsgesetz
LSG	Landessozialgericht
MAH	Münchener Anwaltshandbuch
MBO-Ä	(Muster-)Berufsordnung für die in Deutschland tätigen Ärztinnen und Ärzte
MDR	Monatsschrift für Deutsches Recht (Zeitschrift)
MedR	Medizinrecht (Zeitschrift)

MedStrafR	Medizinstrafrecht
MRT	Magnetresonanztomographie
MüKo	Münchener Kommentar (vgl. Literaturverzeichnis)
NJW	Neue Juristische Wochenschrift (Zeitschrift)
NK	Nomos Kommentar (vgl. Literaturverzeichnis)
NStZ	Neue Zeitschrift für Strafrecht
NStZ-RR	Neue Zeitschrift für Strafrecht, Rechtsprechungsreport
NVwZ	Neue Zeitschrift für Verwaltungsrecht
öStGB	Strafgesetzbuch (Österreich)
OLG	Oberlandesgericht
PEG (-Sonde)	Perkutane endoskopische Gastrostomie (=Magensonde durch die Bauchdecke)
PET	Positronen-Emissions-Tomographie
PID	Präimplantationsdiagnostik
RGSt	Entscheidungen des Reichsgerichts in Strafsachen
RL	Richtlinie
Rn.	Randnummer
Rspr.	Rechtsprechung
S.	Seite, im Zusammenhang mit Paragraphenangaben Satz
SÄZ	Schweizerische Ärztezeitung
SGB	Sozialgesetzbuch
StaatsR	Staatsrecht
StÄG	Strafrechtsänderungsgesetz
StäKo	Ständige Kommission Organtransplantation
SteuerR	Steuerrecht
StGB	Strafgesetzbuch
StrafR	Strafrecht
st. Rspr.	ständige Rechtsprechung
StV	Strafverteidiger (Zeitschrift)
StZG	Stammzellgesetz
TPG	Transplantationsgesetz
Urt.	Urteil
UStG	Umsatzsteuergesetz
v.	von
Var.	Variante

VerfassungsR	Verfassungsrecht
VersR	Versicherungsrecht (Zeitschrift)
VG	Verwaltungsgericht
Vgl.	vergleiche
Vorbem.	Vorbemerkung
WHO	World Health Organization (Weltgesundheitsorganisation)
WirtschaftsR	Wirtschaftsrecht
wistra	Zeitschrift für Wirtschafts- und Steuerrecht
WRV	Weimarer Reichsverfassung
ZRP	Zeitschrift für Rechtspolitik
ZStW	Zeitschrift für die gesamte Strafrechtswissenschaft

文 献 一 覧

Andreas/Debong/Bruns HdB ArztR/*Bearbeiter*.....................	Andreas/Debong/Bruns, Handbuch Arztrecht in der Praxis, 2007
AWHH StrafR BT	Arzt/Weber/Heinrich/Hilgendorf, Strafrecht Besonderer Teil, 3. Aufl. 2015
Badura-Lotter, Forschung an embryonalen Stammzellen	Badura-Lotter, Forschung an embryonalen Stammzellen, Zwischen biomedizinischer Ambition und ethischer Reflexion, 2005
Baier, Medizin im Sozialstaat....	Baier, Medizin im Sozialstaat, Medizinsoziologische und medizinpolitische Aufsätze, 1978
Beck, Stammzellforschung........	Beck, Stammzellforschung und Strafrecht, Zugleich eine Bewertung der Verwendung von Strafrecht in der Biotechnologie, 2006
Becker/Schipperges, Krankheitsbegriff	Becker/Schipperges (Hrsg.), Krankheitsbegriff, Krankheitsforschung, Krankheitswesen, 1995
Below, Der Arzt im römischen Recht	Below, Der Arzt im römischen Recht, 1953
Benda/Maihofer/Vogel HdB VerfassungsR	Benda/Maihofer/Vogel, Handbuch des Verfassungsrechts der Bundesrepublik Deutschland, 2. Aufl. 1994
Binding/Hoche, Freigabe der Vernichtung lebensunwerten Lebens	Binding/Hoche, Die Freigabe der Vernichtung lebensunwerten Lebens. Ihr Maß und ihre Form, 1920; neu hrsg. und mit einer Einführung versehen von Naucke, 2006
BJTW, Selbstbestimmung im Sterben.................................	Borasio/Jox/Taupitz/Wiesing, Selbstbestimmung im Sterben–Fürsorge zum Leben: Ein Gesetzesvorschlag zur Regelung des assistierten Suizids, 2014
Bockelmann, Strafrecht des Arztes..................................	Bockelmann, Strafrecht des Arztes, 1968
Borowy, Postmortale Organentnahme	Borowy, Die postmortale Organentnahme und ihre zivilrechtlichen Folgen, 2000
Byrd/Hruschka/Joerden, Jahrbuch für Recht und Ethik ...	Byrd/Hruschka/Joerden (Hrsg.), Jahrbuch für Recht

	und Ethik/Annual Review of Law and Ethics, Bd. 15, 2007
Czeguhn/Hilgendorf/Weitzel, Eugenik und Euthanasie 1850–1945	Czeguhn/Hilgendorf/Weitzel (Hrsg.), Eugenik und Euthanasie 1850–1945. Frühformen, Ursachen, Entwicklungen, Folgen, 2009
Czerner, Euthanasie-Tabu	Czerner, Das Euthanasie-Tabu: Vom Sterbehilfe Diskurs zur Novellierung des § 216 StGB, 2004
Dabrock/Ried, Therapeutisches Klonen als Herausforderung	Dabrock/Ried (Hrsg.), Therapeutisches Klonen als Herausforderung für die Statusbestimmung des menschlichen Embryos, 2005
Damschen/Schönecker, Moralischer Status menschlicher Embryonen	Damschen/Schönecker (Hrsg.), Der moralische Status menschlicher Embryonen. Pro und contra Spezies-, Kontinuums-, Identitäts- und Potentialitätsargument, 2002
Darwin, Die Entstehung der Arten	Darwin, Die Entstehung der Arten durch natürliche Zuchtwahl, übersetzt von Neumann, 1963
Decher, Signatue der Freiheit	Decher, Die Signatur der Freiheit: Ethik des Selbstmords in der abendländischen Philosophie, 1999
Dettmeyer, Medizin & Recht	Dettmeyer, Medizin & Recht, Rechtliche Sicherheit für den Arzt, 2. Aufl. 2006
Dierks/Wienke/Eisenmenger, Rechtsfragen der Präimplantationsdiagnostik	Dierks/Wienke/Eisenmenger (Hrsg.), Rechtsfragen der Präimplantationsdiagnostik, 2007
Dreier/*Bearbeiter*	Dreier (Hrsg.), Grundgesetz - Kommentar, Bd. 1, 3. Aufl. 2013
Eser/Lutterotti/Sporken, Lexikon Medizin, Ethik, Recht	Eser/Lutterotti/Sporken (Hrsg.), Lexikon Medizin, Ethik, Recht, 1992
Esser, Verfassungsrechtliche Aspekte der Lebendspende	Esser, Verfassungsrechtliche Aspekte der Lebendspende von Organen zu Transplantationszwecken, 2000
Fabrizy	Fabrizy, Strafgesetzbuch und ausgewählte Nebengesetze (Kurzkommentar), 11. Aufl. 2013
Fischer	Fischer, Strafgesetzbuch und Nebengesetze,63. Aufl. 2016
FLHRBS, Enhancement	Fuchs/Lanzerath/Hillebrand/Runkel/Balcerak/

文 献 一 覧　*xi*

	Schmitz, Enhancement. Die ethische Diskussion über biomedizinische Verbesserungen des Menschen, 2002
Frister StrafR AT	Frister, Strafrecht Allgemeiner Teil, 7. Aufl. 2015
FS Brohm	Der Wandel des Staates vor den Herausforderungen der Gegenwart. Festschrift für Winfried Brohm zum 70. Geburtstag, hrsg. von Eberle/Ibler/Lorenz, 2002
FS Horn	Zivil- und Wirtschaftsrecht im Europäischen und Globalen Kontext. Private and Commercial Law in a European and Global Context. Festschrift für Norbert Horn zum 70. Geburtstag, hrsg. von Berger/Borges/Herrmann (u.a.), 2006
FS Kühl	Festschrift für Kristian Kühl zum 70. Geburtstag, hrsg. von Heger/Kelker/Schramm, 2014
FS Lenckner	Festschrift für Theodor Lenckner zum 70. Geburtstag, hrsg. von Eser/Schittenhelm/Schumann, 1998
FS Miyazawa	Festschrift für Koichi Miyazawa: Dem Wegbereiter des japanisch-deutschen Strafrechtsdiskurses, hrsg. von Kühne, 1995
FS Roxin	Strafrecht als Scientia Universalis. Festschrift für Claus Roxin zum 80. Geburtstag, hrsg. von Heinrich/Jäger/Achenbach/Amelung/Bottke/Haffke/Schünemann/Wolfter, 2011
FS Schreiber	Strafrecht–Biorecht–Rechtsphilosophie. Festschrift für Hans-Ludwig Schreiber zum 70. Geburtstag, hrsg. von Amelung/Beulke/Lilie/Rüping/Rosenau/Wolfslast, 2005
FS Schwartländer	Würde und Recht des Menschen. Festschrift für Johannes Schwartländer zum 70. Geburtstag, hrsg. von Heiner/Brugger/Dicke, 1992
FS Sootak	Nullum ius sine scientia. Festschrift für Jaan Sootak, hrsg. von Parmas/Pruks, 2008
FS Tröndle	Festschrift für Herbert Tröndle zum 70. Geburtstag, hrsg. von Jescheck/Vogler, 1989
FS Tübinger Juristenfakultät	Tradition und Fortschritt im Recht. Festschrift gewidmet der Tübinger Juristenfakultät zu ihrem 500jährigen Bestehen 1977 von ihren gegenwärtigen Mitgliedern und in deren Auftrag, hrsg. von Gernhuber, 1977
FS Yenisey	Festschrift für Feridun Yenisey zum 70. Geburtstag, hrsg. von Nuhoğlu, 2014
Gesang, Perfektionierung des Menschen	Gesang, Perfektionierung des Menschen, 2007
Gethmann-Siefers/Huster, Präimplantationsdiagnostik	Gethmann-Siefers/Huster (Hrsg.), Recht und Ethik in

GS Schröder............................	der Präimplantationsdiagnostik, 2005 Gedächtnisschrift für Horst Schröder, hrsg. v. Stree/ Lenckner/Cramer/Eser, 1978
Günther/Taupitz/Kaiser/ *Bearbeiter*	Günther/Taupitz/Kaiser, Embryonenschutzgesetz, Juristischer Kommentar mit medizinisch-naturwissenschaftlichen Grundlagen, 2. Aufl. 2014
Hilgendorf, Tatsachenaussagen und Werturteile	Hilgendorf, Tatsachenaussagen und Werturteile im Strafrecht entwickelt am Beispiel des Betruges und der Beleidigung, 1998
Hilgendorf, Valerius StrafR AT...	Hilgendorf/Valerius, Strafrecht Allgemeiner Teil, 2. Aufl. 2015
Hippokrates, Ausgewählte Schriften.................................	Hippokrates. Ausgewählte Schriften. Aus dem Griechischen übersetzt und herausgegeben von Hans Diller, 1994
Höfling/*Bearbeiter*	Höfling (Hrsg.), Transplantationsgesetz Kommentar, 2. Aufl. 2013
Hörnle, Gutachten C zum DJT 2014..	Hörnle, Kultur, Religion, Strafrecht–Neue Herausforderungen in einer pluralistischen Gesellschaft, Gutachten C zum 70. Deutschen Juristentag, 2014
Hoerster, Sterbehilfe im säkularen Staat	Hoerster, Sterbehilfe im säkularen Staat, 1998
Honnefelder/Streffer, Jahrbuch für Wissenschaft und Ethik	Honnefelder/Streffer (Hrsg.), Jahrbuch für Wissenschaft und Ethik, Bd. 8, 2003
Isensee/Kirchhof HdB StaatsR ..	Isensee/Kirchhof, Handbuch des Staatsrechts, Bd. V: Rechtsquellen, Organisation, Finanzen, 3. Aufl. 2007
Jäger StrafR AT	Jäger, Examens-Repetitorium Strafrecht Allgemeiner Teil, 7. Aufl 2015
Jakobs, Tötung auf Verlangen	Jakobs, Tötung auf Verlangen, Euthanasie und Strafrechts-system. Öffentlicher Vortrag vom 2. Februar 1998
Joerden/Hilgendorf/Thiele, Menschenwürde und Medizin ...	Joerden/Hilgendorf/Thiele (Hrsg.), Menschenwürde und Medizin Ein interdisziplinäres Handbuch, 2013
Joerden/Szwarc, Europäisierung des Strafrechts................	Joerden/Szwarc (Hrsg.), Europäisierung des Strafrechts in Polen und Deutschland, 2007
Korff/Beck/Mikat, Lexikon der Bioethik.................................	Korff/Beck/Mikat (Hrsg.), Lexikon der Bioethik, 3

文 献 一 覧 *xiii*

Kraatz, Arztstrafrecht .... Kaatz, Arztsrafrecht 2013
Kress, Ethik der Rechtsordnung . Kress, Ethik der Rechtsordnung, Staat, Grundrechte und Religionen im Licht der Rechtsethik, 2012
Kress, Medizinische Ethik .... Kress, Medizinische Ethik. Gesundheitsschutz, Selbsbestimmungsrechte, heutige Wertkonflikte. 2. Aufl. 2009
Krey/Heinrich/Hellmann StrafR BT 1 .... Krey/Heinrich/Hellmann, Strafrecht Besonderer Teil, Band 1, 15. Aufl. 2012
Kühl StrafR AT .... Kühl, Strafrecht Allgemeiner Teil, 7. Aufl. 2012
Lackner/Kühl .... Lackner/Kühl, Strafgesetzbuch mit Erläuterungen, 28. Aufl. 2014
Lanzerath, Krankheit und ärztliches Handeln .... Lanzerath, Krankheit und ärztliches Handeln, Zur Funktion des Krankheitsbegriffs in der medizinischen Ethik, 2000
Laufs HdB ArztR/*Bearbeiter*..... Laufs, Handbuch des Arztrechts, 2. Aufl. 1999
Laufs/Katzenmeier/Lipp ArztR .. Laufs/katzenmeier/Lipp, Arztrecht, 7. Aufl. 2015
Laufs/Kern HdB ArztR/ *Bearbeiter* .... Laufs/Kern, Handbuch des Arztrechts, 4. Aufl. 2010
Laufs/Uhlenbruck HdB ArztR/ *Bearbeiter* .... Laufs/Uhlenbruck Handbuch des Arztrechts, 3. Aufl. 2002

Lenk, Therapie und Enhancement .... Lenk, Therapie und Enhancement. Ziele und Grenzen der modernen Medizin, Münsteraner Bioethik-Studien, Bd. 2, 2002
Lifton, Ärzte im Dritten Reich ... Lifton, Ärzte im Dritten Reich, 1998
LK-StGB/*Bearbeiter* .... Leipziger Kommentar: Strafgesetzbuch, hrsg. v. Laufhütte/Rissing-van Saan/Tiedemann, 12. Aufl. 2006 ff.
MAH MedR/*Bearbeiter*............ Münchener Anwaltshandbuch Medizinrecht, hrsg. von Terbille/Clausen/Schroeder-Printzen, 2. Aufl. 2013
Maio, Ethik in der Medizin .... Maio, Mittelpunkt Mensch: Ethik in der Medizin, 2011
Maio/Just, Forschung an embryonalen Stammzellen .... Maio/Just, Die Forschung an embryonalen Stammzellen in ethischer und rechtlicher Perspektive, 2003
Mann, Biologismus im 19. Jahrhundert .... Mann, Biologismus im 19. Jahrhundert, Vorträge eines Symposiums vom 30. bis 31. Oktober 1970 in Frankfurt am Main, 1973

Maurach/Schroeder/Maiwald

StrafR BT 1	Maurach/Schroeder/Maiwald, Strafrecht Besonderer Teil. Teilband 1: Straftaten gegen Persönlichkeits- und Vermögenswerte, 10. Aufl. 2010
Mitscherlich/Mielke, Medizin ohne Menschlichkeit	Mitscherlich/Mielke (Hrsg.), Medizin ohne Menschlichkeit. Dokumente des Nürnberger Ärzteprozesses, 1989
Morus, Utopia	Morus, Der utopische Staat: Utopia Sonnenstaat. Neu-Atlantis, hrsg. v. Heinisch, 1960
MüKoStGB/*Bearbeiter*	Münchner Kommentar zum Strafgesetzbuch, hrsg. von Joecks/ Miebach, 2. Aufl. 2011 ff.
NK-MedR/*Bearbeiter*	Nomos Kommentar zum gesamten Medizinrecht, hrsg. v. Bergmann/Pauge/Steinmeyer, 2. Aufl. 2014
NK-StGB/*Bearbeiter*	Nomos Kommentar zum Strafgesetzbuch, hrsg. v. Kindhäuser/Neumann/Paeffgen, 4. Aufl. 2013
Oduncu/Schroth/Vossenkuhl, Stammzellenforschung und therapeutisches Klonen	Oduncu/Schroth/Vossenkuhl (Hrsg.), Stammzellenforschung und therapeutisches Klonen, 2002
Osterlow, Biostrafrecht	Osterlow, Biostrafrecht. Eine neue wissenschaftliche Teildisziplin. (Das Strafrecht vor neuen Herausforderungen, Bd. 6), 2004
Parens, Enhancing Human Traits	Parens (Hrsg.), Enhancing Human Traits: Ethical and Social Implications, 2000
Ponsold, Lehrbuch der gerichtlichen Medizin	Ponsold (Hrsg.), Lehrbuch der gerichtlichen Medizin, 3. Aufl. 1967
PSKP StaatsR II	Pieroth/Schlink/Kingreen/Poscher, Grundrechte Staatsrecht II, 30. Aufl. 2014
Putz/Steldinger, Patientenrechte	Putz/Steldinger, Patientenrechte, 5. Aufl. 2014
Rieger, Lexikon des ArztR	Rieger, Lexikon des Arztrechts, 1984
Roxin/Schroth HdB MedStrafR	Roxin/Schroth (Hrsg.), Handbuch des Medizinstrafrechts, 4. Aufl. 2010
Saliger, Selbstbestimmung bis zuletzt	Saliger, Selbstbestimmung bis zuletzt. Rechtsgutachten zum Verbot organisierter Sterbehilfe, 2015
Schipperges/Seidler/Unschuld, Krankheit, Heilkunst, Heilung	Schipperges/Seidler/Unschuld, Krankheit, Heilkunst, Heilung, 1991
Schönke/Schröder/*Bearbeiter*	Schönke/Schröder, Strafgesetzbuch, 29. Aufl. 2014
Schulz, Verantwortlichkeit bei autonom agierenden Systemen	Schulz, Verantwortlichkeit bei autonom agierenden

文 献 一 覧 *xv*

	Systemen. Fortentwicklung des Rechts und Gestaltung der Technik, 2015
Singer, Praktische Ethik...........	Singer, Praktische Ethik, 2013
SKGO/*Bearbeiter*....................	Schroth/König/Gutmann/Oduncu, Transplantationsgesetz, Kommentar, 2005
Stockter, Verbot genetischer Diskriminierung	Stockter, Das Verbot genetischer Diskriminierung und das Recht auf Achtung der Individualität, 2008
Ulsenheimer ArztStrafR	Ulsenheimer, Arztstrafrecht in der Praxis, 5. Aufl. 2015
Verrel, Patientenautonomie und Strafrecht bei der Sterbebegleitung	Verrel, Patientenautonomie und Strafrecht bei der Sterbebegleitung. Gutachten C für den 66. Deutschen Juristentag, 2006
Wabnitz/Janovsky HdB Wirtschafts-/SteuerR	Wabnitz/Janovsky (Hrsg.), Handbuch des Wirtschafts- und Steuerrechts, 4. Aufl. 2014
Wessels/Beulke/Satzger StrafR AT	Wessels/Beulke/Satzger, Strafrecht Allgemeiner Teil, 45. Aufl. 2015
Wessels/Hettinger StrafR BT 1....	Wessels/Hettinger, Strafrecht Besonderer Teil 1, Straftaten gegen Persönlichkeits- und Gemeinschaftswerte, 36. Aufl. 2012
Wiesing, Ethik in der Medizin ...	Wiesing (Hrsg.), Ethik in der Medizin, Ein Studienbuch, 4. Aufl. 2012

目　　次

日本語版へのはしがき

は し が き

略 語 一 覧

文 献 一 覧

第1章　序

I　医学と刑法 ………………………………………………………………… *1*

II　医事刑法の歴史に関する概観 ………………………………………… *1*

III　ヒポクラテスの誓い …………………………………………………… *4*

IV　世界医師会のジュネーブ宣言 ………………………………………… *7*

V　医事刑法の法律上の基盤 ……………………………………………… *9*

VI　医事刑法の展開動向 …………………………………………………… *9*

VII　医事刑法の特殊性 ……………………………………………………… *10*

第2章　医的な治療侵襲

I　本章で取り扱われるべき問題提起に関する序論と概観 ………… *13*

II　傷害としての狭義の治療侵襲 ………………………………………… *14*

　　1．補説：構成要件該当性、違法性、責任　　*14*

　　2．傷害としての治療侵襲　　*16*

III　治療侵襲の特別な問題 ………………………………………………… *18*

IV　医学的適応性のない侵襲 ……………………………………………… *21*

V　同意による正当化 ……………………………………………………… *21*

　　1．有効な同意の一般的な要件　　*22*

　　2．意思の欠缺　　*23*

3．未成年者の場合の侵襲　　24
　　4．特殊な事例：乳幼児の割礼　　25
　　5．侵襲が善良な風俗に反する場合　　28
　Ⅵ　医師による説明 …………………………………………………… 30
　　1．有効な説明の要件に関する概説　　30
　　2．説明の種類　　31
　　3．説明の時点　　32
　　4．説明の形式　　33
　　5．説明義務を負う人　　34
　　6．説明義務の及ぶ範囲　　35
　　7．説明義務の不存在　　37
　　8．説明に伴う実務上の問題　　39
　Ⅶ　推定的同意による正当化 ………………………………………… 39
　Ⅷ　仮定的同意 ………………………………………………………… 41
　Ⅸ　刑法典34条の正当化する緊急避難による正当化 …………… 41
　Ⅹ　施術の拡大 ………………………………………………………… 42
　　1．施術の拡大の問題性　　42
　　2．施術の拡大の場合の正当化事由　　43
　Ⅺ　侵襲の特別な形態 ………………………………………………… 44

第3章　補説：安楽死の歴史について

　Ⅰ　「安楽死」という概念について ………………………………… 45
　Ⅱ　古代ギリシャ・ローマにおける安楽死 ………………………… 45
　Ⅲ　近代初期における安楽死 ………………………………………… 46
　Ⅳ　19世紀及び20世紀における安楽死を巡る議論について …… 47
　　1．社会ダーウィニズム　　47
　　2．優　生　学　　49
　　3．民族衛生学　　50

4．国家社会主義の時代における安楽死　*52*

　　5．ナチズムの安楽死の先駆者　*53*

　Ⅴ　今日の議論との違い ………………………………………………… *59*

第4章　臨死介助の権利 – 法的状況と現今の改正

　Ⅰ　序 ……………………………………………………………………… *61*

　Ⅱ　臨死介助の概念と種類 ……………………………………………… *62*

　Ⅲ　患者指示 ……………………………………………………………… *68*

　Ⅳ　問題のあるケース …………………………………………………… *70*

　　1．患者の意思の顧慮　*70*

　　2．植物状態の患者についての治療の中止　*72*

　　3．積極的臨死介助と不可罰な自殺幇助との限界づけ　*77*

　　4．新生児に関する治療の中止　*81*

　Ⅴ　積極的臨死介助 ……………………………………………………… *83*

　　1．オランダ、ベルギー、ルクセンブルクにおける安楽死に関する規定　*84*

　　2．ドイツにおける積極的臨死介助についての諸提案　*85*

　Ⅵ　臨死介助の将来 ……………………………………………………… *88*

第5章　臨死介助団体

　Ⅰ　序 ……………………………………………………………………… *91*

　Ⅱ　ディグニタスの活動の仕方について ……………………………… *91*

　Ⅲ　刑法上の評価 ………………………………………………………… *93*

　Ⅳ　臨死介助団体を法的な規制対象とすることを支持する論拠 …… *94*

　Ⅴ　新たな法的状況 ……………………………………………………… *95*

第6章　妊娠中絶

　Ⅰ　序 ……………………………………………………………………… *101*

　Ⅱ　未生の生命の段階的な保護 ………………………………………… *103*

1．着床前の法的な状況　　*103*

   2．着床後の法的な状況　　*104*

   3．分娩の時点　　*109*

 Ⅲ　要約：段階的な生命保護の体系 ……………………………………………*111*

第7章　胚の保護と幹細胞研究

 Ⅰ　序 ……………………………………………………………………………*113*

 Ⅱ　倫理的な議論の概観 ……………………………………………………*114*

   1．地位の問題　　*114*

   2．帰結の問題　　*118*

 Ⅲ　憲　　　法 …………………………………………………………………*120*

 Ⅳ　胚保護法（ESchG） ………………………………………………………*121*

   1．立　法　史　　*121*

   2．胚保護法の胚概念　　*122*

   3．胚保護法の禁止　　*122*

   4．外国における胚研究　　*128*

 Ⅴ　幹　細　胞　法 ……………………………………………………………*128*

   1．基礎と立法史　　*128*

   2．幹細胞法の胚の概念　　*130*

   3．幹細胞研究の申請　　*130*

   4．幹細胞法の枠内における可罰性　　*131*

第8章　臓　器　移　植

 Ⅰ　序 ……………………………………………………………………………*133*

 Ⅱ　臓器移植の歴史 ……………………………………………………………*135*

 Ⅲ　移植法（TPG）の意義について …………………………………………*135*

 Ⅳ　移植法の適用領域 …………………………………………………………*136*

 Ⅴ　死後の臓器提供の要件 ……………………………………………………*137*

1．提供者の死－死の基準としての脳死　*137*

　　2．死後の臓器移植の規制モデル　*139*

　　3．移植法3条、4条の規定　*143*

Ⅵ　関係者及び関係機関 …………………………………………… *144*

　　1．摘　出　病　院　*144*

　　2．移植受入担当者　*144*

　　3．移植中核病院　*145*

　　4．調　整　機　関　*145*

　　5．あっせん機関　*146*

　　6．連邦医師会（BÄK）　*146*

　　7．委　員　会　*147*

Ⅶ　臓器提供の流れ ………………………………………………… *149*

Ⅷ　「移植スキャンダル」 …………………………………………… *150*

　　1．実　　　態　*150*

　　2．裁判所による処理　*151*

　　3．立法者の反応　*153*

　　4．社会的帰結　*154*

Ⅸ　生者による臓器提供 …………………………………………… *155*

Ⅹ　刑　罰　法　規 ………………………………………………… *157*

　　1．刑法典168条1項による処罰　*157*

　　2．移植法19条による処罰　*158*

　　3．臓器取引及び組織取引の禁止、移植法17条、18条　*159*

Ⅺ　異　種　移　植 ………………………………………………… *165*

第9章　医師の守秘義務

Ⅰ　序 ………………………………………………………………… *167*

Ⅱ　刑法典203条の保護法益と意義 ……………………………… *167*

Ⅲ　刑法典203条の構成要件要素 ………………………………… *169*

1．行為者となり得る者　169

　　2．行為客体：秘密　171

　　3．医師の守秘義務の範囲　174

　　4．保護される人　174

　　5．職業に固有の関係　175

　　6．実行行為：秘密の漏示　177

　　7．主観的構成要件　178

　Ⅳ　正当化事由 ……………………………………………………………179

　　1．関係する正当化事由に関する概観　179

　　2．同　　意　180

　　3．推定的同意　181

　　4．正当化する緊急避難　182

　　5．正当な利益の擁護　184

　　6．法律上の開示義務及び開示の権利　184

第10章　汚職と清算詐欺

　Ⅰ　利益収受と収賄 ……………………………………………………………187

　　1．利　益　収　受　187

　　2．収賄、刑法典332条　193

　　3．取引交渉における収賄、刑法典299条　194

　　4．保険制度における汚職の撲滅に関する法律案　196

　　5．外部資金の獲得　198

　Ⅱ　清　算　詐　欺 ……………………………………………………………200

　　1．序　200

　　2．清算詐欺の成立要件　200

第11章　新たな挑戦

　Ⅰ　人間の自己最適化：エンハンスメント ……………………………205

1．自己最適化への傾向　*205*
　　2．現在の展開　*206*
Ⅱ　予測的遺伝子診断 ………………………………………………………*209*
Ⅲ　イメージング技術 ………………………………………………………*213*
Ⅳ　医療ロボット工学と人間と機械の結合 ………………………………*214*
Ⅴ　治療と改善の境界設定について ………………………………………*216*
　　1．医学と倫理学における境界設定　*216*
　　2．法、とりわけ医事刑法における重要性　*218*

訳者あとがき　*223*
索　　引　*225*

第1章　序

I　医学と刑法

1　医学と法学は、単なる理論的な学問分野にとどまらず、様々な形で私たちの生活とかかわりをもつ応用学問でもある。それ故、医事刑法の問題は、学問的な理論において論じられるだけではなく、強い実務との関連性を有する。医師やその他の医療の職に従事する者は、日常的な仕事の中で、絶えず、法律的な問題に直面している。例えば、医師が傷害を理由に処罰されないようにしようとすれば、原則として、患者の身体の完全性を害するいかなる医的侵襲も、患者の同意があることと、更にそのためにきちんとした説明をしていることを必要とする、といった具合である。

2　医事刑法が実務と密接な関係を有しているということは、繰り返し、新たな問題を投げかけることになる。というのも、医学上の研究が急速に発展することで、法的な枠組みを新たに形成することも必要となるからである。それ故、医事刑法は、完結したテーマではなく、常に変転するものである。例えば、臨死介助や着床前診断の権利などが、現今の例である。

3　医学と法学の間のもう一つの共通性は、その人間指向性である。どちらの学問分野も、人間の要求に直接的に応えるものである。医学は、自然科学、とりわけ、人間生物学と密接な関係があり、従って、「応用自然科学」である。それに対して、法学は、伝統的に、方法論的な独自性を強調している。そのため、いろいろと条件付きではあるが、法学は、「応用社会科学」として特徴づけることができる。

II　医事刑法の歴史に関する概観

4　医事刑法は、最近になって案出されたものではない。既に、紀元前約

1700 年に作られたハムラビ法典は、215 条以下に、手術の失敗を理由とする医師の処罰を定めていた。ヒポクラテス（紀元前約 400 年）の誓いは古代ギリシャに由来するが、それは、今日まで、医師の職業倫理の基本であり、伝承されている医事法の重要な源泉である[1]。それは、いわゆる「医療の黄金律」を含んでいる。ローマ法では医師の責任が認められていた[2]。ドイツ法の歴史においては、1532 年のカロリーナ刑法典 134 条で初めて医師の責任が定められ、同条は、「怠惰あるいは技能不足」による殺害 Tötung を規定している[3]。

5 今日、医事刑法は、刑法の確固たる構成要素となっている。現行刑法典は、例えば、過失致死、傷害、妊娠中絶、医師の守秘義務のように、医師の刑法上の責任に（も）関係する数多くの規範を含んでいる。

6 ここ 100 年間の医事刑法の議論の重点を見てみるならば、医学の発達及び医学の技術的な可能性との密接な関連が目を引く：

- 20 世紀の初頭、医事刑法は、特に、医師による治療のための侵襲が傷害として評価されるべきかどうか、という問題に取り組んでいる。もう一つのテーマは、穿頭術 Perforation、すなわち、母親の生命を救うために出産の過程で子を殺害することの許容性である。
- 前世紀の 20 年代には、妊娠中絶の自由化と臨死介助 Sterbehilfe が議論された。新しい諸テーマは、優生学と人種生物学に由来しており、特に、「価値の小さな者」の断種に関係している。
- 優生学と人種生物学は、第三帝国では、ナチズムの犯罪の隠れ蓑になる。特に強い影響力をもったのは、既に 1920 年には出版されていた著名な刑法学者 Karl Binding と精神医学者 Alfred Hoche の「生きる価値なき生命の毀滅」に関する著作である[4]。同書は、精神障害者の大量殺人を正当化

---

1) 後述第 1 章 Rn. 8ff. 参照。
2) その点については、*Below*, Der Arzt im römischen Recht, 108ff. 参照。
3) *Eser* FS Tübinger Juristenfakultät, 1977, 391 (392f.).
4) *Binding/Hoche*, Die Freigabe der Vernichtung lebensunwerten Lebens.

するために引き合いに出されている。
- 終戦後、1946 年及び 1947 年に、ニュルンベルクにおいて、ナチスの命に唯々諾々として従った医師に対する裁判が行われた。人工授精術の領域における進歩は、50 年代に、人工授精の許容性に関する議論の高まりをもたらしている。
- 「経口避妊薬」の発明以降、60 年代には、避妊措置の許容性が議論の的となっている。それと並んで、コンテルガン薬害[5]（サリドマイド）の刑法上の帰結や最初の心臓移植に、医事刑法上の議論は集中していた。
- 70 年代には、医事刑法の展開は、アメリカ合衆国に由来する医療倫理ないしは生命倫理によって影響を受けた。そのような医療倫理や生命倫理は、ドイツにすぐさま受容されている。
- 80 年代には、特に、現代的な再生医療と遺伝子工学（特に、体外受精、後には、着床前診断も）が、公的な議論の的となり、従ってまた医事刑法にも決定的な影響を及ぼした。
- 90 年代の初めに、脳死状態の妊婦に関するエアランゲン事件が、生命機能はその妊婦が分娩するまで維持されるべきかどうかについて世論を揺り動かした。この事件の刑法上の評価は、今日まで、重要な問題を投げかけている[6]。生命法及び刑法上の議論の新たな重点課題は、人間の細胞のクローンと生殖細胞系の改変である。立法者は、既に 1991 年に、胚保護法の公布により、新たな生物工学上の可能性について刑法上の枠組みの設定を試みている。
- 2001 年に立法者は幹細胞法を公布したが、同法は、2007 年に、予期せぬ国際的な影響（特に、国際的な研究機構に属するドイツの研究者及び外国の研究者にとって可罰的となるリスクが相当にあるということ）を理由に改正を余儀なくなされた。類似の問題は、胚保護法に関しても提起されている[7]。

---

5) LG Aachen JZ 1971, 507.
6) *Hilgendorf* Jus 1993, 97ff.
7) *Hilgendorf* FS Sootak, 91ff.

- 目下医事刑法上の議論において関心の的になっているのは、臨死介助、とりわけ、重病ではあるが判断能力のある患者の自殺を医学的に手伝うことの許容性、並びに、ディグニタス Dignitas やエグジット Exit のようないわゆる臨死介助団体の活動である。
- エンハンスメント、すなわち、医学を手段とする健康状態の「改善」、予測的遺伝子診断、イメージング技術、そして最終的には、人間と機械の融合に至るまで医療でのロボットの使用が増加することが、ほぼ確実に、将来の中心的な問題領域となるであろう[8]。

7　以上の概観は、医事刑法の展開が、医学の進歩と、そして一般的には、科学技術の進歩と、いかに強く結び付けられているかを示している。

Ⅲ　ヒポクラテスの誓い

8　ヒポクラテスの誓いは、医師が仕事を行うことにとって特別な意味をもっている。それは、「医学の父」と言われるギリシャの医師ヒポクラテス（紀元前 465-375）にちなんで名づけられたものである。その誓いが実際にヒポクラテスに由来するものかどうかは、確かではない。その誓いは、一面では、歴史的な文書であり、明らかに時代に制約された要素を含んでいる。けれども、他面では、ヒポクラテスの誓いは、今日まで、時代状況に左右されない理想像としての機能をもっている。依然として、それから医療倫理の基礎を引き出すことができる。

9　その誓いの言葉は、以下のような内容である：

「私は、医神アポロン、アスクレピウス、ヒギエイア、パナケイア、そしてあらゆる男女の神々を証人として、自分の能力と判断に従って、この誓いと約束を果たすことを誓う。

---

[8]　それに関して詳細は、第 11 章。

私にこの技を教えてくれた人を、私の両親と同じように敬い、わが財を分かち合い、必要なときにはわが分を与える。その人の子孫を私の兄弟に等しいものと見なし、その人たちが学びたいと望むなら、わが師の技を報酬も約束もなしに教える。そして、書物や講義、その他あらゆる教授法を、わが息子たちやわが師の息子たち、さらには約束を結び医のおきてに従ってこの誓いをたてた弟子たちに分け与えるが、しかしそれ以外の誰にも与えない。

　私は、病人の利益になるように、私の能力と判断に従って、医師として処置を施すが、その人たちに危害を加え、不正に扱うようなことは決してしない。私はたとえ求められたとしても、誰にも致死的な薬を与えはしない。また、誰にも死ぬことへの助言を与えたりすることもしない。また、女性に対して堕胎の手段を提供することもしない。純粋さと神聖さをもって、私は自分の人生と技を守り続ける。私は身体を切って傷つけることはしない。たとえ結石患者に対してであっても、その仕事をなりわいとしている人にまかせよう。どのような家を訪れようとも、私は病人の利益を図り、正義にもとる行為を意図することなく、いかなる悪事も行わない。特に、自由人であれ奴隷であれ、男性とも女性とも性的な関係を持つことをしない。治療の際、あるいは診察以外でも人とのつきあいの中で、人々の生活に関して私が見たり聞いたりすることで、よそには決して知らせてならないものは、黙して語らず、秘密を保持する。もし私がこの誓いを破らず守り通すならば、人生と技を楽しみ、将来ずっと人々によって称えられるということが、願わくば私に許されんことを。しかし、もし私がこの誓いを破るならば、この反対のことが私の運命となることを。」[9]

10　この誓いは、複数の異なる要素から成る。それは、誓いの言葉と神への祈りで始まる。次いで、弟子と師の関係の描写が続く。その後に誓いの中心部

---

[9] *Hippokrates*, Ausgewählte Schriften, 8-10（そこで用いられているナンバリングは省略した）からの引用である。*Eser/Lutterotti/Sporken*, Lexikon Medizin, Ethik, Recht, 114 も参照。

分である医師の義務があり、その主要規則は、医師は誰をも害してはならない（誰も害することなかれ neminem laede）、という言葉に要約することができる。それに続いて、医師の力の濫用を阻止すべき規則が挙げられる。それによれば、医師は、秘密の秘匿を義務づけられ、また、意図的な殺害 gezielte Tötung[10]と堕胎を禁じられる。結石患者の切開の禁止は、その医師の能力と受けた教育を超えた手術を行うことの禁止を象徴する範例である。更に、医師は、女性患者及び男性患者と性的な関係をもってはならない。当該文章で、女性と男性、自由人と奴隷が同時に挙げられていることは、興味深い。そこから、患者の性別や身分のような事情は医師にとって問題とされてはならない、という考え方を読み取ることができる。

11　その誓いの三つの機能を区別することができる。まず、それは、医師の古典的な倫理観 Ethos を表現し、それによって、医師の職業倫理の中心的な基盤を形作っている。更に、患者を害さないことの義務づけや医師の守秘義務は、医師と患者の間の信頼関係の中核的な要素を表現したものであり、それは、今日まで、治療が成功するための不可欠の前提条件となっている。最後に、その誓いは、職業としての医師を定義し、それによって、医師という集団の同一性を創り出している。

12　たとえ、ヒポクラテスの誓いが、今日まで、医師の活動のルールにとって中心的な意義をもっているとしても、紀元前4世紀の時代状況に制約されているということから、今日の目で見ると問題があるとみなされざるを得ない

---

10)　他者に致死的な作用をもつ薬を与えることの禁止は、しばしば、専ら自殺の援助の禁止として解釈されるが、しかし、その解釈は、古代ギリシャ・ローマにおいて自殺が広く受け入れられていたという理由からだけでも既に説得力のあるものではないように思われる。文言からして、その誓いの問題の一節は、第三者が求めてきた意図的な殺害を禁止するという意味で解釈する方がむしろ自然である。従って、医師は、他者に致死的な作用のある手段を提供することを禁じられ、それも詳しく言えば、たとえ第三者がその医師に殺害を求めてきたときであっても禁止されるのである。それに加えて、自殺の援助も含められるべきかどうかは、上述の理由から、少なくとも議論の余地のある問題だと思われる。

点も見られる。例えば、外科活動の禁止は、医師と外科医が以前は厳格に区別されていたことに由来するが、それは今日ではもはや維持できない。堕胎の禁止、ないしは、堕胎への援助の禁止は、刑法典218条以下で刑法にも採用されている広範な社会的合意により、相対化されている。臨死介助の禁止も、それがそもそもその誓いでテーマとされているとすればという条件つきであるが[11]、今日、非常に議論のあるものであり、少なくとも、消極的臨死介助（治療の中止と呼ぶ方がよいであろう）と苦痛の緩和を目的とする積極的臨死介助（いわゆる、間接的な積極的臨死介助）に関する限りでは、問題がある。

13　同様に、その誓いがパターナリスティックな基調をもつことも、問題であり、もはや今の時代に相応しくない。それ故、今日では、しばしば、患者の自己決定権により大なる重要性を認める「ポストヒポクラテス的」医療倫理が必要とされている。立法と判例も、患者の自己決定権を承認している。従って、患者の意思に反して医療措置を行うことは許されない[12]。

14　その意味で、その誓いが今日でもなお時代に適合した医師の倫理観を表現するものかどうかという問いが提起される。その問いに対しては、その誓いの多くの要素は時代に制約されたものであり、今日ではもはや説得力がない、というように答えられなければならないであろう。その誓いに含まれる今日でも不変の内容は、それが、医師に、専ら患者の利益のために行動し、誰も害さず、秘密を守ることを義務づけているところにある。

Ⅳ　世界医師会のジュネーブ宣言

15　第二次世界大戦の後、世界医師会（World Medical Association）は、ジュネーブ宣言を起草した。それは、1948年に可決された。同宣言は、ヒポクラテスの誓いの現代版であると言われている。それは、第三帝国の人体実験や安楽死計画及び1946/47年のニュルンベルク裁判への反応として生まれた

---

11)　脚注10）参照。
12)　詳細は→第2章 Rn. 8ff., 21ff.

ものである。同宣言は、ドイツの連邦医師会によって採択され、今日では、医師の職業規則の一部として妥当している。同宣言を承認することは、ドイツの医師が、1940 年代末以降、世界医師会に加入するための前提条件であった。

16　同宣言は、現在の表現（2006 年）では以下のような文面となっている：

「医師の仕事に携わるにあたって、私は、厳粛に次のことを誓う。私は自分の人生を人類のために捧げる。私は、恩師たちに、当然払われるべき尊敬と感謝の念を示す。私は自分の職務を、誠心誠意、尊厳をもって実践する。患者の健康を、私の最大の関心事とする。私は、患者が私を信頼して打ち明けた秘密を、たとえ患者が亡くなった後でも守り続ける。私は、全力を尽くして、医師という職業の名誉と高貴な伝統を保持する。私の同僚は、私の兄弟姉妹である。私は、患者に対する私の医師としての職責を果たすに当たって、年齢、病気あるいは障害、信仰、民族的な起源、ジェンダー、国籍、政治的所属、人種、性的志向、社会的地位、その他の要因によって影響されない。私は人命を最大限尊重し続ける。私は、たとえ脅されたとしても、自分の医学的な知識を、人権と市民的自由の侵害のために用いない。私は、自由な意思で、そして、自分の名誉にかけて、以上のことを厳粛に誓う。」[13]

17　この宣言は、内容的に、ヒポクラテスの誓いと一致する点を多く含んでいる。もっとも、宗教的な構成要素、並びに、特定の範囲の弟子にしか教授しないとか、特定の手術（結石の手術）をしないとかといった、今日ではもはや時代に適合しない義務づけはない。ヒポクラテスの誓いとの本質的な違いは、同宣言が臨死介助について何らのルールも含んでいない、という点にもある。それに対して、生成中の人の生命の保護は取り扱われている。結局のところ問題となっているのは、現代的、世俗的な形式のヒポクラテスの誓い

---

13)　http://www.bundesaerztekammer.de/fileadmin/user_upload/downloads/Genf.pdf.

V　医事刑法の法律上の基盤

18　医事刑法全体を規制している特別な法律は存在しない。医事刑法の最も重要な規定は、刑法典（StGB）に含まれている。特に、212条（故殺）、222条（過失致死）、216条（要求に基づく殺人）、218条（堕胎）及び223条以下（傷害）が重要である。医事法のいくつかの領域が、特別法で規制されており、そこには刑罰法規も含まれている。特に挙げなければならないのは、胚保護法（ESchG）、幹細胞法（StZG）、薬事法（AMG）、薬物規制法（BtMG）、及び、移植法（TPG）である。医事刑法にも影響を及ぼす基本的な患者の権利は、基本法（GG）に規定されており、とりわけ、人間の尊厳（基本法1条1項）と生命及び身体の完全性への権利（基本法2条2項1文）が重要である。それに加えて、例えば、ヨーロッパ会議の生命倫理協定のような、重要なヨーロッパの準則や国際的な準則が存在する。

19　　　　　　　　　　概要1：医事刑法の法源

ヨーロッパの準則及び国際的な準則
基本法
単純法律の諸規定 刑法典（StGB）、胚保護法（ESchG）、幹細胞法（StZG）、薬事法（AMG）、薬物規制法（BtMG）、移植法（TPG）

VI　医事刑法の展開動向

20　医事刑法の典型的な問題領域は、かつては、「医師刑法」という名称の下で論じられていた。中心となっていた問題は、医師がその様々な活動領域に

おいて可罰的とされ得るのはどのような場合か、例えば、(失敗した) 治療侵襲の場合に傷害を理由に処罰されたり、許されない臨死介助を理由に処罰されたりする可能性があるのはどのような場合か、という問題であった。そうこうするうちに、医師刑法の議論の焦点は、拡張してきている。それによって、医師以外の医療に関係する人々 (看護師、診察助手など) の活動にも目が向けられている。そのような事情は、専門用語の上では、もはや「医師刑法」ではなく「医事刑法」という言葉を用いることが支配的であるということによって、考慮されている。

21 現在では、医師刑法ないしは医事刑法の問題領域は更に拡張しており、古典的な医療上の中心概念である「治療」とはもはやほとんど関係づけることができない問題もテーマとされるに至っている。このことは、例えば、着床前診断やエンハンスメントといった問題に当てはまる。それに伴って、医事刑法は、新たに、「生命刑法」へと変わっている[14]。

Ⅶ 医事刑法の特殊性

22 他の刑法と比べて、医事刑法は、いくつかの特殊性をもっている。ひとつは、既に示されたように、医学的－技術的な展開にかなりの程度依存する、ということである。この展開は現在では猛烈な速度で進歩を遂げているため、医事刑法は絶えず新たな問題提起に直面し続けている。

23 法的な観点では、医事刑法は、例えば、(基本法 1 条 1 項と結びついた) 基本法 2 条 1 項から導き出すことができる患者の自己決定権によって影響されるように、基本法によってかなりの影響を受ける。この基本法の強い影響は、自由保障の機能を営むものであり、それ故、肯定的に評価されるべきである。しかし、他面で、刑法と基本法の解釈学は、異なる論証構造を示しており、その違いは、医事刑法において、しばしば、お互いを一致させることを

---

[14] *Hilgendorf* FS Brohm, 387ff.

非常に困難なものにする可能性がある。

24 医事刑法の3番目の特殊性は、法的根拠がわずかしかなく、更には法的根拠が全くない領域も少なくない、という点にある。このことは、一面では、医学的な可能性が絶え間なく新たな発展をみせるためであるが、他面では、医事刑法の領域においてとてつもなく大きな倫理的問題が生ずるためでもある。多くのケースで、政治には、明白な態度を公に示すという用意が欠けているように思われる[15]。胚の保護、臨死介助、臓器移植、その他多くの関連する問題は、法学だけでなく、他の学問分野、例えば、生命倫理学、道徳神学、更に経済学も取り扱っている問題である、ということも考慮されなければならない。加えて、医事刑法においてはいろいろな法の個別分野が重なり合っているということから、不確実性が生ずる。

25 これらのこと全てが、大きな法的不確実性をもたらし、それは、医師がしばしば法的な境界領域で活動し、その仕事をする際、法が明確なはっきりとした基準を彼らに対して示していないために、彼らは、自分たちの行為が処罰される可能性があるということを考慮しなければならないということによって負担を負わされていると感ずるという事態に至っている。それ故、関係のある重要な問題提起を浮き彫りにし、それに構造を与えること、そして、具体的な個別事例について決定するための基盤として裁判所が適用できるだけの法的評価を示すことが、学問分野としての医事刑法の最も重要な任務に属する[16]。このようにして、医師や治療の仕事に携わるその他の人たちの活動にも、より安定した基盤が設定される。更に、医事刑法は、関連する問題提起を明確にし、体系化することを通じて、立法者のための下準備をし、立

---

[15] 多くの争点が特別な形で世界観的なものを担わされているという事実に直面すると、このような態度をとることは理解できるし、賢明でさえある場合も多いように思われる。他面で、法律が沈黙している場合、個別の事例における決定の負担は司法に負わされることになる。

[16] 「医事刑法」という表現は、一般的な法律学上の言葉遣いに倣えば、一方では、このような法領域の全ての規範の総和を表すとともに、他方では、これらの規範に学問的に（解釈論的に）取り組む活動を特徴づけるものである。

法者の決定を助けることができる。

第 2 章 医的な治療侵襲

I 本章で取り扱われるべき問題提起に関する序論と概観

1 医的な治療侵襲と、とりわけ、それと関連している説明義務は、医師にとって中心的な刑法上の問題の一つである。いかなる侵襲についても、医師は、それに先立って、患者に、その侵襲の種類とそれに伴う類型的なリスクを説明しなければならない。そのため、医師は、法によって自分に命じられている説明義務の範囲を知らなければならない。医療の実務では、まさにこのことが、しばしば問題となる。とりわけ、問題は、医師が「全ての類型的なリスクに関する説明」という概念をどうしたらよいのかほとんどわからない、というところにある。個々のケースで説明が必要な範囲についてあらかじめ基準が定められていることは稀であり、また、それが定められている場合でも、非常に詳細で、また、具体的なケースに関連づけられているため、医療の日常ではほとんど実践できない。

2 ここでは、説明義務の根拠に目を向けることが有益である。すなわち、説明をすることによって、患者の自己決定権が保護される、というのがそれである。基本法は、個々人に、自分の身体を自分自身で自由に用い、侵襲や治療が、それに伴って生ずる可能性のある全ての結果を考慮して、行われるべきか否か、ということについて自律的に決定する権利を保障している。この自己決定権は、一般的な人格権の現れである（基本法 2 条 1 項と結びついた同法 1 条 1 項）[1]。

---

1) これについて詳細は、BGH JZ 1984, 893 (894)；BVerfG JZ 1979, 596 (601).

Ⅱ 傷害としての狭義の治療侵襲

3 医的侵襲は、様々な目的で行われる可能性がある。一方では、患者の治療を目的とする侵襲があり得る。その場合は、狭義の治療侵襲と呼ばれる。他方で、純粋な美容整形手術のように、病気の患者の治療を主とするのではない侵襲が存在する。法律学においては、医的侵襲が傷害の構成要件を充足するかどうかが議論されている。優勢な見解によれば、医学的適応性のある治療侵襲も、医学的適応性のない治療侵襲も、刑法典223条の傷害の構成要件を充足する[2]。このことを理解できるようにするためには、構成要件該当性、違法性、責任という基本的な刑法上の評価段階を認識し、刑法上の問題を解決する際にはそれらが共同に作用するということを理解する必要がある。

4 **検討の概略**

> 1．構成要件
>   a) 客観的構成要件
>   b) 主観的構成要件
> 2．違法性
> 3．責任

1．補説：構成要件該当性、違法性、責任[3]

5 可罰的となるのは、構成要件に該当し、違法で、有責な行為を行った者だけである。禁じられている行為の類型的な不法内容を実現する者は、犯罪行為の構成要件を充足する。従って、例えば、故意に他者を殺害する者（故殺、刑法典212条）、あるいは、他人の動産を他人から故意に奪取する者（窃盗、

---

2) 詳細は後述→第2章 Rn. 8ff.
3) 以下の部分は、法律学の専門教育を受けていない読者に向けられたものである。既に刑法総論の講義を学んでいる者は、読み飛ばしても構わない。

刑法典242条）は、犯罪行為の構成要件を充足している。傷害の場合、他者が身体的に虐待されたり、健康を害されたりするならば、構成要件が充足される（刑法典223条1項）。構成要件の内部で、更に、客観的構成要件メルクマールと主観的構成要件メルクマールとが区別される。その場合、客観的なメルクマールは、（例えば人の負傷のような）客観的に不法内容を形成している犯罪行為の要素を特徴づけるものである。主観的構成要件は、行為者の精神的な態度に関係している。行為者は、認識と意欲をもって故意に構成要件を充足することもあれば、社会生活上必要な注意を払わずに過失で充足することもある[4]。

6 可罰的な行為の構成要件を充足する者であっても、まだ直ちに可罰的となるわけではない。更に、その行為が違法であることが必要である。このことが認められるのは、行為者に有利となる正当化事由がない場合である。例えば、正当防衛、あるいは、正当化する緊急避難、並びに、医事刑法において特に重要である同意は、正当化事由である。患者が有効に治療侵襲に同意するならば、医師は、その侵襲によって傷害の構成要件を充足しているにもかかわらず、可罰的ではない。もっとも、患者が事前に侵襲についてきちんと説明を受けていたことが有効な同意の前提である。

7 可罰的な行為のもう一つ前提条件は、その行為の有責性である。責任とは非難可能性を意味する[5]。従って、この犯罪構造の第3段階では、行為の人的な非難可能性が吟味される。ここでは、例えば、行為者の責任能力や不法の意識の問題が重要となる。

---

4) 精確に言えば、主観的構成要件に属するのは認識ある過失のみである。行為者が自己の過失行為を認識していない場合、行為者は客観的に注意義務に違反して行為しているにすぎないけれども、それで、過失犯を理由として処罰するには十分である。それについて詳細は、*Hilgenndorf/Valerius* StrafR AT §12 Rn. 11.

5) *Hilgenndorf/Valerius* StrafR AT §6 Rn. 2f.

2．傷害としての治療侵襲

8　医学上一般に承認された方法に従って行われた治療侵襲が傷害の構成要件（刑法典223条1項）を充足するかどうかについては、法律学において議論がある。傷害は、他者の身体的虐待か健康損害を前提として必要とする。身体的虐待として理解されるのは、身体の健全感、あるいは、身体の完全性を軽微とはいえない程度に侵害する有害で不適切な取り扱いである[6]。健康損害は、病理学的な状態の惹起あるいは増強である[7]。

9　判例は、1894年以来、治療侵襲の場合、傷害が存在することを肯定している[8]。それによれば、治療侵襲は、それが患者の健康のために行われたかどうかにかかわらず、また、たとえ治療効果が実際に生じた場合でも、刑法典223条の傷害の構成要件を充足する。このことは、結果として、患者がその侵襲に有効に同意していなかった場合や、その他の正当化事由が存在しない場合には、医師は可罰的になる、ということになる。このような判例の根拠は、患者の自律性の保護である。立法者は他の規定によって患者の自律性をほとんど保護していないから[9]、患者の身体の完全性への侵襲が原則的に患者の同意を得て行われるということは、傷害を理由として医師を処罰することでしか確保できない。その点に医師を不利に扱うところはない。裁判官も、被告人に自由刑を宣告する場合、構成要件に該当する行為を行っている。なぜならば、その裁判官は、刑法典239条による自由の剥奪の構成要件を充足しているからである。裁判官が可罰的にならないのは、ただ、規則に従って刑事手続が行われたことを前提として、裁判官の行為は正当化されるという理由によるのである。

---

6)　BGHSt 14, 269 (271); *Fischer* StGB §223 Rn. 4.
7)　*Fischer* StGB §223 Rn. 8.
8)　RGSt 25, 375ff.
9)　限界事例においては、稀であるが、刑法典240条の強要の構成要件も充足される可能性がある。

10 それに対して、一部の学説の見方によれば、医学上一般に承認された方法に従って行われた治療侵襲は、健康損害の構成要件を充足しない。なぜならば、その侵襲は、患者の健康状態を改善、あるいは、維持するという目的で行われるからである。ここでは、個別の行為ではなく、治療の全体的な結果に焦点が合わせられている[10]。身体的虐待も同様に存在しない。なぜならば、身体的虐待は、有害で不適切な取り扱いを前提とするが、医師による侵襲の場合にはそのように考えることはできないからである。更に、判例は、医師を、「刃傷沙汰に及ぶごろつき Messerstecher」と同じように扱っている、との主張もなされている[11]。医師にとっても、一般人にとっても、なぜ、健康を増進する、あるいは、少なくとも健康を維持する措置が犯罪構成要件を充足するのか、理解することはできない、とされる[12]。これらの論拠は、少なくとも感覚的には理解できるものである。もっとも、判例が近い将来において変更される可能性があるかもしれない、という徴候はほとんどない。それ故、新たな法的状況がもたらされる可能性があるとすれば、それは立法者による場合だけであろう[13]。

---

10) 概観については、LK-StGB/*Lilie* Vor §223 Rn. 3ff. 参照。
11) *Bockelmann*, Strafrecht des Arztes, 62.
12) 他の論拠については、*Hilgendorf* FS Kühl, 509 (510ff.).
13) *Ulsenheimer*, ArztStrafR, Rn. 328.

11　　　　　概要2：治療侵襲の構成要件該当性に関する論争

> **問題**：医学上一般に承認された方法に従って行われた治療侵襲は刑法典223条1項の意味における傷害に当たるか？

> **前提**：その侵襲は、身体的虐待、あるいは、健康損害に当たるものでなければならないであろう。

判例	一部の学説
治療侵襲は傷害の構成要件を充足する。すなわち、医師は、その侵襲が患者の有効な同意によって正当化されない場合には可罰的となる。 **根拠**：患者の自律性の保護	治療侵襲は構成要件を充足しない。なぜならば、その措置の全体的な結果によれば、患者の健康状態は、改善されるか、もしくは、少なくとも維持されているからである。 **根拠**：なぜ健康を増進する措置が犯罪構成要件を充足することになるのか、ほとんど理解することはできない。

Ⅲ　治療侵襲の特別な問題

12　たとえ、判例と同じく、治療侵襲は傷害の構成要件的な緒条件を充足する、ということを認めたとしても、まだすべての困難が解消されるわけではない。

13　まず、医師による治療侵襲の場合には、身体の完全性だけでなく、患者の自己決定権も関係している、ということが問題である。しかし、後者の法益は、傷害の構成要件によってではなく、刑法典239条、240条（自由の剥奪、強要）によって保護されるものである。もっとも、これらの規範は、患者に治療措置が強制される場合の全てを対象とするものではない。治療措置は、確かに傷害の構成要件を充足するが、患者の同意によって正当化され得る、

という支配的見解によって選択されている構成によれば、何よりもまず患者の自己決定権が保護されるべきである（→第 2 章 Rn. 9）。しかし、それによると、傷害の構成要件に、それとは本来関係のない保護法益がこっそり加えられることになる。

14　更に、患者の身体的完全性と身体的健全感がごくわずかしか害されない最小限の侵襲も、同様に傷害として評価されるべきかどうか、という問題が提起される。患者の自己決定権に焦点を合わせるならば、この場合も同様であるとしなければならないであろう。もっとも、一般の見解によれば、身体的虐待や健康損害が認められるのは、身体への影響が必ずしも軽微なものとはいえない場合だけである[14]。医師による侵襲の場合は事情が異なるということは、あり得ない。

15　類似の問題は、例えば、投薬ないしは薬の処方、軟膏の塗布、放射線治療のような侵襲を伴わない形態の措置に関しても提起されている。例えば、薬の副作用の発生、内臓の疾患、放射線治療による組織の変化のような構成要件的な結果が発生しない限り、健康損害（刑法典 223 条 1 項後段）の形式における傷害を認めることはほとんどできない。異なる結果に至るとすれば、それは、マイナスの結果が発生する危険でもって既に十分であると見なそうとする場合だけであろう。けれども、傷害は、危険犯の構成要件ではない。それどころかむしろ、結果が実際に発生することを必要としている。考慮できるとすれば、せいぜい、身体的虐待、すなわち、身体的健全感あるいは身体の完全性を軽微とはいえない程度に害する有害で不適切な取り扱い（刑法典 223 条 1 項前段）である。この定義によれば、健康損害の場合とは異なり、病理学的な状態の発生は必要ではない。もっとも、個別の事例において、侵害が重大性の限界を超えたのかどうかは、はっきりしないところがある。そのため、軟膏の塗布だけで有害で不適切な取り扱いとみなすことはおそらくほとんどできないであろう。

---

[14]　*Fischer* StGB §223 Rn. 6.

16　けれども、このことは、患者が、頼んでいない治療や専断的な治療から、実際に十分に保護されるのかどうかという問題を生じさせる。患者の自律性という観点から見ると、現在のところ患者の身体的な健康状態に影響を及ぼさないが、将来においてマイナスの影響が及ぶ可能性のある望まない治療から患者を守る必要性がある。憲法によって認められている自己決定権は、患者に、自己の身体に関する唯一の処分権を付与する。患者は、自己の身体をどうするかについて、自ら決定することができる。それ故、もしかすると、例えばオーストリア刑法にあるように、専断的治療行為について固有の犯罪構成要件を設けることが有意義かもしれない。それによれば、他者にその同意なく治療をした者は、たとえ、その治療が医学的なルールに従って行われた場合であっても、可罰的となる（オーストリア刑法典 110 条 1 項）[15]。

17　特定の場合に刑を加重している傷害の加重構成要件の適用可能性に関しては、更に別の問題がある。医師刑法では、特に、刑法典 224 条 1 項 2 号 2 文による危険な傷害が問題となる。それによれば、危険な道具を用いて傷害を行った者が可罰的となる。危険な道具とは、一般に承認されている定義によれば、その性状及びその具体的な使用法に基づき、重大な傷害を惹起するのに適した物である[16]。そのため、例えば、調理包丁を他者の胸に突き刺した場合、その包丁は危険な道具であるし、それ自体は無害なフライパンも、他者の頭を力を込めて殴るのに用いられれば、同様に危険な道具となる。このことが、医師によって医学上一般に承認されているルールに則って用いられた外科器具にも当てはまるのかどうかは疑わしい。判例も学説も、これを否定している。このような器具は、武器として、すなわち、攻撃ないし防御の手段として用いられるものではない、というのがその理由である[17]。その点で医師に特権を与えることは法政策的には有意義であるが、刑法典 224 条 1 項 2 号 2 文の一般的な解釈と調和させることはほとんどできない。

---

15)　その点について詳細は、*Fabrizy* öStGB §110 Rn. 1b.

16)　*Hilgendorf* ZStW 112 (2000), 811 ; *Wessels/Hettinger* BT 1 §5 Rn. 275.

17)　*Lackner/Kühl* StGB §224 Rn. 6.

18　結論として、医学的適応性のある治療侵襲を構成要件に該当する傷害として位置づけることは、確かに患者の自律性を保護することには寄与するけれども、専断的治療行為の特別な犯罪構成要件についてよく考えてみるのが好ましいと思わせる一連の問題を提起しているということに、依然として留意しなければならない。

Ⅳ　医学的適応性のない侵襲

19　医学的適応性のない侵襲は、医学的に必要な侵襲とは異なる評価がなされるべきである。例えば、美容整形手術、多くの場合の妊娠中絶、自発的な不妊化、ドーピング、移植臓器の摘出、学問的な人体実験、人工受精、様々な形式の「エンハンスメント」といったものが、これに属する。「エンハンスメント」として理解されるのは、例えば、脳の機能を増強するためにチップを取り付けることのように、人工的な補助手段を用いて身体的機能を増強することである[18]。

20　医学的適応性のある侵襲とは異なり、このような事例群における処置の全体的な目的は、健康状態の改善ないしは維持ではなく、それを越えた願望の充足である。その種の侵襲は構成要件に該当する傷害であるとみなすのが、完全に通説である。

Ⅴ　同意による正当化

21　治療侵襲が構成要件に該当する傷害とみなされても、医師は、可罰性を免れるために、正当化事由を拠り所とすることができなければならない。同じことは、医学的適応性のない侵襲にも当てはまる。医事刑法において最も重要な正当化事由は、同意である（民法典630条dも参照）[19]。

---

[18]　参照→第11章
[19]　*Hilgendorf/Valerius* StrafR AT §5 Rn. 109ff.

1．有効な同意の一般的な要件

22　有効な同意が存在するならば、構成要件に該当する行為、この場合には傷害は、違法ではなく、従って不可罰である。有効な同意は、以下のことを要件とする。

1．法益の処分可能性。法益は処分可能なものでなければならない。すなわち、その法益の放棄が、そもそも許されているものでなければならない。例えば、公共の法益（例えば、環境保護）や生命という法益の放棄は許されていない。それに対して身体的完全性の保護は、放棄することができる。

2．同意を与える者の処分権。同意を与える者には処分権がなければならない。すなわち、その者は、害が生ずる法益の唯一の所有者でなければならない。このことは、医師による処置の場合には、大抵、問題とならない。患者は、自己の身体的完全性という法益の唯一の所有者である。

3．行為の前に与えられていること。同意は、行為の前に与えられ、行為全体を通じて存続していなければならない。

4．弁識能力と判断能力。患者には同意能力がなければならない。すなわち、患者は、精神的及び道徳的に成熟していて、法益を放棄することの意味及びその影響が及ぶ範囲について認識し、正しい判断を下すことができなければならない。この点に関して、特定の年齢制限はない。特に、同意者は、完全に行為能力があること、すなわち、成年に達していることは必要ない。未成年であっても、相当な精神的成熟を示している場合には、有効に侵襲への同意を与えることができる。どのような場合がそれに当たるかは、それぞれ個別の事例ごとに検討されなければならない。参照→第2章 Rn. 26f.

5．意思の欠缺がないこと。同意は、患者の真意に対応しているものでなければならず、いわゆる意思の欠缺がないものでなければならない。それに関しては、参照→第2章 Rn. 24f.

6．更に、同意は、十分な情報に基づいてなされるものでなければならな

い。患者は、きちんとした説明を受けなければならない。それに関しては、参照→第 2 章 Rn. 39ff. 歴史的に見ると、説明義務は、当初、医学的な素人の立場をより低下させるために持ち出されていた[20]。

7．主観的正当化要素。医師は、同意に基づいて行為しなければならず、従って、同意があることを認識し、この同意に基づいて自己の処置を行わなければならない。

8．善良な風俗に反しないこと。同意は善良な風俗に反するものであってはならない（刑法典 228 条）。それに関して詳細は→第 2 章 Rn. 35ff.

同意の検討の概略

1．法益の処分可能性
2．同意を与える者の処分権
3．行為の前に与えられること
4．弁識能力と判断能力
5．意思の欠缺がないこと
6．十分な情報に基づくきちんとした説明
7．主観的正当化要素
8．善良な風俗に反しないこと

2．意思の欠缺

同意は、意思の欠缺がないものでなければならない。すなわち、同意は、威迫、強制、欺罔、あるいは、説明の錯誤[21]に基づくものであってはならない。それに対して、例えば、医師の格付けに関する評価の誤りのような純

---

20) RGSt 25, 375（自然療法）；RGSt 50, 37（加持祈祷）。
21) 説明の錯誤がある場合、説明を受けた者は、行為者が説明しようとしたことと意見が一致してはおらず、従って、説明を受けた者は、行為者の説明の意味について思い違いをしている。

粋な動機の錯誤[22]は、格付けの低さが危険な侵襲のリスクを高める場合を除いて、通例は顧慮されない[23]。けれども、患者が明確に特定の医師（例えば主任の医師）による処置を求めている場合には、事情が異なる。その場合に、他の医師による処置が行われたならば、その同意は無効である。

25 この関連においては、密かに行われる HIV 検査のケースも問題となる。これについては、場合を分ける必要がある。採血が専ら HIV 検査を行う目的のためだけに行われながら、患者には別の目的での採血であると思わせる場合には、同意を無効にする欺罔がある。患者が、具体的な治療措置のために必要な全ての検査の実施にまで及ぶ一般的な同意を与えている場合でも、多数説によれば、いずれにせよ、既往歴から HIV に感染しているかもしれないとする手掛かりが何ら明らかとなっていなかったならば、HIV 検査はこの同意の中には含まれていない[24]。従って、この場合も、同意は無効である。

3．未成年者の場合の侵襲

26 未成年者も、必要な精神的及び道徳的成熟を備えていれば、処置に対して有効に同意することができる。14 歳未満の子供の場合には、通例、このことは妥当せず、従って、その子供は同意能力がない、とみなされている[25]。14 歳から 18 歳の間の少年の場合の同意には問題がある。この場合には、原則的に、侵襲の度合いとそれから生ずる可能性のある結果が小さければ小さいほど、同意能力をより容易に認めることができる、と考えられている。同時に、患者が若ければ若いほど、同意能力は否定されやすくならざるを得ず、逆に、成年に近ければ、同意能力はより認められやすくなる、と考えられている。そのため、例えば採血のような比較的軽微な侵襲の場合には、同

---

22) 動機の錯誤は、特定の行為（例えば、同意の表明）に至る意思形成に関係している。
23) MüKoStGB/*Joecks* §223 Rn. 77f.
24) *Uhlenbruck* MedR 1996, 206.
25) *Ulsenheimer* ArztStrafR Rn. 418.

意能力は、一般的に、16 歳から認められている[26]。しかし、14 歳から 15 歳までの場合にも、事情によっては、既に同意能力を肯定することができる[27]。

27　当該未成年者に完全な弁識能力がある場合には、専らその者の意思が基準となり、その場合、法律上の代理人（通例は両親）が反対の意思を有していることは、重要ではない。弁識能力及び判断能力が欠けている場合には、法律上の代理人の同意を得なければならない。この場合、医師は、通例は両親が監護権 Sorgerecht を分かち合っており、両方の親がその処置を了承していなければならない、ということを顧慮する必要がある。それ故、判例は、侵襲の重大性に従って区別している。軽微な侵襲の場合には、医師は、一方の親が他方の親に授権したものと信頼してよい。中程度の重さの侵襲の場合には、医師は、その場にいない親がその処置に完全に同意していることを確認しなければならない。最後に、困難で広範囲に及ぶ決断と子供にとっての相当のリスクを必然的に伴う重大な侵襲の場合には、医師は、両親がその処置に同意しているということを確実に確かめなければならない[28]。もっとも、この判例は、一方の親しか居合わせていない場合に、医師はどのようにして確実に確かめるべきなのか、また、そもそもどの程度の確実性が要求されるべきなのかが不明確なままであるという点で、不確かなものを残している[29]。

4．特殊な事例：乳幼児の割礼

28　少年の割礼は、構成要件的には傷害に当たる。もっとも、同意能力があるならば（→第 2 章 Rn. 26f.）、同意による正当化が可能である。問題を生じさせるのは、同意能力のない男の子の割礼の正当化である。通例、そのような正当化は、人的監護権のある者、従って、通常は両親の同意がある場合にしか

---

[26]　Schönke/Schröder/*Eser* §223 Rn. 38c.
[27]　*Ulsenheimer* ArztStrafR Rn. 420.
[28]　BGH NJW 1988, 2946ff.
[29]　全体についてより詳細には、*Ulsenheimer* ArztStrafR Rn. 416ff.

生じ得ない[30]。もっとも、そのような同意を一括して有効とすることは、一部の学説により、既に久しい以前から疑問視されている[31]。

29　2012年にケルン地方裁判所が下したいわゆる「割礼判決」は、世間における激しい議論と政治的な論争をもたらした[32]。問題となったのは、両親が望んだ宗教的な動機による医学的適応性のない同意能力のない男の子の割礼が許されるかどうかであった。正当化の次元では、一方における子供の身体的完全性及び私的自律性と、他方における両親の教育権と信教の自由との間の衝突が生ずる。

30　ケルン地方裁判所は、身上監護権のある者の宗教的な動機に基づく同意は、原則として子供の幸福に適していない、なぜならば、その同意は永続的で回復できない身体の変更に向けられており、その変更は、後に自ら自己の宗教的所属について決定することができるという子供の利益に反するからである、との判断を下した[33]。けれども、民法典1627条1文によれば、監護権によってカバーされるのは子供の福祉に奉仕するような教育措置だけである。従って、「同意能力のない男の子の割礼は、その時その時の宗教に関する社会的な環境の中で疎外されることを回避するという視点においても、両親の教育権という視点においても」[34]正当化されない、とされた。

31　その判決に反応して、立法者は、民法典1631条dを設けた[35]。今では、身上監護は、弁識能力及び判断能力のない男の子の医学的適応性のない割礼について、これが医療技術の準則に従って行われるということであれば、そ

---

30)　*Fischer* StGB §223 Rn. 45.

31)　可罰的であるとするものとして、*Herzberg* JZ 2009,332f.; *Herzberg* MedR 2012, 169ff.; *Jerouschek* NStZ 2008, 313 (317f.); *Kempf* JR 2012, 434 (439); *Putzke* NJW 2008, 1568ff. それに反対するのは、*Robe* JZ 2007, 801 (805); *Zähle* AöR 2009, 434 (446f.); *Schwarz* JZ 2008, 1125ff.; *Valerius* JA 2010, 481 (484f.)。

32)　LG Köln NJW 2012, 2128ff.; *Putzke* MedR 2012, 621ff.

33)　LG Köln NJW 2012, 449.

34)　LG Köln NJW 2012, 2128 (2129).

35)　*Wessels/Hettinger* BT 1 Rn. 340.

れに同意する権利も含むものとなっている。割礼をする動機は、侵襲の評価にとって重要なものではない。法律の文言によれば、法律が規定している要件の下での割礼は、両親が同意していさえすれば、それが、宗教的な理由、文化的な理由、社会的な理由、衛生的な理由などのいずれによるものかにかかわらず、許容される[36]。

32　それに対して、特に、アフリカ諸国や更にまたインドネシアにおいて、宗教上の動機から、あるいは、特定の伝統に基づいて行われる女の子の割礼は、立法者の意思によれば、監護権者の同意によって正当化することはできない。それどころか、2013年第47刑法改正法律によって、女性の「性器の切除」は、刑法典226条aの加重された特別構成要件として規定された。刑法典226条aの創設によって、とりわけ、「不法の意識が研ぎ澄まされる」[37]ことになるので、当該犯罪構成要件には、どちらかといえば象徴的な作用がある[38]。

33　2014年にハノーファーで開催された第70回ドイツ法曹大会での刑法に関する意見において、女の子と男の子の性器切除について反対方向の規制がなされていることが批判されたのはもっともなことである[39]。道徳的な観点からも、憲法上の観点からも、(基本法3条3項との関係だけでも既に正当化を必要とする)両性の不平等な取り扱いについていかなる事実上の根拠があるのか、という疑問を提起することができる。これまで、そのような理由づけは行われていない[40]。男の子の割礼も同様に切除として評価できるくらい破壊的な影響を及ぼす可能性がある、ということも、十分にはテーマとして扱われなかった。それ故、正当化される男の子の割礼と関係する全ての点において同視することができる女の子の割礼については、民法典1631条dを類推

---

36)　*Steinbach* NVwZ 2013, 550 (551).
37)　BT-Drs. 17/13707, 1.
38)　*Fischer* StGB §226a Rn. 2b.
39)　*Hörnle*, Gutachten C zum DJT 2014, S. 56ff.
40)　正当な批判として、*Walter* JZ 2012, 1110ff.

適用することが求められるべきである。このことは、既に現行法においても可能だといえるであろう。次に、立法論として、刑法典226条aを性に関して中立的なものにし、それによって、男の子の性器切除の被害者もその規範によって把握されるようにするべきであろう[41]。

34　　　　　　　　　　概要3：乳幼児の割礼

男の子の割礼	女の子の割礼
1. 傷害の構成要件を充足する。 2. 身上監護権のある者の同意による割礼は、それが、宗教的な理由、文化的な理由、社会的な理由、衛生的な理由などのいずれの理由によるものかにかかわらず、正当化される。	1. 傷害の構成要件を充足する。 2. 同意によっては正当化されない。 （憲法上疑わしい）
男性の性器切除	**女性の性器切除**
刑法典226条aに相当する規定はない。 （憲法上疑わしい）	加重された特別構成要件として刑法典226条aにおいて明確に処罰の対象とされている。

批判：基本法3条3項の関係において正当化を必要とする両性の不平等な取り扱いについて何ら事実上の根拠は存在しない。

考えられる解決：民法典1631条dを女の子の割礼に類推適用し、刑法典226条aを性に関して中立な形式にする。

5．侵襲が善良な風俗に反する場合

35　承諾による正当化が可能なのは、侵襲が善良な風俗に反しない場合に限ら

---

41)　*Hörnle*, Gutachten C zum DJT 2014, S. 58；それに賛成するものとして、*Hilgendorf* StV 2014, 555 (560).

れる（刑法典 228 条）。一般的な定義によれば、「公正で正義を重んずる思考をする全ての人々の礼節の感情」に反する行為は、善良な風俗に反する[42]。基準となるのは、裁判官の私的な道徳だとか、哲学的意味における時間を超越した「倫理法則」だとかではなく、経験的に確認できる法共同体の見方である。その言い回しは非常に不明確なため、明確な境界線を引くことはしばしば問題となる。侵襲に結び付けられた目標と医師の行為の目的が決定的である。

36　例えば、手足の切断だとか保険金詐欺だとかのように、何ら有意義な目的を追求するわけではなく、あるいは、それどころか客観的に非難すべき目的を追求するために行われる客観的に有害な侵襲は、善良な風俗に反する[43]。更にまた、度を越した健康を害するような豊胸手術や長期的に見ると悪い結果が予測されるかなりの整形手術といったものも善良な風俗に反するであろう。

37　いわゆる「緊縛事件」において、連邦通常裁判所は、同意の限界を取り扱った。根本的な意義をもつその判決の基礎となる事実は次のようなものであった。

　　被告人の愛人は、異常な性的行為、特に、いわゆる「緊縛プレイ」を行うことに多大な興味を示していた。中でも、彼女が追い求めていた、彼女にとって刺激興奮作用のある一時的な酸素欠乏を惹き起こすために、被告人が、物を使って、彼女の喉、舌骨、気管を圧迫しなければならない、というプレイが、これに属していた。その女性 R. は最近明らかに身体回りに肉が付き肥満であったため、彼は懸念を示した。というのも、両足から腹部を経て頭まで固定するため、これではもはや息ができなくなる可能性があるのではないか、と危惧したからである。けれども、彼女は、彼の懸念を一蹴し、今回はこれまで使っていた縄ではなく金属管を使うように求めた。– これが喉を締め付けることとなり、愛人は死亡するに至った。

---

[42]　*Hilgendorf/Valerius* AT §5 Rn. 128.
[43]　OLG Düsseldorf NStZ-RR 1997, 325 (327)；MüKoStGB/*Hardtung* §228 Rn. 38.

38 連邦通常裁判所の見解によれば、合意を得てなされるサドマゾ行為を行う場合、それ自体で、善良な風俗に違反するということを出発点とすることはできない。そうではなく、むしろ、その行為が善良な風俗に反するのは、その行為の重要な全ての事情を予測的・客観的に観察したとき、同意を与えた者に、傷害行為を通じて具体的な死の危険がもたらされる場合だけである[44]。

VI 医師による説明

1．有効な説明の要件に関する概説

39 有効な同意が存在するのは、患者が十分な説明を受けた場合だけである。説明の目的は、患者に十分な情報の基盤を提供し、それに基づいて患者が自己決定による決断ができるようにすることでなければならない。内容的には、説明は、特に、侵襲から生じ得る影響にまで及んでいなければならない（その点について詳細は→第2章 Rn. 54ff.）。説明は、患者がいまだにその侵襲の利害得失を入念に衡量することが可能な時点で時機を失することなくなされなければならない。説明は特に書面によってなされる必要はないものの、書面化すれば、説明が行われたこと、及び、説明がなされた範囲について証明することが容易になる。説明義務を負うのは、原則として、処置を行う医師である。

40 　　　　　　　　　概要4：有効な説明の要件

> 1．自己決定による決断をするための十分な情報上の基盤を提供すること
> 2．侵襲によって生ずる可能性のある影響を挙げて内容的に適切な説明をすること
> 3．時機を失することなく説明をすること
> 4．形式に関する要件はない
> 5．説明義務を負っている者が説明すること

---

[44] BGHSt 49, 166.

2．説明の種類

41　診断の説明、経過の説明、リスクの説明に細分化される自己決定に関する説明と、治療に関する説明とは、しばしば区別される[45]。もっとも、それぞれの種類の説明が、実際には重なり合うこともあり得る。

42　自己決定のための説明という概念の基礎にあるのは、患者の自己決定による決断を可能にするという説明の役割である。診断に関する説明によって、患者は、医師の所見について情報を与えられる。もっとも、このことが刑法上[46]必要となるのは、その診断の結果として、更なる侵襲あるいは治療が行われることとなり、それに伴い、医師が傷害を理由に可罰的とされる可能性がある場合だけである。診断に関する説明の範囲で特に問題となるのは、致死的な病気についての告知である。この点に関しては、たとえ、患者がその告知を克服することは困難ではないかということが懸念される場合であっても、患者の自己決定権は、真実に合致した説明を要求する。もっとも、説明の仕方については、慎重で思いやりのあるやり方が求められる。医学的な禁忌である場合には、限界がある。参照→第2章 Rn. 63.

43　経過に関する説明によって、患者は、自分の健康状態がこれからどのようになっていく蓋然性が高いかということと提案される治療について、情報を与えられることになる。いろいろな治療方法、意図されている侵襲の種類、重さ、範囲、実施、苦痛に関する説明、並びに、予想され得る侵襲の結果に関する説明がこれに属する。

44　リスクに関する説明は、侵襲あるいは処置に伴うリスクに関係している。実際上、最も頻繁に問題が生ずるのは、この点に関してである。というのも、患者がリスクに関してどの範囲まで説明を受けなければならないのかということや、場合によっては生ずる可能性のあるかなり低いリスクのうちど

---

45)　Roxin/Schroth HdB MedStrafR/*Schöch* 57ff.
46)　民法上は別である。診断に関する説明は、治療契約に基づく医師の主要な義務の一つである。

のようなリスクまで挙げなければならないのかということが、不明確である場合が多いからである。それについては、参照→第 2 章 Rn. 54ff.

45 治療のための説明（安全のための説明と呼ばれることもある）は、患者に、必要な治療と害を防止するために患者がとるべき行為についての情報を与えるものである。それは、自己決定のための説明とは異なり、患者の自己決定権の実現に優先的に役立つというものではなく、害の防止に役立つものである。この場合には、その説明が欠けると、処置の誤りがあることになり、それを理由として、医師は、過失致傷、ないしは、場合によっては更に過失致死により可罰的とされる可能性がある。例えば、引き続き管理や検査が必要であることの指示や薬の効能についての注意などが安全のための説明に属する。

46　　　　　　　　**概要 5：説明の種類**

自己決定のための説明			治療のための説明
診断に関する説明	経過に関する説明	リスクに関する説明	

3．説明の時点

47 説明は侵襲の前になされなければならず、それも厳密に言えば、患者が、侵襲の利害得失について落ち着いて考え、場合によっては自分の身内と相談することが可能な時点でなされなければならない。その場合、薬によって患者の決定能力が損なわれてはいない時点が選択されなければならない。個別のケースでは、説明の時点は、侵襲の種類や程度及びその緊要性によって左右される。

48 判例は、その点について、次のような準則を述べている。侵襲の度合いがあまり大きくなく、リスクが僅少である場合には、侵襲の前日に説明がなさ

れれば十分である[47]。麻酔のリスクに関する説明の場合も同様である[48]。外来患者への侵襲の場合には、それがごくわずかのリスクしかないものであるならば、侵襲の当日に説明すれば足りることもあり得る[49]。それに対して、かなりのリスクを伴う非常に重大な侵襲の場合には、確定した施術の日を取り決める前に別の期日を設け、そこで説明がなされなければならない[50]。この場合には、施術の前夜に初めて説明がなされるのでは遅すぎる。なぜならば、施術の効用とリスクを相互に比較衡量する十分な時間が患者に残されていないからである。それよりも後の時点で足りるのは、侵襲に相応の緊要性がある場合に限られる。差し迫った生命の危険がある場合には、侵襲の数分前、あるいは、数秒前の説明でさえ足りる場合もあり得る[51]。

49　説明の時期が遅れたとしても、それが同意を必然的に無効にするわけではない、ということに注意しなければならない。患者が適時に説明を受けていたとしても侵襲に同意していたであろうという場合には、広く流布している見解によれば、同意は有効である。→第2章 Rn. 71f.

4．説明の形式

50　説明は特定の形式を必要としない。つまり、説明は文書でなされる必要はない。特に、患者の署名は必要ではない。もっとも、臨床の現場では、通例は、説明用紙が用いられている。これは、カルテにおける記録と同様、医師にとっての証明の負担を軽くすることに役立つ。

51　もっとも、用紙は説明のための話し合いの代わりにはなり得ない、ということには注意しなければならない。用紙は、医師と患者との間でなされる必要のある「信頼関係に基づく話し合い」の準備を整え、その話し合いをサポ

---

[47]　BGH NJW 1992, 2351 (2352).
[48]　BGH NJW 1992, 2351 (2352).
[49]　BGH NJW 1994, 3010 (3011).
[50]　BGH NJW 1992, 2351 (2352).
[51]　Roxin/Schroth/HdB MedStrafR/*Schöch* S. 66.

ートすることはできるが、それにとどまるものであり、医師と患者の関係が過度の形式主義によって妨げられるような事態を招くことは許されない。最初に患者に対して説明書によって情報が与えられ、その次に医師との詳しい話し合いで説明がなされる、という段階的な説明を行うことが推奨される。

52　　　　　　　　　　　**概要6：適時の説明**

基本的なルール：説明は、侵襲の前になされ、患者に対して、その侵襲の賛否について落ち着いて考える機会を与えるものでなければならない。	
個々のケース：説明の時点は、侵襲の種類や程度、及び、侵襲の緊要性に応じて個別に確認されなければならない。	
侵襲の度合いがあまり大きくなく、リスクが僅少である場合	侵襲の前日に説明することで足りる
外来患者への侵襲で、それがわずかのリスクしか伴っていない場合	侵襲の当日に説明することで足りる
侵襲の度合いが非常に大きく、かなりのリスクを伴っている場合	確定した施術の日の前に別の期日を設け、そこで説明をすることが必要である
差し迫った生命の危険がある場合	侵襲の数分前の説明、あるいは、場合によっては数秒前の説明でも足りることがあり得る
適時の説明がなされなかった場合：仮定的同意の法理による正当化の可能性？	

5．説明義務を負う人

53　説明義務を負うのは、原則として、処置をする医師である。すなわち、原則として、侵襲を行う医師が、患者に対して自ら説明しなければならない。

もっとも、他の医師に委任することは許される（補助者への委任は許されない）。けれども、委任の体制が組織化されていて、入念な説明が変わらず保証されており、説明をする医師に適格性が欠けているとか、委任された説明事項が伝達されないとかといった阻害要因がない、ということが要件となる[52]。専門分野が違う医師による説明が行われた場合、処置をする医師は、その別の医師が、いずれにせよ、その者自身の専門分野にかかわる問題に関してはきちんとした説明をしたということを信頼してよい。

6．説明義務の及ぶ範囲

54　説明義務がどの範囲まで及ぶかに関しては、医療の実務において、大きな不確実性がある。差し当たり、説明の目的が、説明の及ぶ範囲について熟考するための有意義な出発点となる。すなわち、説明の目的は、患者が、自分で侵襲の効用とリスクを相互に衡量し、自分に与えられた情報に基づいて自己決定による決断をすることができる状況にするということである。とりわけ、民事裁判所は、侵襲に伴うあらゆる類型的なリスクについて患者に広範囲に渡って説明することを要求している。刑事の判例は、この高度な要求を広い範囲で引き継いでいる。それ故、特に、重大かつ／あるいは医学的適応性のない侵襲の場合には、説明への要求は非常に高度なものとなる。

55　判例は、次のような基本的考え方を述べた。「患者は、その患者の立場にある理解力のある人が同意について自分で決定するために必要とする範囲で、診断結果、並びに、侵襲の種類、成功の見込み、リスクについて、説明を受けるべきである」[53]。個別的には次のことが重要である。

56　まず第一に、患者は、侵襲を行うこと、並びに、処置の種類、目的、代替手段について情報を提供されなければならない。例えば、患者は、その侵襲が、診断あるいは治療の目的で行われるのか、それとも、単に学問的な目的あるいは実験目的で行われるのか、ということについて説明を受けるべきで

---

[52]　*Ulsenheimer* ArztStrafR Rn. 409f.
[53]　BVerfGe 52, 131, 16 ; BGHSt 11, 111.

ある[54]。患者には、標準的な処置だけ提示すればよいというわけではなく、例えば、標準的には手術をするところだがそれに代えて時間はかかるものの薬による処置もあるというような、代わりとなる別の処置方法も選択肢として提示されなければならない[55]。

57 　患者は、更に、少なくとも、例えば、かなりの痛みが生ずることだとか術後の状態だとかというような、蓋然性の高い、ないしは、確実な侵襲の結果についても、説明を受けなければならない。より広範な侵襲のリスク、特に、統計的に見て非常に可能性の低いようなリスクについて、患者はどの程度説明を受けるべきか、ということは問題である。以前の判例は、この点について、施術のあらゆる「類型的な」結果について、詳しく言うと、しばしば発生するリスクについても、その他のその処置に「特有の」リスクについても情報が与えられることを要求していた[56]。

58 　激しい批判に直面して、判例は、再び、その考え方から、部分的に離れることとなった。今日では、侵襲の緊要性とその侵襲を行わなかった場合に生ずるおそれのある危険を考慮に入れて、問題となる侵襲のリスクが、その種類、重大性、予測可能性の点で、理解力のある人間にとって真に重要な事柄となり得るかどうか、また、どの程度真に重要な事柄となり得るか、ということが決定的である[57]。従って、統計的には稀なリスクに関しても、それが発生したときには、患者の身体の状態やその後の生活に負担をかけることになるであろうと考えられる場合には、説明がなされなければならない[58]。その他の点では、リスクの程度を評価する際、病院の状況と、医師の個人的な能力や経験が、重要なものとして考慮されるべきである[59]。美容整形手術の

---

54) 　詳細は Schönke/Schröder/*Eser* StGB §223 Rn. 41ff.
55) 　BGH NStZ 1996, 34 ; MüKoStGB/*Joecks* §223 Rn. 87.
56) 　BGH VersR 1959, 391 ; MDR 1962, 45.
57) 　BGH NJW 1963, 393 (394) ; NJW 1972, 335 (337) ; NJW 1977, 337 (338) ; NJW 1980, 1905 (1907) ; NJW 1994, 793 (794).
58) 　BGH NJW 1985, 2129 ; NJW 1991, 2344 (2345) ; NJW 1994, 2414.
59) 　LG Bremen MedR 1983, 73 (75) ; Schönke/Schröder/*Eser* StGB §223 Rn. 41d.

ように医学的適応性のない侵襲の場合には、要求のレベルは特別に高い。

59 更に、侵襲を行う必要性が急を要するものであればあるほど、また、侵襲を行わなかった場合に生ずるおそれのある危険が重大であればあるほど、説明に課される要求は小さくなる。一つの極端なケースは、差し迫った生命への危険がある場合である。この場合には、推定的同意（→第2章 Rn. 67ff.）との境界線を引くことが常に可能であるとは限らない。判例は、その種のケースにおいて説明に課される要求のレベルを、相当に引き下げている。生命を救うために即時の侵襲が必要である場合には、医師は、同意に「手間隙をかける必要はない」[60]。

7．説明義務の不存在

60 患者に既に十分に情報が与えられているため、もはや説明を受ける必要がない場合には、医師は、このような事実に関して、もはや説明義務を負わない。従って、手術の際の塞栓症や創傷感染の危険のような、一般的に周知のリスクに言及する必要があるのは、その種の知識が当の患者にあるとは期待できない場合だけである[61]。

61 患者の自己決定権から、患者は、説明を完全に放棄すること、あるいは、部分的に放棄することができる、ということが明らかとなる。もっとも、このことは、医師と患者との間で説明のための話し合いが行われる必要は全くない、ということを意味するわけではない。患者は、自分の自己決定権を有効に行使するために、少なくとも、自分が何を放棄することになるのかを知らなければならない。それ故、患者は、侵襲が必要であること、及び、この侵襲にはリスクが伴うことについて知っていなければならない。その場合にだけ、患者は、それ以上の説明を有効に放棄することができる。従って、そのような知識を欠いた放棄は、無効である。

---

60) BGHSt 12, 379 (382).
61) MüKoStGB/*Joecks* §223 Rn. 93；異なる見解として、Schönke/Schröder/*Eser* StGB §223 Rn. 42b（説明の必要は全くないとする）。

62 説明の放棄は、その意思が明確に表明された場合だけ有効なのか、それとも、その意思を推断させる振舞いがあれば十分なのか、については、争いがある。判例は、患者が、自分の振舞いを通じて、自分は（これ以上の）説明を望まないということを認識させていれば十分であるとしている[62]。異なる見解によれば、法的明確性という理由から、放棄の意思が明確に表明されることが必要である[63]。

63 医師たちは、しばしば、一定の状況においては、説明は不要である、あるいは、説明することは危険ですらある、ということを指摘する。場合によっては、説明をすることで、患者の健康状態が悪化すれば、傷害を理由として医師が可罰的となることさえ考えられる。その種のケースにおいて、医師は、危険な綱渡りをすることになる。というのも、一方で、医師は、患者の自己決定権を守らなければならないが、他方で、患者に－時として「残酷な」－真実の負担を背負わせたくないし、また、背負わせてはならないからである。けれども、必要な説明が行われなくともよいのは、医学的な理由による例外的な場合だけである。判例は、精神状態の攪乱が予期され得るということだけでなく、重大で取り除くことのできない健康への害、あるいは、治療効果が上がらない危険が差し迫っているということも要求している[64]。いわゆるバセドウ症候群の場合には医学的な禁忌であることが一般に認められている。というのも、この場合には、きわめてわずかの精神的な興奮だけで既に死に至る可能性があるからである。この場合には、推定的同意の法理による正当化が行われる[65]。

64 患者に判断能力あるいは意識がなく、かつ、侵襲を先延ばしにすることができない場合には、同意なしで侵襲を行うことができる。その場合も同様

---

62) BGHZ 29, 46, 57 ; *Roßner* NJW 1990, 2291 ; LK-StGB/*Hirsch* §228 Rn. 20.
63) Roxin/Schroth HdB MedStrafR/*Schöch* 72 ; NK-StGB/*Paeffgen* §228 Rn. 81.
64) BGHSt 29, 176 (183ff.) BGHSt29, 46 (57) ; BGH NJW 1972, 335 (337) ; BGHSt 11, 111 (116).
65) Roxin/Schroth HdB MedStrafR/*Schöch* 73.

に、推定的同意の法理が妥当する。→第 2 章 Rn. 69ff.

8．説明に伴う実務上の問題

65　実務上、説明は常に簡単に行うことができるとは限らない。個々のケースにおいて必要な説明の範囲が不明確であることはしばしばある。医師は、通例、個々のケースにおいて、その都度の説明がどの範囲までなされる必要があるのかについて調査する時間もないし、その機会もない。加えて、説明義務がしばしばあまりにお役所的で形式主義的なものになるため、本来ならば求められる説明のための話し合いが後退したり、あるいは、ひどく妨げられたりするおそれもある。

66　ところで、自由で自己答責的に決定する患者というものは、一つの理想像である。実際には、多くの様々な要因が、患者の決定に影響を及ぼす。例えば、医師は、しばしば無意識のうちに、自分が個人的に納得していないような方法よりも自分が好む解決策の方を、その長所を示しながら、より上手に、また、より詳細に描写しがちであろう。加えて、患者も、どの道、真の選択ができない場合がたびたびある。とても起こりそうにないことではあるものの、しかし、患者にとって心理的に非常に負担となる施術のリスクがあり、このリスクが避けられないならば、そのリスクを知ることが、患者にとって何の役に立つのであろうか？　更に、医師の説明を理解し、自己決定による決断をすることが全くできない知的能力の乏しい患者も存在する。このような問題は、患者の自律性を守るために説明義務を法的にどのように構築するかを巡る議論が、いまだに終わっていないことを示している。

Ⅶ　推定的同意による正当化

67　例えば、患者が意識を失っていたり、薬の影響下にあったりするために、同意することができない場合には、推定的同意に基づく正当化が問題になる。

68 推定的同意に基づく正当化は、患者の同意が得られない、もしくは、適時には得られない、ということを要件とする。更に、その侵襲は、患者の推定される意思に合致するものでなければならない。その際に問題となるのは、（正当化する緊急避難の場合のように[66]）客観的な原則に従った財や利益の衡量ではなく、患者の真の意思についての蓋然性判断を下すことである。この蓋然性判断には、医師が知っている患者の利益、必要性、希望、価値観の全てが取り込まれなければならない。例えば、理性的に行動する患者の判断基準のような客観的な基準を考慮することができるのは、患者の現実の意思に関する他の手掛かりがみつからない場合だけである。医師は、医学的に最も有意義であると自分が考えるものを、患者の意思の代わりにすることは許されない。

69 患者の意思を確かめる際に特別重要な意味をもつのは、患者指示 Patientenverfügung である。そこにおいて明らかにされた意思は、時が経つうちにその患者がその意思を否定するようになったことが分かる場合を除いて、医師により顧慮されなければならない。その点に関しては、第4章における患者指示についての別の節を参照。

70　　　　　　　　概要7：推定的同意の要件

1．法益が処分可能なものであること
2．同意者に処分権があること
3．同意者に弁識能力と判断能力があること
4．患者の同意が明らかにされていないこと
5．侵襲が患者の推定される意思に合致すること
6．主観的正当化要素があること

---

[66] *Hilgendorf/Valerius* StrafR AT §5 Rn. 70ff, *Kühl* StrafR AT §9 Rn. 47a.

VIII 仮定的同意

71　比較的最近の文献においては、いわゆる「仮定的同意」の可能性が論じられている[67]。それによれば、患者が義務に適った説明を受けていたならば治療侵襲に同意していたであろうという場合には、違法性は失われることになる。

72　従って、説明が欠如していることによって侵襲が違法なものとなるのは、きちんとした説明がなされていれば患者は同意しなかったであろうと考えられる場合に限られる、ということになる。文献における批判は、とりわけ、事後的な確認における立証上の困難さに向けられている。義務に適った説明がなされていたならば、患者は同意していたであろうかということを、どのようにして確かめるのであろうか？　仮定的な同意があると誤って想定することにより、法益保護を縮減するおそれがある。それによって、推定的同意という法制度が潜脱され、患者の自己決定権が危殆化されることになるであろう[68]。

IX 刑法典34条の正当化する緊急避難による正当化

73　更に、正当化する緊急避難（刑法典34条）による正当化が考慮の対象となる。これは、まず、緊急避難状況、すなわち、患者の身体あるいは生命（他の法益もあるが、ここで問題となっている文脈では、ほとんど関係することはないであろう）に対する現在の危難を前提とする。侵襲は、急を要するものでなければならない。更に、刑法典34条の意味における役に立つ緊急避難行為が存在しなければならない。すなわち、その侵襲が、客観的に必要なものでなければならない。従って、危険を回避するために、患者にかかる負担がより

---

67)　*Hilgendorf/Valerius* StrafR AT §5 Rn. 138ff.
68)　*Fischer* StGB §223 Rn. 34 ; *Jäger* StrafR AT Rn. 146c.

少なく、しかし、同様の効果のある方法が他に存在していてはならない。次いで、財および利益の衡量の枠内では、保全利益（患者の生命かつ／あるいは健康）が侵害利益、すなわち自己決定権を著しく超えるかどうかが、確認されなければならない。

74　正当化する緊急避難（刑法典34条）を通じての医師の正当化は、例えば、救急患者が搬送されてきて、緊急手術に対する明示的な同意もないし、急いで患者の推定的な意思を確かめることもできないという場合に考慮される。

75　　　　　　**正当化する緊急避難（刑法典34条）の検討の概略**

> １．刑法34条の緊急避難状況
>   a) 緊急避難が可能な法益
>   b) 法益に対する現在の危難
> ２．緊急避難行為
>   a) 必要性
>   b) 財及び利益の衡量
> ３．主観的正当化要素

X　施術の拡大

１．施術の拡大の問題性

76　いわゆる施術の拡大は、また別の問題領域である。その場合、医師は、施術をしている間に、当初計画されていた侵襲の範囲を超えている。施術が拡大する可能性について、既に施術の前に患者と話し合っていて、患者が同意している場合には、何か他の特別な問題が生ずるわけではない。けれども、患者が施術の拡大について説明を受けていなかった場合には、事情は異なる。この場合には、判例によれば、同意によっては正当化されない構成要件的な傷害が存在する[69]。医師が処罰されることを防ぐためには、他の正当化事由を探さなければならない。

2．施術の拡大の場合の正当化事由

77　施術中の同意による施術の拡大の正当化が考慮されるのは、例外的な場合に限られる。すなわち、患者が、施術中に意識があって、判断することができるという場合がそれである。

78　多くの場合には、推定的同意による正当化が考慮される。その場合には、施術の拡大が患者の利益のために行われること、同意を得ることができないこと、施術の拡大が患者の真意に合致することが要件となる。「真意」は、蓋然性判断によって確かめられるべきである（参照→第2章 Rn. 68）。

79　施術の拡大によって、回復不可能な害あるいは死の結果が生ずる差し迫った危険が回避されることになる場合には、判例によれば、客観化された基準が、施術の拡大に賛成する決定をすることが患者の観点から見て理性的であると思われる、ということを支持していれば十分である[70]。それに対して、施術の拡大が、確かに医学的には賢明な判断であるが、患者にとっての差し迫った生命への危険、あるいは、重大な健康上の危険が何ら存在しない場合は、医師は、通例、患者の同意をとりつけなければならない。従って、例えば、婦人科医が、帝王切開をしている間に、また妊娠するとその女性にとって生命の危険が生ずる可能性があるということがその施術中に判明したという理由だけで、不妊手術を行うことは許されない[71]。

80　推定的同意によって、説明の瑕疵は治癒し得ない。医師が、説明の際に、施術が拡大する可能性を既に予見していたが、その可能性について説明していなかった場合には、たとえ、施術の拡大が客観的に患者の利益になったとしても、医師は、推定的同意によって正当化されはしない[72]。

---

69)　BGHSt 45, 219.
70)　BGHSt 11, 111 (115)；35, 246；45, 219；Schönke/Schröder/*Eser* StGB §223 Rn. 44b；Roxin/Schroth HdB MedStrafR/*Schroth* 41.
71)　BGHSt 45, 219；Roxin/Schroth HdB MedStrafR/*Schroth* 39f.
72)　Roxin/Schroth HdB MedStrafR/*Schroth* 41f.

81　更に、正当化する緊急避難（刑法典34条）による正当化が考慮される。それについては前述→第2章 Rn. 73ff. 参照。施術の拡大が急を要するものである場合には、緊急避難状況は存在する。加えて、施術の拡大が客観的に必要なものでなければならない。すなわち、患者にとって負担が少ないが同様の効果をもつ方法が他に存在してはならない。次いで、財と利益の衡量の枠内において、保全利益（患者の生命や健康）が侵害利益、すなわち、自己決定権を著しく超えているかどうかが確認されなければならない。

82　　　　　　　概要8：施術の拡大の場合の正当化事由

> 1．同意
>   患者が、施術の間、意識があり、判断することができるという例外的な場合
> 2．推定的同意
>   施術の拡大が患者の利益のために行われ、同意を得ることができず、かつ、施術の拡大が患者の真意に合致する場合
> 3．正当化する緊急避難（刑法典34条）

XI　侵襲の特別な形態

83　医的侵襲の以下のバリエーションは、それが患者にとって重大な結果をもたらすものであるため、法律上独自に規定されている。1997年移植法（TPG）による臓器移植[73]、1980年性転換法による性転換、1969年去勢法による去勢。

---

[73]　→第8章

第3章　補説：安楽死の歴史について

I 「安楽死」という概念について

1　「安楽死 Euthanasie」という概念は、ギリシャ語に由来し、回復の見込みのない患者や重傷者に対して、耐え難い苦痛を免れさせる目的でなされる臨死介助を意味するものである。何世紀もの時が経過する中で、その概念は、古代ギリシャ・ローマにおける「善き死 guten Todes」を表すものから、第三帝国におけるイデオロギー的に動機づけられた「生きる価値なき生命」の毀滅に至るまで、様々に解釈された。第三帝国では、その概念は、「民族衛生学的」（優生学的）視点と融合し、身体や精神に障害のある者の大量殺人を正当化するために濫用された。

2　今日の議論では、「安楽死」という用語は、それがもつ歴史的な負のイメージにもかかわらず、しばしば、臨死介助や自殺の援助を巡る議論との関連で用いられている。このことは、国際的な言語慣用、とりわけ、アングロサクソン語の影響を受けた諸国における言語慣用（「安楽死 euthanasia」）に対応するものである。今日の議論とその歴史的な起源をよりよく理解するためには、安楽死の歴史とその精神史的な淵源を振り返ってみることが有益である。

II 古代ギリシャ・ローマにおける安楽死

3　ギリシャ語での安楽死という概念は、元々は、「善き、幸運な、そして、美しい死」を意味する。古代ギリシャ・ローマでは、自殺とその援助は、広く許されていたと考えられている[1]。紀元前4／5世紀のヒポクラテスの誓

---

1) *Decher*, Signatur der Freiheit, S. 41ff.

い[2]がそれとは異なったものだったのかどうかは、はっきりしない[3]。

4　中世に移行すると、いかなる形態の安楽死も全面的に拒否するキリスト教の教義が影響力を増した。キリスト教の考え方によれば、神が、人間の生命について唯一の処分権をもっている。従って、中世の考え方によれば、安楽死は禁止されていた[4]。もっとも、これが、中世における死の現実に合致していたのかどうかは、はなはだ疑わしい。

Ⅲ　近代初期における安楽死

5　ルネサンス期において、古代ギリシャ・ローマの安楽死に関する考え方が、再発見されることとなった。Thomas Morus（1478-1535）は、その点について、次のように述べている。

「しかしもしその病気が永久に不治であるばかりでなく、絶え間のない猛烈な苦しみを伴うものであれば、司祭と役人とは相談の上、この病人に向かって、これ以上生きていても人間としての義務が果たせるわけではないし、いたずらに生き恥をさらすことは、他人に対して大きな負担をかけるばかりでなく、自分自身にとっても苦痛に違いない、だからいっそのこと思い切ってこの苦しい病気と縁を切ったらどうかとすすめる。また、今は生きているということ自体が一つの拷問ではないのか、もしそうなら死ぬということに対して臆することなく、いや、むしろ前途に明るい希望をもって、この牢獄とも拷問ともいえる業苦の人生を、一思いに自らの命を断って脱するか、それとも他人にその労をとってもらって脱してゆくか、そのどっちかにしたらどうか、とすすめるのである。そしてなおその上、死ぬことによって人生の

---

[2]　→第1章 Rn. 8ff.
[3]　→第1章 脚注10）
[4]　自殺も、中世の権威あるキリスト教の論者たちによって激しく拒絶された。それについては、Decher, Signatr der Freiheit, S. 21ff., 29ff.

楽しみが少しでも失われるものではなく、むしろただ苦痛を癒されるにすぎないのであるから、死ぬことがどんなに賢いことであるかを説明してやる。この行為は司祭の、つまり神の意志を説く者の忠告に従うことである。したがってこれこそまさに信仰者に相応しい行為である、といってきかせる。こうやって充分納得した病人は、自らすすんで絶食して死んでゆくか、死の苦しみを味わうことなく眠っている間に死んでゆく。勿論死ぬのを嫌がるのを無理に死なせることはないし、またそういう人をおろそかに取り扱うということもない。かようにすすめられて死ぬことは名誉ある死と信じられているからである。」[5]

6　この論述では、安楽死に関する古代ギリシャ・ローマの考え方が、再び取り入れられた。もっとも、自己決定を強調しているのは新しいところである。臨死介助は、患者の同意がある場合にしか行うことはできないのである。

Ⅳ　19世紀及び20世紀における安楽死を巡る議論について

7　19世紀及び20世紀において、安楽死の概念は、本質的な変化を経験した。今やその用語は、たとえ対象者の意思に反しても生命を短縮することを伴う「臨死介助」を含むものとなる。「安楽死」は、ますます、「生きる価値なき生命」の毀滅という考え方と結びつけて用いられるようになる。

1．社会ダーウィニズム

8　いわゆる社会ダーウィニズムにおいては、(Charles Darwin, 1809-1882の進化論の理由づけに従った) ダーウィニズムが、ひどく粗雑な形で人間社会の分析

---

5) *Morus*, Utopia, 81.

に転用された。その理論の出発点は、人間と人種の不平等性である。社会ダーウィニズムの考え方によれば、この不平等性から生存のための闘争が生じ、その闘争においては、最も優れた者だけが勝利を収めることができ、またそうあるべきだということになる。もっとも、社会ダーウィニズムは、間接的にしかDarwinと関係づけることはできない。というのも、その理論の本質的な基礎は、既にDarwinの理論が登場する前に、他の理論家たちによって据えられていたからである。ここでは、特に、Darwinも引き合いに出している[6]イギリスの社会学者 *Herbert Spencer*（1820-1903）に言及しておかなければならない。社会ダーウィニズムの本来の始祖は、Darwinではなく彼である。

9 社会ダーウィニズムの基本的な考え方は、社会生活は「生存を巡る闘争」であり、そこでは、最も優れた者だけが勝利を収めることができるし、そうあるべきである、なぜならば、最も優れた者には「強者の権利」が与えられるべきだからである、という信念である。それによって、優生学と民族衛生学の基礎が築かれた。

10 社会ダーウィニズムは、様々なバリエーションをもって現れた。一方では、アメリカ合衆国における不自然な経済的自由主義（「経済的な労働闘争」）として現れた。そこでは、社会ダーウィニズムは、ある特定の種類のプロテスタンティズムと密接に結びついていた（主要な主張者は、*Carnegie* と *Rockefeller* であった）。イギリスでは、社会ダーウィニズムは、特に、帝国主義の正当化に奉仕した。ドイツにおける修正された社会ダーウィニズムの主たる主張者は、動物学者であり自然哲学者でもある *Ernst Haeckel*（1834-1919）であった。彼は、「一元論」と呼ばれた生命の統一理論を述べた。そこでは、人

---

6) *Darwin*, Die Entstehung der Arten, 676：「遠い将来に思いをはせると、もっと重要な広い研究領域が、私の目には浮かんでくる。心理学は、きっと、*Herbert Spencer* によって築かれた基礎の上に、すなわち、いかなる精神的な力も、また、いかなる能力も、徐々に段階的にしか獲得され得ない、という基礎の上に、堅固に築き上げられるであろう」。

間、歴史、そして道徳が、唯一の基本原理、すなわち、Darwinの進化論と関連付けられていた。

11　19世紀の終わりごろ、社会ダーウィニズムは、人種信仰と結びついた[7]。*Graf Gobineau*（1816-1882）は、その著書『人種の不平等に関する試論』において、生存のための闘争というテーマは個人的なものではなく、人種的なものであり、そこには、他の人種よりも優れたアーリア人種というものが存在する、と述べている。人種が混ざり合うことにより、その人種が本来もつ性格は失われる、という。*Gobineau*は、これを、文明の衰退と解釈した。1898年から1901年にかけて、彼の著作がドイツ語版で出版され、すぐにとりわけ通俗科学的な文献において盛んに議論されていた頃、人種的優越妄想と人種研究は、初期のキリスト教にまで遡るユダヤ人を敵視する見方[8]と結びつき、危険な爆発力をもつ混合物となった。

2．優　生　学

12　優生学は、一般に、Darwinのいとこである*Francis Galton*（1822-1911）によって基礎づけられた人間の種の改良に関する理論（優生学）として理解されている。それは、前述した社会ダーウィニズムの理論を背景として理解されなければならない。1865年に公表された論文「遺伝的な才能と性格」において、Galtonは、最も優れた種の繁殖を促進すると同時に、劣等な種の繁殖を制限することによって、人間の道徳的及び知的水準を向上させることへの支持を表明した[9]。優秀さに関する彼の考え方は、ビクトリア王朝時代の模範、すなわち、男性の場合には、才能、性格、身体の力によって、女性の場合には、上品さ、美しさ、健康、温厚な気質、主婦として切り盛りする

---

[7]　*Mann*, Biologismus im 19. Jahrhundert, 73 (80).
[8]　キリスト教において、ユダヤ人は、既に古代ギリシャ・ローマ時代末期には、「神を殺した者」との烙印を押されていた。宗教的に動機づけられた迫害と殺戮から容認へと局面が変わったのは、中世においてである。
[9]　*Hilgendorf* FS Horn, 1131 (1148).

13　優生学は、人間の種を変えることができる、とりわけ改良することができる働きかけに取り組んだ。その際、積極的優生学と消極的優生学とが区別された。消極的優生学は、変性あるいは「退化」による人間の遺伝因子の劣化を予防することを目指すものである。結婚の禁止、任意もしくは強制による断種、並びに、「遺伝的疾患のある者」の殺害、すなわち、遺伝的にマイナスに作用するとみなされた人間の増殖を阻止することになる措置が、適切な措置だと考えられた[11]。それに対して、積極的優生学は、結婚を促進するように調整することや特別な「育種プログラム」のような積極的な措置を通じて遺伝因子を改良することを意味した。その育種プログラムは、しばしば、社会政策的な措置による「逆淘汰」への警告と結びつけられた。

14　1900年頃、非常に影響力の大きい先進工業国において、優生学の制度化のプロセスが始まった。指導的な立場にあったのはアメリカ合衆国である。アメリカ合衆国では、多くの州で優生学的な要求が法律で定められた。例えば、1907年に、ルイジアナ州において強制断種に関する法律が定められ、1917年までにさらに16の州が同様の法律を設けた。そこでは、犯罪者の強制的な断種が規定され、大抵の法律では、更に、癲癇患者、精神病患者、精神薄弱者の断種も規定されたが、それらは州の制度にとどまっていた[12]。優生学の思想は、アメリ合衆国の1924年移民制限法にも大きな影響を及ぼした。同法により、「人種的に劣等な」人間が東ヨーロッパ、西ヨーロッパ、及び、ヨーロッパ以外の諸国から移住することが制限された[13]。

3．民族衛生学

15　優生学のドイツバージョンが、民族衛生学であった。民族衛生学を基礎づ

---

10)　*Hilgendorf* FS Horn, 1131 (1136).
11)　*Kröner* „Eugenik" in Korff/Beck/Mikat, Lexikon der Bioethik, 694.
12)　*Kröner* „Eugenik" in Korff/Beck/Mikat, Lexikon der Bioethik, 695.
13)　*Kröner* „Eugenik" in Korff/Beck/Mikat, Lexikon der Bioethik, 696.

けたのは、ブレスラウの医師 *Alfred Ploetz*（1860-1940）であった。彼は、1895年に、その著書『民族衛生学綱要 第1部 我が種の優秀さと弱者の保護 民族衛生学とそれが人間の理想、特に社会主義に対してもつ関係に関する一試論』を公刊した。第2部は、刊行されていない。1904年に、彼は、「人種生物学及び社会生物学論叢」を創刊し、翌年に民族衛生学学会を設立した。どちらも、ドイツにおける優生学の制度化に重要な寄与を果たした。その他の重要な民族衛生学の主張者は、ミュンヘンの医師 *Eugen Fischer*（1874-1967）及び *Fritz Lenz*（1887-1976）、並びに、*Othmar Freiherr von Verschuer*（1874-1969）であった。

16 とりわけ、第一次世界大戦の後、民族衛生学の思想は、多くの支持者を見出すこととなった。その原因は、特に、戦争が当時の社会に及ぼした影響にある。戦争で、多くの健康な若者が命を失い、それは出生率の低下を招いた。敗戦と経済危機のために、世間の雰囲気は重苦しく、結核や梅毒のような疫病が蔓延し、アルコール中毒も広がった。大多数の国民が窮乏化していた。

17 このような状況から、結果として、民族衛生学の考え方が幅広い階層の国民に進んで受け入れられることになった。ドイツの多くの都市で、優生学団体が創設された。ドイツの大学でも、民族衛生学は、1933年よりかなり前からしっかりと制度化されていた。1927年には、ベルリンのダーレムに、人類学、人間遺伝学、優生学に関するカイザー・ヴィルヘルム研究所が開設された。同研究所は、国家社会主義の時代に、人種理論に関する研究をするにあたって特別な役割を果たすこととなった。

18 ワイマール共和国では、ほぼすべての政党が、優生学的に基礎づけられた社会政策に強い関心を示した。それに対して、ドイツ法には、1933年まで優生学的な主張はほとんど受け入れられていなかった。その原因はいろいろあるが、特に、ドイツ法学が、法実証主義の影響により法解釈学に制限されていたことと法律学の外にあるあらゆる政治的な影響を拒絶していたことに求めることができるであろう[14]。

19 内容的には、民族衛生学は、特に、消極的優生学[15]の方向に、すなわち、「遺伝的に劣等な種」の増殖を阻止するという方向に向かった。病的素質のある人の自発的な断種、部分的には強制的な断種も行うべきだというのが、その主要な主張であった。

4．国家社会主義の時代における安楽死

20 国家社会主義にとって、なかんずく、*Hitler*の思想にとっても、人種理論と社会ダーウィニズムとの結びつきは特徴的なことである。確かに、1933年より前に、優生学者や民族衛生学者と国家社会主義者とのつながりはあったものの、この関係はそれほど密接なものではなかった。国家社会主義の時代に、この状況は変化した。民族衛生学の学問的な主張者たちが、大学における自分たちの地位を向上させることを Hitler に期待した。逆に、Hitler は、自分の政治的な綱領を正当化するために、「民族衛生学の科学」を利用することができたのである。

21 ナチズムの優生学計画が初めて法律の形式をとったのは、1933年7月14日に可決された遺伝的疾患のある後世代の予防に関する法律によってであった[16]。この法律は、先天性の精神薄弱、精神分裂症、循環精神病（躁うつ病）、遺伝性の盲聾、更にまた重度のアルコール中毒のような特定の病気に罹患している人の強制断種を可能にするものであった。断種に法治国家性の外観を与えるために、強制断種に関しては、法律家と医師が配置された優生裁判所で決定が下された。1945年までに、この法律に基づいて、300,000人を超える人の断種が行われ、そのうちのおよそ6,000人については、断種が、死亡、ないしは、重い健康被害をもたらした。

22 けれども、事はそれでは済まなかった。1939年秋以降、*Hitler*の命令によ

---

14) *Hilgendorf* FS Horn, 1137.

15) *Kröner* „Eugenik" in Korff/Beck/Mikat, Lexikon der Bioethik, 696.

16) それについて詳細は、*Czeguhn* in Czeguhn/Hilgendorf/Weitzel, Eugenik und Euthanasie 1850-1945, 147.

り、70,000人を超える人が精神病院で殺害された。その命令は、1939年10月に初めて与えられたのだが、1939年9月1日付とされている。それは、おそらく、戦争の開始と時間的に一致することが、ある種の道徳的正当化をもたらし、それによって、タブーを犯すことに関する抵抗を克服することができると考えられたためであろう。法律上の根拠はなかった。その活動は、ベルリンの動物園通り4から組織されたため、「アクツィオーンT4」とも呼ばれている。その場所から、ドイツの精神病院に質問用紙が送られた。その用紙で、病院の勤務医は、担当している患者の健康状態について申告しなければならなかった。

23　指導的な医師や大学の精神科からは取り立てて抗議の声は上がらなかった。ミュンスターの司教 *Clemens Graf von Galen* が1941年の夏に行った公の説教で、ようやく、精神病患者や精神障害者の殺害が公式に停止された[17]。もっとも、その後もなお、見積もりによれば、更に30,000人の人が、密かに行われた安楽死活動、いわゆる、野生化した安楽死によって亡くなった。最も邪悪な蛮行は、強制収容所、特にアウシュビッツで行われた。そこでは、双生児研究を専門としていた医師 *Josef Mengel* の指揮の下、収容者に対して苦痛に満ちた医学的研究が行われ、それは、何らの鎮痛措置もなく行われる生体解剖にまで及んだ[18]。Mengeleの得た成果は、名声高いベルリンのカイザー・ヴィルヘルム人類学研究所と共同して分析され、学問的に利用された。

5．ナチズムの安楽死の先駆者

24　ナチズム体制下で行われた「生きる価値がない」とみなされた人間の殺害の不本意ながら精神的な先駆者は、刑法学者 *Karl Binding* と精神科医 *Alfred Hoche* であった。1920年に出版された『生きる価値なき生命の毀滅の解禁。

---

17)　その説教は、*Wiesing*, Ethik in der Medizin, 64ff. に、要約して掲載されている。
18)　Mengeleについては、*Lifton*, Ärzt im Dritten Reich, 386ff. 参照。

その程度及び形式』[19]と題する著書で、彼らは、その後の殺害を正当化するための論証上の基礎を据えた。当時の指導的な刑法学者の一人であったBindingが、一連のテーマを刑法上の視点から叙述する一方、Hocheは、医学的な見方を取り上げている。結論において、彼らは、広範囲において一致している。けれども、彼らの文章は、立論の過程や言葉遣いがかなり異なっている。

25　Bindingは、いくつかのステップを経てそのテーマにアプローチしている。彼は、まず、自殺の不可罰性を論じている。それに続けて、彼は、「安楽死の純粋な作用」、すなわち、「苦痛に満ち、おそらくは更に長く続く、病気に由来する死因を、他の苦痛のない死因によって排除すること」について検討している[20]。Bindingは、それを法的意味における殺害行為だとは全く思っておらず、むしろ、同意を必要としない治療措置であると考えている[21]。

26　要求による殺人の議論が、それに続く。その議論において、彼は、一面では、人間の自己決定権を強調し、個人は自己の生命の主権者であると明言しているが、しかし、他面では、包括的な生命保護の必要性にも固執している。その際に、Bindingは、死が間近に迫っている患者、あるいは、致命傷を負っている者によってなされる自己の生命を「毀滅すること」への要求には、「強靭な生命を毀滅することの要求」よりも重要性が認められるべきである、ということを強調している[22]。全体としてみると、彼の立論は、当時の刑法上の議論において論究されている事柄の範囲内にとどまっている。

27　「生きる価値なき生命の毀滅」について、*Binding*は、次のような基本的問いを述べている。

---

19) （1922年に公刊された）第2版が、はしがきを付して、2006年にWolfgang Nauckeによって再版された。
20) *Binding/Hoche*, Freigabe der Vernichtung lebensunwerten Lebens, 17.
21) *Binding/Hoche*, Freigabe der Vernichtung lebensunwerten Lebens, 18.
22) *Binding/Hoche*, Freigabe der Vernichtung lebensunwerten Lebens, 24.

「法益の性質を大きく失ったために、その生命の担い手たる本人にとっても、社会にとっても、その存続が永遠にあらゆる価値を失ってしまった人間の生命というものは存在するか？」[23]

Binding は、三つのグループの人について、このことを肯定する。

(1)「病気あるいはけがのために救済の見込みがなく、自分の置かれた状態を完全に理解したうえで、そこから解放されることへの差し迫った希望をもち、その希望を何らかの形で表している者」[24]
(2)「第二のグループは、不治の白痴者から成る－生まれながらにしてそうであるのか、あるいは、例えば進行性麻痺患者のように、病気の最終段階においてそうなったのかは問わない。彼らは、生きる意思も死ぬ意思ももっていない。従って、彼らの側では、殺害へのはっきりとした同意はないが、他方で、殺害することは何ら生きる意思と衝突するものではなく、生きる意思が断たれたと言う必要はないであろう。」[25]
(3) そして、最後に、彼は、「精神的には正常であるが、何らかの出来事、例えば、非常に重大で致命的であることが明らかな傷害を負ったことによって、意識を失った人や、仮にその意識喪失から一旦目覚めたとしても、名状しがたい惨めな状態になるであろうと考えられる人」[26]を挙げている。

28 もっとも、その際、*Binding* は、自己決定権に固執し、同意、ないしは、推定され得る同意が存在しない場合には、「生きる価値なき生命の毀滅の解禁」は認められない、ということを強調している。

---

23) *Binding/Hoche*, Freigabe der Vernichtung lebensunwerten Lebens, 26.
24) *Binding/Hoche*, Freigabe der Vernichtung lebensunwerten Lebens, 28.
25) *Binding/Hoche*, Freigabe der Vernichtung lebensunwerten Lebens, 30.
26) *Binding/Hoche*, Freigabe der Vernichtung lebensunwerten Lebens, 31.

「従って、その殺害の解禁が考慮される人は、もっぱら、常に、救済の見込みのない患者だけであり、さらに、救済の見込みがないことに加えて、常に、死の要求、あるいは、同意があるか、もしくは、その患者が、決定的な時点において意識を喪失した状態に陥っていなかったならば、あるいは、これまでに自分の状態を意識することができていたならば、死の要求又は同意がなされていたであろう場合に限られる。既に述べたように、いかなる殺害の解禁も、殺されることになる人、あるいは、既に殺された人の生きる意思の断絶を伴う場合には許されない。」[27]

29　*Hoche*は、Bindingの論述を、経済的な観点について拡張している。言葉の上でも、彼は、Bindingよりずっと過激な表現を用いている。

「このようなお荷物の存在というカテゴリーのためにかかる必要な費用があらゆる方面で正当化されるかどうか、という問題は、かつての豊かな時代においては差し迫ったものではなかった。今では状況が変わっており、私たちは、その問題に真剣に取り組まなければならない。［…］私たちドイツ人に課せられた課題は長期的なものとなるであろう。全ドイツ人の可能性を統合して最高度にまで高めること、すなわち、全力を傾注する必要のある目的のために各人の使用可能なあらゆる能力を解放することがそれである。この課題を実現することは、たとえどんな類の虚弱者であってもこれを可能な限り保存しようとする努力、全てのものに、確かに精神的には死んでいないがその身体組織からすれば価値の低い存在であっても、これに世話と保護を与えようとする近代の努力目標と対立する－このような欠陥のある人間に生殖をさせないということは、これまでできなかったし、本気で試みられたこともなかったことから、その努力目標は、特別な影響力を獲得している。［…］より高次の国家的倫理の観点から見るならば、生きる価値なき生命の無条件

---

27)　*Binding/Hoche*, Freigabe der Vernichtung lebensunwerten Lebens, 32.

の保護を求めて行き過ぎたことが行われてきたということを、おそらく疑うことはできないであろう。私たちは、これとは全くかけ離れた視点に立ってしまい、この関係において、固有の法と権利をもつ1個の全体と同じ意味で国家的有機体を観察することを忘れてしまった。例えば、それ自体で完結している人間の有機体が1個の全体であり、私たち医師ならば知っているように、その有機体は全体の安寧のために、価値のなくなった、あるいは、有害な個別の部分や断片をも見捨て、切り捨てるのであるが、それと同じように国家的有機体を観察することを忘れてしまったのである。」[28]

30　*Hoche* によれば、「生きる価値なき生命」を識別する決定的な基準は、自己利益の欠如である。彼の見解によれば、欲求や利益を感ずることのできない者は精神的に死んでいるので、それを肉体的に殺害しても何ら不法は生じない。

「諸般の状況から判断して、自己の脳を働かせて、何かあることを主観的に要求することができない、従って、特に、生きることを主観的に要求することができない精神的に死んでいる者を殺害する場合には、[…] 何ら主観的な権利は侵害されない。[…]『同情 Mitleid』は、精神的に死せる者に対して、それが生きているときも死にゆくときも、最後に向けられる感情の発露である。しかし、いかなる苦しみもないところには、共に苦しむ Mit-Leiden ということもない。」[29]

31　*Binding* と *Hoche* の著作は、徹底的に議論されたが、大抵は拒絶され、特に法学においてはそうであった[30]。もっとも、遅くとも、世紀の変わり目以

---

28) *Binding/Hoche*, Freigabe der Vernichtung lebensunwerten Lebens, 51f.
29) *Binding/Hoche*, Freigabe der Vernichtung lebensunwerten Lebens, 55.
30) 例えば、*Meltzer*, Das Problem der Abkürzung „lebensunwerten Lebens", 1925, 更にまた、Esre (Hrsg.), Recht und Medizin, 85ff.；102ff. における *Elster* と *Pelckmann*

後は、生物学的な「退化」に対するはっきりとしたおそれが存在していた。*Binding* と *Hoche* は、たとえ道徳的には非常に疑わしいとしても、その退化を免れるための一つの方策を示したのである。

32 1933 年に、国家社会主義者たちは、彼ら独特の人種差別主義的及び反ユダヤ主義的観念を「学問的に」根拠づけるために、この提案を取り上げた。「遺伝病子孫予防法」に関与して決定的な役割を果たした精神科医 *Ernst Rüden* は、次のような言葉で、この法律を擁護している。

「全ての文明化された国民にとって、平均的な遺伝病質のない状態を脅かす逆淘汰を阻止するためには、民族衛生が必要不可欠である。民族衛生は、根本的に政治とは全く関係がない。なぜならば、いかなる文明化された国民も、それを必要とするだろうからである。遺伝病質がなく優秀な人の十分な出生率を達成するという生存にかかわる重要な努力に加えて、遺伝的に役に立たない者をできる限り慎重に除去するための措置も必要である。自然は、欠陥のある遺伝因子を保有するものが十分に繁殖する前に、これを殺害して取り除くことによって、順応できない存在を全て、非常に無慈悲に情け容赦なく除去する。人間は、民族衛生を通じて、苦痛に満ちた人間の除去を、ただ遺伝的に劣った性細胞の受胎を阻止するということだけによって、苦痛のない胚細胞の除去に置き換える。民族衛生は、それによって、最も人道的なやり方で、これまで、あるがままの自然の無慈悲な要求と文明化された人間の人道的な要求との間で引き裂かれていた矛盾対立を解決し、調整するのである。」[31]

33 国家社会主義の政権が終焉した後、「優生学」の概念は、世界的に信用を失った。安楽死による殺人について責任のあった医師の一部は、1946/1947

の論文参照。

31) *Wiesing*, Ethik in der Medizin, 61f. より引用。

年のニュルンベルク医師裁判において有罪判決を下された[32]。

V　今日の議論との違い

34　「生きる価値なき生命」の毀滅の必要性は、一方では生物学的に、他方では経済的に基礎づけられた。生物学的な論証の仕方にとって特徴的なことは、前述した *Rüden* の例からも分かるように、人間社会の特殊性を顧慮することなく、生物学的ないしは似非生物学的な考えを人間社会に転用することであった。(「自然の」のような)記述的な概念が、熟慮されることなく、規範的な概念(例えば「善い」)と同視され、政治的な努力目標が、生物学的 - 科学的な専門用語を引き合いに出して、生物学的に必要不可欠なものとして描き出された[33]。

35　どちらかといえば経済的な指向の強い理由づけのアプローチは、「遺伝的に価値の低いお荷物の存在」は社会を経済的に破滅させ、ドイツ復興のために差し迫った必要性のある健全なエネルギーを不必要に制約している、ということを出発点とした。この点に関して典型的なのは、前述した *Hoche* の論述である。

36　今日の議論においては、病者や障害者に生きる権利があることは全く疑問視されていない。同様のことは、死に瀕している者の法的保護に関しても妥当する。本人の意思がないか、あるいは、本人の意思に反する臨死介助は、認められない(→第4章 Rn. 5ff.)。それ故、今日の議論の対象は、対象者自身が介助を望んでいる場合に限られる。

---

32)　Mitscherlich/Mielke, Medizin ohne Menschlichkeit.
33)　*Hilgendorf* FS Horn, 1131 (1142).

第4章　臨死介助の権利－法的状況と現今の改正

I　序

1　死とどのように向き合うかは、生命倫理学的及び医事法学的に今日最も議論を呼ぶ問題の一つである。医学の進歩は、臨終を迎えるにあたって私たちがなし得ることを著しく拡大した。今日では、瀕死の状態にある人を、数年とまではいかなくとも、数ヶ月に渡って生かしておくことが、技術的には可能である。もっとも、生物学的な生命を延長させることが、対象者の望みや利益に適っているかどうか、という問題が提起されることは、珍しくない。まずまず耐えうる程度の生命の質を伴わずに、ただ死の時点を先延ばしするだけのことは、大抵の人によって拒否される。それ故、技術的な生命の延長の可能性と当人の意思とは、しばしば緊張関係に立つ。

2　ドイツの立法者は、これまで、このジレンマの解決を怠り、死と臨死介助に法的な構造を与えるという課題を裁判所に委ねてきた。この課題は、およそ単純なものではない。医学的－技術的な進歩は、ひとりひとりの人間の生命の展開が終焉を迎える際の人間の生命の保護との関係において伝統的な信念に疑問を投げかけている。このことは法秩序にとって重大な諸問題を生じさせるに至っており、それらは明らかに矛盾する状態にまで達している。現行の法規範（例えば、人間の尊厳の保護、刑法上の生命の保護）の解釈だけでは、懸案の諸問題を解決することはできない。むしろ、さらに倫理的な熟慮も必要である。もっとも、その熟慮の過程には、専門的な哲学者以外に、さらにその他の専門家、政治家、そして最終的には、広く一般の人々も含められなければならない。

3　許される臨死介助の範囲を巡る議論において一つの重要な要素になってい

るのは、人間は自己の生命を自由に処分することはできない、という伝統的な見方である。刑法では、このような考え方が、刑法典216条に表れている。同条によれば、他人を殺害することは、たとえその人が殺害に同意し、いやそれどころか、懇願していたとしても、可罰的である。「被殺者の明示的かつ真摯な嘱託により殺害を決意するに至った者には、6月以上5年以下の自由刑を言い渡すものとする。」

4 　刑法典216条の刑罰規範は、既にかなり前から、数多くの、しばしば非常に感情的になされる論争の対象となっている[1]。その理由は、この法規は、たとえ不治の病を患っている患者の場合であっても、積極的な臨死介助を禁止しており、そのため、場合によっては、尊厳がないように感じられる苦痛に満ちた死を強いる可能性がある、というところにある。臨死介助に関する議論を合理的に進めることができるようにするためには、まず、用いられる概念を明確にすることが必要である。

II 　臨死介助の概念と種類

5 　「臨死介助（安楽死）は、重い病気に罹っている人に対して、その者の希望に基づいて、あるいは、少なくとも、その者の推定的な意思を顧慮して、本人の考えに合致する人間らしい死を可能にするために行われる援助という意味に理解される」[2]。

6 　従って、通常、「臨死介助」という概念に属するのは、患者の現実の意思あるいは推定的な意思に基づいて、他の人（通例は医師）によって行われる行為だけである。臨死介助にとって中心的な端緒は、自分自身の生命について決定する、従ってまた生命の終わりについても決定する患者の権利であ

---

1) NK-StGB/*Neumann* §216 Rn. 1ff.；より深くは、MüKoStGB/*Schneider* §216 Rn. 1-8；*Sternberg-Lieben*, Die objektiven Schranken der Einwilligung im Strafrecht, 103ff.
2) Roxin/Schroth HdB MedStrafR/*Roxin*, 83.

る[3]。

7　推定的な同意を認める要件には、厳格な要求が課される。決定的なのは、全ての事情を注意深く考慮に入れた上での、処置の時点における患者の推定的な意思である。それには、以前の口頭ないしは文書での患者の意思表示のほかに、場合によっては、宗教的あるいは世界観的な信条やそれ以外の患者の個人的な価値観も含まれる。それに対して、「理性的である」とか「通常である」といった客観的な基準は、何ら独自の意義をもたない[4]。

8　注意深く調べたにもかかわらず、当の個人の推定的な意思を確定することができなかった場合に初めて、一般的な価値観を引き合いに出すことができるが、その場合には極めて慎重であることが求められる。疑わしい場合には、人間の生命の保護が、医師、親族、あるいは、その他の関係者の個人的な考え方に優先するべきであろう。

9　患者の現実の意思を明らかにする患者指示[5]が存在せず、非常に厳密に調査したにもかかわらず、然るべき患者の推定的な意思を前提とすることができない場合には、臨死介助は問題とならない。その場合にはむしろ、刑法典212条による故殺、あるいは、（例えば、強欲さが存在する場合には）刑法典211条による謀殺が考慮されることになる。

10　臨死介助の第一のカテゴリーは、純粋な臨死への付き添い、あるいは、臨死の援助 reine Sterbebegleitung oder Sterbebeistnad である。すなわち、人が死にゆく間ずっと世話をしたり、鎮痛の処置をしたり、人間的な愛情を注いだりすることがこれである。鎮痛薬や鎮静剤を投与することは、それが生命の短縮を伴わず、患者の明示的な意思あるいは推定的な意思に基づいて行われるのであれば、単に可罰的でないだけではなく、道徳的にも法的にも必要なことである[6]。患者が苦痛を感じているときに必要な援助を怠れば、医

---

3)　*Hilgendorf* JZ 2014, 545.
4)　BGHSt 35, 246 (249).
5)　患者指示は、第4章 Rn. 20ff. で詳細に論じられる。
6)　*Wessls/Hettinger* StrafR BT 1 Rn. 31.

師あるいは看護師は、刑法典323条cにより不救助で、あるいは、刑法典223条、13条により不作為による傷害で処罰される可能性がある。

11　臨死介助の第二のカテゴリーの場合には、事情が異なる。この場合には、患者の意思に一致する形で、残っている生存の見込みを短縮することになる。そのように限定された狭義の臨死介助の領域については、非常に多くの議論がある。

12　臨死介助は、積極的な行為形態で行われることもあり得るし、消極的な行為形態で行われることもあり得る。積極的な臨死介助は、（積極的な）作為による臨死介助を意味し、消極的な臨死介助は、不作為による臨死介助、すなわち、「死ぬのを遮らないこと」による臨死介助を意味する。最近では、治療の中止という言葉を用いることも多い[7]。積極的な形態に関しては、さらに、間接的な積極的臨死介助と直接的な積極的臨死介助とが区別される。間接的な積極的臨死介助と呼ばれるのは、重大な健康上の苦痛[8]を緩和するために行われる治療処置で、その際に副作用として生命の短縮を伴うものである。癌の最終段階においては多量のモルヒネを投与することがしばしばみられるが、これなどはその一例である。そのように、副作用として、意図してはいないが避けられない生存期間の短縮を伴う苦痛緩和のための治療処置は、学説及び判例において、ほぼ満場一致で不可罰であるとみなされている[9]。

13　もっとも、この点に関する理由づけは、必ずしも一致しているわけではな

---

[7] この用語法は、（医師を含めて）法律学の教育を受けていない者にとってよりよく理解できるという理由だけでも、利点がある。けれども、そのように用語を修正したからといって、解釈論的に問題なのは不作為であり、殺人の場合には、刑法典212条、13条による（不真正）不作為犯の構成要件的メルクマールが存在しなければならない、ということが変わるわけではない。

[8] 通例、問題となるのは強い痛みであるが、例えば、呼吸困難や窒息のおそれのような他の重大な苦痛も含まれる。Roxin/Schroth HdB MedStrafR/*Roxin* 89f. 参照。

[9] BGHSt 42, 301; *Wessls/Hettinger* StrafR BT 1 §1 Rn. 31a; *Ulsenheimer* ArztStrafR Rn. 697.

い。少数説[10]によれば、そのような処置は、そもそも、それがもつ「社会的な全体的意味」によれば、本来の意味での殺害行為ではない。その処置は、生命に反する方向に向けられたものではなく、生命に奉仕するものであり、死にゆく者にとって、その最後の段階において、生きることをなお耐え得るものにする、と主張される。けれども、この主張は、許されないやり方で、道徳的な考慮と概念的な問題とを混同しており、一般的な（そして法律学的にもそうである）用語法からあまりにも離れすぎている。一般的な用語法に従えば、人が他者の行為によって（あるいは、自らの行為によることもある）死亡したならば、その場合には、常に、「殺害行為 Tötungshandlung」が存在する。道徳的な動機に基づく個別のケースを考慮することによって、概念上の明確な分類が妨げられるとすれば、刑法における法的安定性が著しく損なわれることになるであろう。

14　適切である支配的な見解によれば、確かに殺害行為は存在するけれども、この殺害行為は、刑法典34条の正当化する緊急避難によって正当化されるため違法ではない。そうこうするうちに、連邦通常裁判所もこの見解に従うようになっている。連邦通常裁判所は、比較的最近の判例において、耐え難い苦痛を伴わず尊厳ある死を迎えることは、短時間生命を延長させることよりも価値の高い法益である、と主張している[11]。

15　直接的な積極的臨死介助が問題となる場合には、法的な評価ははるかに困難となる。直接的な積極的安楽死は、重篤な患者の希望に基づいて、鎮痛剤あるいは鎮静剤、麻酔剤、カリウム注射、インシュリン等々を適量以上に投与することによって、その患者を意図的に殺害することである。そのような行為は、故殺、ないしは、要求による殺人の構成要件を充足し、多数説によれば、この場合、正当化は問題にならない[12]。

---

10)　*Wessls/Hettinger* StrafR BT 1 §1 Rn. 32.
11)　BGHSt 42, 301 (305).
12)　*Ulsenheimer* ArztStrafR Rn. 696.

16 消極的な臨死介助は、例えば、不可逆的な昏睡状態にある人や、重病の人に関して、生命を維持する処置を放棄することを意味する。医師が、重病で死を迎えている者の回復の見込みのない状態を、その患者の同意を得て、「いかなる犠牲を払ってでも」あらゆる可能な処置を用いて長引かせるようなことをしない場合は、しばしばある。

17 透析、人工栄養補給、人工呼吸、あるいは、挿管治療の中止も、これに含まれる。法的に見れば、生命を維持する装置のスイッチを切る際の行為の重点は、積極的にスイッチのボタンを押すことに置かれているのではなく、それは、それ以上の生命延長処置を「しないということ Unterlassen」、すなわち、「消極的な」臨死介助だとみなされる。この例が示しているように、その表現は、厳密に言えば、誤解を招きやすいものである。なぜならば、「消極的な臨死介助」は、決まって積極的な作為の要素も含んでいるからである。それ故、「治療の中止」という表現の方が相応しい[13]。

18 患者が、これ以上の治療を望まないという意思を表明することによって、医師の保障人的地位を解除した場合、治療の中止は不可罰である。医師は、もはや治療の義務を負わない[14]。患者の意思に反して医師が独断でする行為は、自己の身体と尊厳に関する患者の自己決定権を侵害するものである[15]。患者の病気が、医師の確信するところでは、治癒不能で、その病気が死に至る経過をたどっており、死が極めて間近に押し迫っている場合には、医師の治療義務が終わることについて議論の余地はない[16]。

---

13) 参照→脚注7)
14) BGHSt 32, 367 (378); BGHSt 55, 191 (198f.); *Wessls/Hettinger* StrafR BT 1 §1 Rn. 34.
15) BGHSt 37, 376 (378); 40, 257 (262).
16) BGHSt 32, 367 (371).

19

概要9：臨死介助の種類

臨死介助
重い病気に罹っている人の希望あるいは推定的意思に基づいて、人間らしい死を可能にする援助

生命の短縮を伴わない措置	生命の短縮を伴う措置			
臨死への付き添い／臨死の援助 人が死にゆく間ずっと世話をすること、鎮痛の処置をすること、人間的な愛情を注ぐこと	**積極的臨死介助** （積極的な）作為による臨死介助			**消極的臨死介助** 不作為、すなわち、生命を維持する処置を放棄することによる臨死介助
^	**間接的な積極的臨死介助** 苦痛を緩和するための治療措置で、その際に副作用として生命の短縮を伴うもの	**直接的な積極的臨死介助** 患者の希望に基づいて、鎮痛剤あるいは鎮静剤等を適量以上に投与することによって、その患者を意図的に殺害すること		^
不可罰であることに疑問の余地はなく、むしろ必要なことである	**不可罰**である。なぜならば、刑法典34条により正当化されるからである。	**可罰的**である。なぜならば、支配的な見解（今でも？）によれば、正当化され得ないからである。		**不可罰**

III　患者指示

20　連邦議会は、2009年6月18日、患者指示に関する法律を可決した。数年間に渡る議論がなされ、その過程では、三つの異なる法案が連邦議会に提出された。それらの法案は、特に、患者指示の拘束力の点で異なっている。

21　新たな民法典1901条aは、次のような内容である。

「(1)　同意能力のある成人が、自らが同意能力を喪失したときのために、特定の、自己の健康状態に関する検査、治療あるいは医的侵襲に同意するか、それとも、拒絶するかを、それがまだ差し迫っていない時点で、書面に明記して指示していた（患者指示書）場合には、世話人は、この指示が現下の生命の状態及び治療の状態に該当するかどうかを精査する。該当する場合には、世話人は、被世話人の意思を代わって表明し、その意思が尊重されるようにしなければならない。患者指示は、いつでも取り消すことができ、その形式は問わない。

(2)　患者指示書が存在しない場合、あるいは、患者指示書の指示が現実の生命の状態及び治療の状態に該当しない場合には、世話人は、被世話人の治療の希望あるいは推定的意思を確認し、これに基づいて、第1項に従い、医師による処置に同意するのか、それとも、拒絶するのかを決定しなければならない。被世話人の推定的意思は、具体的な根拠に基づいて確認されなければならない。特に、被世話人が以前口頭あるいは文書で表明していたこと、被世話人の倫理的あるいは宗教的信条、その他の個人的な価値観が、顧慮されなければならない。

(3)　第1項及び第2項は、被世話人の病気の種類、及び、その進行状況にかかわりなく適用する。」

22　かくして、民法典1901条aによれば、文書による患者指示は、全ての者に

第 4 章　臨死介助の権利 – 法的状況と現今の改正　69

とって拘束力をもつ。患者が不可逆的に死に至る病気で苦しんでいるのではない場合であっても、このことは妥当する。患者の主観的な意思は拘束力をもち、客観的に定められる患者の福祉を指摘することによってその意思を回避することはできない。医療処置に関する重大な決定は、患者の意思について疑いがある場合には、民法典 1904 条による世話裁判所の許可を必要とする。

23　立法手続の過程で、医師の側から、特に、最終的に採用された法案は事前の協議による話し合いを予定していないという批判、及び、「死の個別性」を正当に評価するものではない「疑わしい自動的処理 Automatismus」が始まるおそれがあるという批判が提示された[17]。その法律では解決できないケースがあるとされる。このような論拠によって、連邦議会の議員からも、患者指示をルール化しないことを求める意見が出された[18]。

24　現在では患者指示が法律で規定されているが、それによってもまだ、いくつかの重要な問題が未解決のままである[19]。特に、患者の意思が明らかではないケースは問題が多い。例えば、患者指示書がもう何年も前に作成されていた場合には、その患者が現在でもなお全く同じように決定するであろうか、という問題が提起される。また、実務では、患者が患者指示書を作成した際に当該具体的な状況をそもそも予見できたのかとか、患者の意思は当該具体的な状況にも及ぶのかといった問題も再三提起されている。同様に、例えば、身内の者により事後的に指示書が偽造されることも、あり得ない話ではない。それ故、多くの場合には、親族と医師による指示の評価と解釈が決定的な役割を果たすことになる。

25　患者指示の規定が設けられたことによって、生と死が問題となる場合で

---

17)　2008 年 3 月 6 日の連邦医師会による報道向け声明。www.bundesaerztekammer.de.
18)　Hüppe 議員、Philipp 議員他の動議。BT-Drs. 16/13262.
19)　その点に関しては、*Müller* MedR 2009, 309ff；*Richter – Kuhlmann* Deutsches Ärzteblatt 2009, A 1178 参照。

も、社会は患者の意思に決定的な意味を認める、ということが今日では明らかとされている。このことは、臨死介助の権利にも直接的な影響を及ぼすものである[20]。

Ⅳ　問題のあるケース

1．患者の意思の顧慮

26　基本的に、治療を行うかどうか、及び、治療の種類や方法を決定するのは、患者だけである。患者の意思に反して患者を治療する医師は、傷害を理由として可罰的とされる可能性がある[21]。けれども、自殺をしようとする者がいかなる治療も拒否している場合にも、このことが妥当するのかどうかは問題である。

27　この点に関しては、まず、自由答責的な自殺と自由答責的ではない自殺を区別すべきである。例えば、患者が、重度の鬱状態にあり、自分の状況をきちんと考えて、自由な意思決定を行うことができないために、自由答責的に行為してはいない場合には、医師は、患者の意思に反してでも、救助行為に出ることが義務付けられる。もしそうしなければ、その医師は、刑法典323条ｃの不救助により、あるいは、場合によっては、更に、故殺、すなわち、212条、13条により処罰される可能性がある。

28　けれども、患者が自殺について自由答責的な決定を下している場合には、事情が異なる。例えば、以下のようなケース（ヴィティヒ医師事件）[22]がそれである。

　　重い心臓病で重度の歩行障害のある76歳の未亡人が、夫が亡くなった後、

---

20)　このことを、連邦通常裁判所は、とりわけ、いわゆる「プッツ判決」において強調した。BGH Urt. v. 25. 6. 2010-2 Str 454/09, NJW 2010, 2963.
21)　→第2章
22)　BGHSt 32, 367.

自分が生きていることにもはや何の意味も見出さず、死にたいという希望を繰り返し述べていた。1980年10月に、彼女は、病院、福祉施設、あるいは、集中治療室には入れてほしくないということを文書で表明し、機械の装着と臓器摘出に反対であることを口頭で述べ、尊厳をもって死にたいということを表明していた。彼女は、その翌年にも同じような表明文書を書いていた。1981年11月に、彼女のかかりつけ医であったW医師は、彼女がソファーで意識を失っているのを発見した。彼は、彼女が祈るように組み合わせていた両手の下に、「私のお医者様へ－どうか病院には連れて行かないでください－救いを」と書かれた手書きのメモを見つけた。W医師は、そのご婦人が自殺する意思でモルヒネと睡眠剤を大量に服用したことを悟った。彼は、重い後遺症を伴うことなしには彼女を助けることはできない、と考えた。彼は、翌朝7時ころに彼女が死亡するまで、その家にとどまっていた。

29 この場合、その医師は、患者を救助するために何もしなかったことを理由として、不作為による故殺や不救助により処罰されるのかどうか、という問題が提起される。

30 保障人[23]に関して、連邦通常裁判所は、以前の判例において、行為支配が保障人に移る時点から救助義務があることを肯定している。従って、患者が、例えば意識を失ったために、行為能力及び判断能力を欠く状態になった場合には、救助義務が肯定される。この時点から、行為事象に関する支配は、医師に移る。医師は、保障人として、自己の患者の救助を義務づけられる[24]。同じことは、不救助にも妥当する[25]。

---

[23] 医師の保障人的地位は、治療契約から生ずる。そのような契約が成立していなかった場合には、医師は、不救助によってしか処罰され得ない。このことは、とりわけ、自殺者が、その場に駆け付けた医師の患者ではなく、また、治療を拒否している場合に妥当する。

[24] BGHSt 32, 367 (373f.).

[25] BGHSt 6, 147 ; 13, 162 (169).

31 それ故、ヴィティヒ事件において、連邦通常裁判所は、その患者は、既に、医師によって致命的だと考えられるほど中毒症状が相当に進んでいた状態にあり、このような特別な場合において患者の自己決定権を尊重することは法的に是認できないわけではない、という特別な事情を理由とするだけで、殺人罪による可罰性を否定した。刑法典323条cによる不救助による可罰性も、連邦通常裁判所は否定した[26]。というのも、不救助による処罰は、救助が期待可能であることも前提としていたからである。連邦通常裁判所は、仮に救助した場合、その患者には不可逆的な重い障害が残ったであろうから、救助は期待不可能であったという前提から出発した。けれども、連邦通常裁判所の判決理由によれば、原則として、医師は、患者の死の希望に屈服することは許されない[27]。連邦通常裁判所は、このことを、自殺者は救助された後に自分の決定を後悔することがしばしばあり、自殺を試みた時点では自己答責的に行為することができない、ということによって基礎づけた。

32 学説では、この判例を批判するものが圧倒的多数である。その多数説によれば、ヴィティヒ事件のように、患者が、深刻な苦しみから解放されるために、自由答責的に行為していることが明白である場合には、患者の意思が尊重されなければならない[28]。医師に期待可能性の基準について決定する裁量を認めるのでは十分ではない、とされる。

2．植物状態の患者についての治療の中止

33 死へのプロセスがまだ始まってはいないが、病状が回復する見込みもないというケースも、困難な問題をもたらす。この問題は、特に、植物状態の患者の場合に生ずる。そのような患者は、生命を維持するための処置によっ

---

26) BGHSt 32, 367.
27) BGHSt 32, 367 (380f.).
28) Schönke/Schröder/*Eser* StGB Vorbem. §211 Rn. 4 1ff.; *Lackner/Kühl* StGB Vorbem. §211 Rn. 15; *Fischer* StGB Vorbem. §§211-216 Rn. 25; Roxin/Schroth HdB MedStrafR/*Roxin* 94.

て、なお数年にわたりかろうじて生き続けることができるが、いつか昏睡状態から目覚める現実的な見込みはない。この場合には、生命を維持するための処置を、患者あるいは親族の希望により中止することが許されるかどうか、という問題が提起される。

34　いわゆる**ケンプテン事件**[29]においてテーマとなった問題がこれである。

　　70歳の女性が、1990年9月の初めに、心停止の状態になり、蘇生術が成功した後も回復の見込みがない脳障害を負ったままであった。彼女は、胃ゾンデによって栄養補給を受け、1990年の末以降、話しかけても応答できなくなった。しかし、彼女は、光や音の刺激には、うなったり顔をぴくぴくと動かしたりして依然として反応した。1993年に、治療に当たっていた医師Tは、患者の後見人に指名されていた患者の息子に相談した。医師は、状態の改善が期待できないので、胃ゾンデによる栄養補給を中止し紅茶の投与だけにすることを提案した。息子は、指示書における医師Tの記載事項に同意し、以下のように書いて署名した。「私は、医師Tと協調し、私の母には…もう紅茶を与えるだけにしたい。」看護師長は、これを知って、後見裁判所と検察に通報した。

35　ケンプテン地方裁判所は、医師と息子に対して、不作為による故殺未遂により有罪判決を下した[30]。それに対して、連邦通常裁判所は、このケースでは、患者が自己の身体に関してもつ一般的な決定の自由の現れである患者のしかるべき推定的意思がある場合の治療の中止を認める余地がある、との判断を下した。確かに、問題となっているのは、死へのプロセスが既に始まっていることを前提とする臨死介助の典型的なケースではない。けれども、患者の自己決定権は顧慮されなければならない。死を迎えるのを妨げないことが患者の推定的意思に合致するのであれば、このことは不可罰である。けれ

---

[29]　BGHSt 40, 257.
[30]　BGHSt 40, 257.

74

ども、推定的意思の確認には、より高い要求が課されなければならない、とされた[31]。

36　**ペーターK事件**も、同じような方向を指し示している[32]。

　　ペーターKは、自殺未遂の後、1998年7月以降、植物状態にあった。まだ健康であったときに、彼は、患者指示で、回復の見込みのない昏睡状態になった場合には、侵襲性の措置によって死を妨げてほしくない、ということを明言していた。それにもかかわらず、ペーターKは、腹壁から挿入された胃ゾンデを通じて人工的に栄養が補給され、それによって生命が維持されていた。施設の看護職員は、栄養補給の中止を拒否した。それ故、ペーターKの父親は、裁判によって強制的に栄養補給を中止させようとした。けれども、父親の訴えは、最初の二つの審級では棄却された。2004年3月26日に、ペーターKは、熱病の感染症で死亡した。

37　連邦通常裁判所（民事部）は、本案が片付いたため、判断を要するのは費用の点についてだけであった。けれども、その理由づけにおいて、連邦通常裁判所は、強制的な治療は許されず、患者の自己決定権を犯すものである、と述べている。「胃ゾンデを使って行われる人工的な栄養補給は、身体の完全性への侵襲であるから、患者の同意を必要とする。…従って、患者の明確な意思に反して行われる人工的な栄養補給は、違法な行為であり、患者は、それを行わないように…要求することができる。このことは、求められる不作為が、－本件のように－患者の死に至るであろう場合にも妥当する。自己の身体について決定する患者の権利は、たとえ生命を維持する作用をもつ場合であっても強制的な治療を許されないものにする」[33]。

38　現行法によれば、少なくとも、患者指示が存在し、そこから、具体的なケ

---

31)　BGHSt 40, 257.
32)　BGHZ 163, 195.
33)　BGHZ 163, 195.

ースにおいて治療の中止を求める患者の意思が明確に読み取れる場合には、問題は緩和されている。民法典 1901 条 a 参照[34]。この場合には、患者の意思は拘束力を持つから、治療に当たる医師や看護師にとっても注意を払う必要がある。文書による意思表示がない場合には、民法典 1901 条 a によれば推定的意思が妥当する。同条は、どのようにして意思が確認されるべきか、その方法についての準則も含んでいる。

39　この関連では、いわゆる**プッツ事件**（「フルダ事件」とも呼ばれる）が注目を集めた[35]。

　　K 女は、脳出血のため、2002 年 10 月以降、植物状態にあった。彼女は、もはや応答することができず、老人ホームで、腹壁にいわゆる PEG ゾンデ（経皮内視鏡的胃瘻造設術）を通して人工的に栄養補給をしていた。それにもかかわらず、K 女は、2007 年 12 月には、ひどく痩せていた。彼女の健康状態が改善することは、もはや期待できなかった。彼女の子供たちの申し立てによれば、K 女は、子供たちに対して、既に 2002 年に、自分の意識がなくなった場合には人工的な栄養補給と人工呼吸器によって生命を延長させる措置を望まない、ということを口頭で述べていた。それ故、後に起訴された弁護士と K 女の二人の子供は、再三、人工的な栄養補給を中止させようと努めた。けれども、人工的な栄養補給を継続するための医学的適応性はもはや存在しないと考えていた主治医による中止の指示に、看護職員は従わなかった。最終的に、K 女の娘である G 女が、施設管理者と申し合わせて、PEG ゾンデによる栄養供給を終わらせ、溶液の供給を減らした。けれども、事業全体の業務管理者[36]は、施設管理者に、人工的な栄養補給の再開を命じ、K

---

34)　患者指示の拘束力をめぐる議論と新設された民法 1901 条 a については、参照→第 4 章 Rn. 20ff.
35)　BGH Urt. v. 25. 6. 2010-2 StR 454/09, NJW 2010, 2963.
36)　まさに、(医療機関ではなく) 経済的に考えることを第一義とする業務管理者が介入したことは、注目すべきである。このことは、病院において死の商業化が明ら

女の子供たちがその措置に同意しなければ、子供たちを立ち入り禁止にするとした。その後、被告人である弁護士は、G 女に、電話で、PEG ゾンデの管を切断したらどうかと助言したところ、G 女もこれを行った。看護職員がこのことに気づいたところで、K 女は病院に運ばれ、そこで、新たな PEG ゾンデが人工的な栄養補給のために取り付けられた。K 女は、そこで 1 月 5 日に死亡した。

40　フルダ地方裁判所は、管を切断したらどうかと助言したことを理由に起訴された弁護士に、刑法典 212 条、22 条、23 条により、G 女と共同して行った故殺未遂で有罪判決を下し、K 女の推定的同意による正当化も、刑法典 32 条による緊急救助あるいは刑法典 34 条による正当化する緊急避難による正当化も認められないとした。刑法典 35 条による免責する緊急避難も考慮されなかった。G 女は、被告人の法的助言に基づいて回避不可能な許容の錯誤に陥っており、その限りでは責任なく行為していたという理由で、無罪とされた[37]。

41　けれども、連邦通常裁判所第 2 刑事部は、被告人である弁護士を、上告の範囲で無罪とした[38]。患者である K 女の明確に述べられた意思が疑いなく確認されており、彼女の子供たちと治療にあたっていた医師との間で、人工的な栄養補給を中止することが患者の意思に合致する、という了解が存在していたのだから、人工的な栄養補給の継続をやめることは許された。施設管理者による人工的な栄養補給の再開予告は、K 女の身体の完全性と自己決定権に対する違法な攻撃であった。適切な見解によれば、刑法典 32 条による緊急救助はなかった。なぜならば、その防衛行為は、攻撃者の法益に対して（管の切断による器物損壊）だけでなく、何よりも攻撃にさらされている K 女自身の法益に対して向けられているからである。刑法典 34 条による正当化

かに増大していることを示す更なる証拠である。

37)　LG Fulda 1. Strafkammer Urt. v. 30. 4. 2009-16 Js 1/08-1 Ks.
38)　BGH NJW 2010, 2963.

する緊急避難も、被告人である弁護士の侵害が、現在の危難にさらされている人と同一人物に対して向けられている点で、認められない。むしろ、その正当化事由は、連邦通常裁判所によれば、同意の次元に位置づけられている。

42　その場合、積極的な作為と不作為との区別に、決定的な意義が付与されるべきではない。通例、医療措置を中止する場合には、数多くの行為が行われるが、それを積極的な作為に区分するか、それとも、不作為に区分するかは、多分に偶然によって左右される。それ故、医師による治療の終了と関連している全ての行為は、第2刑事部によれば、「治療の中止」という規範的に評価する上位概念の下に統合されるべきことになる。これは、患者が生命を脅かす病気に罹っていて、医学的に生命を維持し、あるいは、延長させるのに適した措置が行われない、制限される、若しくは、打ち切られる、ということを前提とする[39]。正当化されるべき行為は、客観的にも主観的にも、直接、医学的な治療に関連するものでなければならない[40]。従って、患者の同意は、不作為と積極的な作為との区別とは関係なく有効であり、そのことは、もはや望まれていない治療を中止することに役立つ。

43　第2刑事部は、その後のいわゆるケルン事件[41]に関する決定で、治療の中止のための条件を確認した。その中で、同刑事部は、患者の意思を確認し、治療の中止について決定する際には、民法典1901条a、1901条bの条件に関する手続法的な保護に注意が払われなければならない、ということを指摘している。

3．積極的臨死介助と不可罰な自殺幇助との限界づけ

44　原則として可罰的である積極的な臨死介助とドイツでは不可罰である自殺

---

39)　BGH Urt. v. 25. 6. 2010-2 StR 454/09, NJW 2010, 2963.
40)　BGH Urt. v. 26. 6. 2010-2 StR 454/09, NJW 2010, 2963.
41)　BGH 2. Strafsenat Beschl. v. 10. 11. 2010-2 StR 320/10, NJW 2011, 161 (Rn. 10ff.). 原審 LG Köln Urt. v. 9. 2. 2010-90 Js 163/09-101 KLs 56/09, NStZ 2011, 274.

幇助との違いは、たった一つの操作の点にしかないことがしばしばある。医師が、自殺のための薬剤を（単に）用意し、患者がこれを自ら摂取し、それ故、行為支配が患者の側にある場合には、問題になるのは自殺幇助である。けれども、患者が、例えば、麻痺のため、もはや求めている自殺を行うことができず、医師が、患者に死に至る薬剤を投与する場合には、可罰的な積極的臨死介助が問題となる。

45　このことが重要な問題となったケースに、例えば、**ダイアナ・プリティー事件**がある。この事件について、ヨーロッパ人権裁判所は、判決を下さなければならなかった[42]。

　イギリスで生活していた43歳のダイアナ・プリティーは、中枢神経系における運動にかかわる細胞の不治の病気に罹り、病状はかなり進行していた。彼女は、既に首から下が麻痺し、もはや聞き取れるような会話はできず、ゾンデによって栄養を補給していた。しかし、彼女の知力と判断力は、そのことによって損なわれてはいなかった。この病気の場合は、通例、呼吸、会話、嚥下を可能にする筋肉が動かなくなり、その結果、患者は苦しみながら窒息死するか、あるいは、肺炎で死亡するか、という形で死を迎える。あとわずか数ヶ月しか生きられなくなったダイアナ・プリティーは、そのような死を迎えることを恐れ、自殺することを望んだ。彼女は、もはや自分で自殺することはできなかったため、夫の助力が必要だった。けれども、その幇助は、イギリスでは処罰の対象である。そのため、プリティーの弁護士は、夫がこの女性の臨死介助を行った場合、彼を刑法上訴追しないことを約束するよう検事長に求めた。この請願は、最終審で貴族院により拒否された。それを受け、ダイアナ・プリティーは、ヨーロッパ人権裁判所に提訴した。同裁判所は、その重病人の訴えを認めなかった[43]。ダイアナ・プリティ

---

[42]　EGMR NJW 2002, 2851ff. 詳細は、*Hilgendorf* in Joerden/Szwarc, Europäsierung des Strafrechts, 173ff.

[43]　EGMR NJW 2002, 2851.

ーは、数週間後にその病気のため亡くなった。

46　例えば、ダイアナ・プリティーの夫が、効果の大きい毒をグラスの水に溶かし、彼の妻が、その水をグラスからストローで飲んだならば、彼は、ドイツでは不可罰となったであろう。それに対して、彼が、その毒を彼女の口に流し込んだのであれば、刑法典216条により可罰的となったであろう。

47　ドイツではもう長い間受け入れられているこの区別を、**Julius Hackthal**医師は、既に80年代において利用し、首まで麻痺した患者のために、舌を動かすことによって、致死量の毒薬の投与を可能にする器具を製作した。ミュンヘン上級地方裁判所は、それに関して、要求による殺人ではなく、不可罰な自殺幇助だと判断した[44]。

48　自殺幇助の関係では、医師が自殺を援助することが許されるのかどうか、また、いかなる条件の下に許されるのか、という問題も、繰り返し議論されている。

49　ゲーラ行政裁判所は、2008年の判決で、医師による自殺幇助は医師の職業義務と両立せず、自殺を決意した患者に死をもたらす薬を自由に使わせることは、医師の任務の範囲を超えるものである、ということを前提とした[45]。

50　それに対して、2012年のベルリン行政裁判所は、不治の病を患い耐え難い苦痛にさいなまれていた患者のケースにおいて、異なる評価に至った[46]。ベルリン医師会は、ある医師に対して、他者に自殺のために死をもたらす物質を与えることを禁止した。それに対して、その医師は、ベルリン行政裁判所に訴えを提起した。同裁判所は、自殺を望む者に死をもたらす物質を譲渡することをそのように例外なく禁止するのはより高次の法に違反する、との判断を下した。会則として公布されているその地方医師会の職業規則は、基本法12条1項によって保護されている職業の自由と、基本法4条1項によ

---

44)　OLG München NJW 1987, 2940.
45)　VG Gera 3. Kammer Urt. v. 7. 10. 2008-3 K 538/08 Ge, Rn. 85, 92, 96.
46)　VG Berlin 9. Kammer Urt. v. 30. 3. 2012-9 K 63. 09, Rn. 37, 54, 57f., MedR 2013, 58-65.

るその医師の良心の自由に照らすと、そのような一般的な禁止の法的根拠として十分ではない。患者が、耐え難く、回復の見込みのない病気に苦しみ、その苦痛を制限する他の手段が見当たらないケースに関しては、一般的な禁止の局限された例外が求められる、とされた。

51 それに対して、キールでの第114回ドイツ医師大会で、代表団は、2011年に、自殺幇助の絶対的な禁止を支持する決定をした。「ドイツで活動する医師のための（模範）職業規則（ドイツ医師（模範）職業規則）」第16条は、今や次のような内容のものとなっている。「医師は、死を迎えつつある人に対して、その尊厳を守り、その意思を尊重して、助けてやらなければならない。患者をその要求に基づいて死なせることは、医師には禁止される。医師は、自殺に対するいかなる援助も行ってはならない」[47]。従って、改正された職業法は、ドイツ医師（模範）職業規則第16条第3文により、現行刑法よりも更に先に進んでいる。けれども、その模範職業規則自体に法的拘束力はなく、単に、州の医師会にとって、（拘束力のある）州法に転換するための指針として役に立つにとどまる。

52 2015年11月6日に、ドイツ連邦議会は、一定の条件の下での自殺に対する援助を処罰の対象とする決定をした。その点に関し、特に問題となるのは、いわゆる臨死介助団体の活動の制限である。それによって提起される問題は、第5章で取り扱う。

53 **概要10：積極的臨死介助と不可罰な自殺幇助の限界づけ**

積極的臨死介助	不可罰な自殺幇助
患者が、例えば麻痺のために、もはや自殺を行うことができず、第三者が、その患者の希望に基づき、毒を注射する。	医師が、自殺のための薬剤を（単に）用意し、患者が、これを自ら摂取する。行為支配は、患者の側にある。

---

47) 2011年にキールで開催された第114回ドイツ医師大会で決議されたドイツ医師（模範）職業規則1997年版。

4．新生児に関する治療の中止

54　発育不全や代謝障害のため重度の障害を負い、治癒する見込みがない新生児、並びに、重度の脳障害を伴う新生児に関する治療の中止、あるいは、近いうちに死亡するであろう極度の未熟児に関する治療の中止については、特に議論が多い。基本的には、そのようなケースにおいても、臨死介助に関する一般的な原則が適用される。すなわち、積極的な直接的臨死介助は原則として可罰的であり、消極的な早期安楽死は、その子に回避することができない苦痛を免れさせることになる限定されたケースに限り、不可罰である。

55　もっとも、解釈学的な理由づけは、問題を投げかける。というのも、患者の自己決定権に照準を合わせることができないからである。新生児は、いまだ自らの意思をもっていない。ないしは、その推定的意思を確認することができない。むしろ、存在するのは、一方的な治療の中止のケースである。これが許容されるのは、医師による治療の可能性が限界にきている場合、あるいは、正当化する緊急避難の要件が存在する場合、例えば、その子供は決して意識を回復することはないであろうが、しかし、甚だしい苦痛を被っていることが確かな場合に限られる[48]。

56　その他の点では、治療の開始ないしは継続に関し、成人に対する医的侵襲の場合と同じ要件が妥当する。すなわち、その侵襲は医学的適応性を有するものでなければならない、（特別に）説明を受けた両親の同意が存在しなければならない、治療が医学上一般に承認された方法で行われなければならない、というのがそれである。両親が、明らかに医学的適応性を有する治療への同意を拒絶している緊急の場合には、家庭裁判所 Familiengericht（かつては後見裁判所 Vormundschaftsgericht）の決定があるまで、両親の意思に反しても治療を行うことができる。

---

[48]　更に詳しくは、MüKoStGB/*Scneider* Vorbem. §§211ff. Rn181；Schönke/Schröder/*Eser/Sternberg-Lieben* StGB Vorbem. §§211ff. Rn. 32a；異なる見方として、NK-StGB/*Neumann* Vorbem. §211 Rn. 137.

57 どのような場合に新生児の治療が医学的適応性を有するものであるのかを決定するための指針を提供するものに、医師による死への付き添いに関する連邦医師会の原則（2011）並びにアインベック勧告 Einbecker Empfehlungen（1992）がある。

58 2011年の医師による死への付き添いに関する連邦医師会の原則の関係する部分は、次のような内容である[49]。「発育不全や代謝障害による極めて重い障害を負い、治癒若しくは改善の見込みがない新生児の場合、十分な診断をした後、両親の了解を得て、欠落している、あるいは、不十分な生命機能を補う生命維持治療を行わないこと、あるいは、打ち切ることができる。同様のことは、死が避けがたいものと予測される極度の未熟児、及び、重度の脳障害を負っている新生児にも当てはまる」。

59 1992年に起草されたアインベック勧告[50]のVからVIIによれば、新生児の生命を維持するために最善を尽くすことは、基本的に、医師の義務に属する。しかし、医学的な経験の現在の水準と人知の及ぶ限りで判断するならば、生命を長く維持することはできず、その新生児の死を単に先延ばしにするだけである状況は、例外だと考えることができる。その評価をするにあたっては、回復の可能性が存在するかどうかが顧慮されなければならない。たとえこの可能性がない場合であっても、引き続き、十分な基本看護が保証され、苦痛が緩和されるべきである。両親ないしは監護権者は、適切な説明を受け、その決定に共に関与すべきである。両親らの意思に反して治療を中止することは、それに対応する家庭裁判所の決定によってしかできない。

60 2007年のハム地方上級裁判所の決定は、このことを確認するものであった[51]。このケースでは、両親は、植物状態にある（4歳の）我が子への人工的な栄養補給を中止することに決めた。ハム地方上級裁判所は、その決定において、治療中止に関する決定はもっぱら両親の責任の範囲内にある、と述べ

---

49) DÄBl. 2011, A 346-348.
50) MedR 1986, 281； MedR 1992, 206.
51) OLG Hamm Beschl. v. 24. 5. 2007-1 UF 78/07, NJW 2007, 2704.

た。限度を超えて民法典1666条による監護権の乱用に至った場合、すなわち、両親による死の許容が子の幸福に反する場合に初めて、この原則から離れ、必要があれば、不足しているところを補う世話をすることができる、とする。当のケースでは、子供は、不可逆的な状態にあり、回復の見込みはなく、極めて重い痙性疾患に苦しんでいた。説明を受けた両親が熟慮したうえでなしたその決定は、監護権の乱用ではない、というのが裁判所の見解であった。

61　2014年の「子の生存可能性の限界にある早産に関する共通勧告」[52]並びに2002年のスイスの「生存可能性の限界にある早産児の世話に関する勧告」[53]は、また別の指針を提供している。

V　積極的臨死介助

62　積極的臨死介助の議論にアプローチするには、次のような事例が役に立つ。

　　あるトラックの運転手が、事故で、燃えている自分の車に挟まれている。彼は、もはや助かる可能性はないということを認識し、まだ明確な意識がある段階で、無傷のままである同乗者に、苦しんで焼死しないように、自分を即座に痛みを感じることなく殺してくれ、と頼んでいる。

63　この同乗者を処罰することが、道徳的及び法的に納得できるものであるかは疑わしい。なぜならば、彼は、そのトラックの運転手が焼け死ぬことによって苦痛に満ちた死を迎えることを防いでいるからである。

---

52)　http://leitlinien.net で見ることができる（2014年8月19日現在）。
53)　Schweizerische Gesellschaft für Neonatologie, SÄZ 2002, 1589ff.（www.saez.ch で見ることができる）。

1．オランダ、ベルギー、ルクセンブルクにおける安楽死に関する規定

64　1970年代に、オランダでは、臨死介助に対する見方が変わった。消極的臨死介助と同じように、積極的臨死介助も不可罰となり得るべきだと考えられたのである。この目的を達成するための手段は、何よりもまず法的な支援体制を構築することであったが、一部では、可罰的な臨死介助を単に訴追しないということ、すなわち、法定主義を度外視するということも行われた。最終的には、2002年4月1日に、「要求に基づく生命の終結と自殺の際の援助についての審査に関する法律」が施行された。

65　オランダ刑法典の293条は、次のようになっている。

　「他者の生命を、その他者の明確かつ真摯な要求に基づき、終わらせた者は、12年以下の自由刑又は罰金刑に…処する。
　この行為が、要求に基づく生命の終結と自殺の際の援助についての審査に関する法律2条の注意要求を遵守する医師によって行われた場合には、その行為は不可罰である。」

66　オランダ刑法典293条で言及されている要求に基づく生命の終結と自殺の際の援助についての審査に関する法律2条は、次のような要件を含んでいる。医師は、一方では、患者の自由答責的かつ十分に熟慮された要求が存在すること、他方では、患者の苦痛が回復の見込みがなく耐え難いものであること、について確信に到達しなければならない。医師は、患者に、その病状と今後の見込みについて情報提供し、そのような状況にある患者にとって、他に方途がない、ということを、その患者と共に確信しなければならない。更に、その患者を診察し、上述の注意要求に従って判断をしたことのある、少なくとももう一人別の医師に、意見を求めなければならない。最後に、医師は、生命を終わらせる措置、あるいは、自殺の際の援助を、医学的に注意

深く行わなければならない。

67 オランダの法状況に対応する法律の状況が、ベルギーにも見られる。2013年12月、ベルギー上院は、徹底的な議論を経て、その法律を未成年者に拡張することを決定した。2014年2月には、下院も、その法律に同意した。その法律の改正は、2014年3月22日に発効した。

68 それによって、ベルギーでは、特定の年齢制限なく、小児及び青少年に関する積極的臨死介助が許容されている。その子供が、臨死介助への真摯な要求を自己答責的に表明するために、自分の絶望的な健康状態について意識することができる、ということが要件となる。更に、両親の文書による同意も必要である。二人の医師の所見に加えて、少年心理学者及び少年精神科医の意見が求められることになっている。けれども、要求による殺人は、未成年者の場合には、耐え難く緩和することのできない肉体的苦痛がある場合にのみ許容され、それに対して、精神病に罹患している患者については許容されない。

69 ルクセンブルクでは、オランダの法状況に匹敵する臨死介助に関する法律が、2009年3月17日に施行された。「不治の病に侵され、耐え難い苦痛を被っている患者が、自由な意思で熟慮し、繰り返し文書で」、自分の生命を終わらせたいという意思を表明していることが、処罰されない臨死介助の要件となる。意思無能力の患者の場合には、患者指示で足りるものとされている。新法によれば、医師には、患者の決断について患者と複数回話し合いをし、もう一人の医師に助言を求めることが義務付けられている。16歳から18歳までの患者も、両親、あるいは、法律上の代理人が、同意を与える場合には、臨死介助を求めることができる、とされている。

2．ドイツにおける積極的臨死介助についての諸提案

70 ドイツにおいても、一定の場合に積極的な臨死介助を不可罰とすることが、たびたび求められている。例えば、法哲学者の *Norbert Hoerster* は、刑法典216条aとして次のような文言の新規定を設けることを提案してい

る[54]。「治癒することのない甚だしい苦痛を被っている人を殺害した医師は、被殺者が、判断能力があり、自己の病状について説明を受けた状態でなした、自由かつ入念な熟慮に基づいて、その殺害行為を明確に望んでいる場合、あるいは、被殺者がそのような熟慮をすることができないときには、このような場合にはそのような熟慮に基づいてその殺害行為を明確に望んでいるであろう、と仮定することに正当な理由がある場合には、違法に行為するものではない。第1項で挙げられている要件の存在は、それが、殺害行為を行う医師、並びに、別のもう一人の医師により、定められた形式で、文書により証明された場合に限り、違法性を阻却する」。

71 それに加えて、他の様々な法律案がある。それらは、全て、治癒することのない甚だしい苦痛があることを要件としているが、その方法に関しては、例えば、死の要求に関する公正証書の作成[55]、倫理委員会[56]による許可、あるいは、裁判所[57]による許可といった異なる要件を提示している。

72 意図されている法的効果の詳細においても、それら諸提案は、互いに相違している。既に要求による殺人の構成要件を阻却する、あるいは、少なくともその違法性を阻却する、ということが考えられるが、単に処罰が阻却されるに過ぎないとすることもあり得る。少数説によれば、既に現行法によっても、直接的な積極的臨死介助の少なからぬ場合において、要求による殺人を認めることは適切ではない。そこで、死の願望が理性的なものである場合には、既に刑法典216条の構成要件が阻却されることになり[58]、また別の見解によれば、その行為は、刑法典34条によって正当化され得る[59]。

73 積極的臨死介助が不可罰であることを支持する理由として、特に、死のう

---

54) *Hoerster*, Sterbehilfe im säkularen Staat, 169f.
55) *Kusch* NJW 2006, 261 (262f.).
56) *Wolfslast* FS Schreiber, 913 (925f.).
57) *Czerner*, Euthanasie-Tabu, 11.
58) *Jakobs*, Tötung auf Verlangen, 25ff.
59) *Herzberg* NJW 1986, 1635 (1640).

とする者の自己決定権が持ち出される。不治の病に侵された患者は、自分の生命を終わらせるか、それとも、苦痛を受け入れるかについて、自分で決定することが許されるべきである、とされる。その場合、患者はあらゆる必要な介助も受けることができるべきであるから、死がその患者にとって苦痛に満ちたものである必然性はない。人間の尊厳と人間の自己決定権を指導的な価値として認めている法秩序においては、これは、非常に強力な論拠である。

74　他方で、積極的（直接的）臨死介助を許容することに反対する論拠も、たくさん唱えられている。重病人の要求に基づく積極的な殺害を許容することが、他者の生命に対する考え方を変化させることになり、それ以外のケースにおいても、例えば、考慮の対象となる人の範囲が、不治の病に侵された重病人から、障害者、認知症の高齢者、さらにはそれに匹敵するような人に拡張されることによって、生命の保護が弱められることになりはしないか、ということを懸念する人は少なくない。

75　更に、その殺害が、本当に、死を迎える者の自由な意思による真摯な要求に基づくものである、ということは、どのようにすれば確かめることができるか、ということも問題である。臨死介助を願い出ることにより、その死を迎える者が、もしかしたら、死の要求をもはやはっきりとは保持していないが、手間のかかる手続を経て、第三者（複数の医師、倫理委員会など）が関与した後でいまさら引き返す勇気がでないだけかもしれないのに、進行を開始したプロセスをもはや元に戻すことができない、という事態が生ずるおそれがある。

76　例えば、不治の病に侵された患者の看護と世話が重荷になっていたり、経済的な理由でその患者の死を選好したくなったりした親族のような第三者が、患者に圧力を加えるかもしれない、というおそれもある[60]。その背景には、金銭的な観点のような非難すべき動機が常に存在するとは限らない。愛

---

60)　もちろん、この危険は、治療を断念する場合にも基本的に存在しているが、これまで、特に取り上げるべき関係するようなケースは起こっていない。

する人が苦しむのを手をこまねいて見ていることは、自分たち自身にとってもはや耐え難いものである場合にも、親族は、無意識的に圧力をかける可能性がある。同じことは、患者が激しい苦痛を感じているのに助けてやることができない、ということを、経験に基づいて知っている医師や看護師にも当てはまる。そのため、積極的臨死介助を許容することは、医師や看護師への信頼を全般的にぐらつかせる結果を伴う可能性があるかもしれない。医師が、積極的直接的臨死介助を自身の自己理解と両立させることができるかどうかも、非常に問題である。

77　　　　概要11：積極的臨死介助に賛成する論拠と反対する論拠

賛成	反対
• 死のうとする者の自己決定権 • 人間に相応しい苦痛のない死	• 人間の生命を自由に処分することはできないという原則 • 生命に対する考え方を一般的に変えてしまうこと、あるいは、生命の保護を弱めてしまうことへの懸念 • 死を迎える者の自由意思による真摯な要求が本当に存在していることの確認には問題がある • 死を迎える者に第三者の圧力が及ぶ可能性

Ⅵ　臨死介助の将来

78　現在の法律状況が臨死介助を十分に捉えているかどうかは、種々の専門分野にまたがって意見の対立がみられる問題である。自分の生命はどの程度まで処分可能なのか、という基本的な問題からにして、既に、二つの基本的な

79 キリスト教の見方によれば、人間は、自分の生命を処分することは許されない。生命は、キリスト教の神からの贈り物とみなされる。唯一、神のみが、処分する権利を有する。加えて、死における苦痛には、カトリックの教義によれば、特別な意味が付与される。「キリスト教の教義によれば、その痛みは、…とりわけ死ぬときに、神の救済の計画において、特別な意味を獲得する。その痛みは、イエスキリストの苦しみを分け与え、イエスキリストが、父親の意思に従って捧げた救済のための犠牲と結びつけらるものである」[61]。

80 このような立場は、敬意を払われるに値する。けれども、これを、国家的な法政策の基礎としてそのまま用いることはできない。カトリックの教義はローマカトリックの信仰体系に依存しているが、その信仰体系は、宗教的にも世界観的にも異質な要素からなる今日の私たちの社会においては、圧倒的多数の人々によって共有されているわけではない、という事実からして既に、この立場には不都合なところがある。

81 リベラルな見方によれば、人間には判断能力があり、十分に情報が与えられた状態で、自らの自律的な決定をする場合には、自己の生命を処分することが許される、とされる[62]。このような見解によれば、死を迎える人の意思に反して人工的に生命を引き延ばすことは、拒絶されなければならない。けれども、リベラルな立場にも弱点がある。人間は生命の終わりを「自律的に」決定することができる、という考えは、おそらく、大抵の場合はフィクションであろう。更に、自律性の前提条件も、実際には明らかにされていな

---

61) 教理聖省の安楽死に関する説明、タイトルⅢ。www.vatican.va/roman_curia/congregations/cfaith/documents/rc_con_cfaith_doc_19800505_enthanasia_ge.html に掲載されている。

62) 比較的最近の議論に関して、基本的なものは、*Verrel*, Patientenautonomie und Strafrecht bei Sterbebegleitung；*Saliger*, Selbstbestimmung bis zuletzt, 2015；自殺を助けることに関しては、*Rosenau/Sorge*, Neue Kriminalpolitik 2013, 108ff.；*Hilgendorf* JZ 2014, 545ff.

い。

82 それにもかかわらず、法律学及び法実務では、そうこうするうちに、患者の意思に決定的な意義が付与されるべきであるとするリベラルな立場に従うことが、完全に支配的なものになっている。生命と尊厳に対する憲法上保護された権利から、生命のプロセスの一部として尊厳のある自己決定された死に対する権利が帰結される。死を迎える者も、いかなる制限もなく、基本法1条1項による人間の尊厳を備えている。法律学において今日支配的な解釈によれば、人は、自己の死について自律的に決定する権利も有している。それ故、人の意思に反して生命を延長し、またそれに伴って多くの場合に生ずる苦痛も延長することは、許されない。そのため、既に2006年に、ドイツ法曹大会[63]は、ゾンデの装着のような生命を維持するための措置は重病人の同意がある場合にしか行われるべきではない、とする明確な法的規定を設けることに賛意を表していた。

---

63) *Verrel*, Patientenautonomie und Strafrecht bei der Sterbebegleitung.

第5章　臨死介助団体

Ⅰ　序

1　臨死介助団体の禁止は、ここ最近盛んに議論されているテーマの一つである。2005年にハノーファーで、スイスの臨死介助協会「ディグニタス Dignitas」の「支部」である協会「ディグニターテ Dignitate」が創設されたことが、その種の団体の許容性について激しい議論をもたらした。それに対する反応として、様々な法律の提案が、議論された[1]。

2　行政裁判所も、その問題に取り組んできた。2008年には、臨死介助活動家である Roger Kunsch に対して、今後の活動を禁止した。彼は、臨死介助協会を設立し、インターネットでサービスを提供していた。その禁止は、ハンブルク行政裁判所による即時手続で支持された。その理由づけの中で、同行政裁判所は、当該協会の活動により公共の安全が危険にさらされている、と述べた。申立人によって商業的に提供されている臨死介助は社会的に無価値なものである。なぜならば、それは世間一般の倫理的な価値観に反し、自分だけでは最後の一歩を怖がってしり込みするであろう人の生命を危殆化するからである、とされている[2]。

Ⅱ　ディグニタスの活動の仕方について

3　最もよく知られている臨死介助組織は、チューリッヒに本部がある「ディグニタス」である。死に付き添うやり方は、おおよそ次のようなもののようである。死を望む者がディグニタスとコンタクトをとった後、その者は、希

---

[1] *Hilgendorf* in Bryd/Hruschka/Joerden (Hrsg.), Jahrbuch für Recht und Ethik, Bd. 15, 2007, 479ff.

[2] VG Hamburg. v. 6. 2. 2009, AZR 2009, 69ff.

望して、考えられる今後の行動の仕方について説明した資料を受け取る。そこでは、可能であれば、親族が関与すべきである、ということに注意が喚起されている。同協会に入会すると、死を望む者は、自殺への付き添いの準備を申請することができる。そのような申請をする際には、死を望む者の人となりについて説明することができる生活報告書を提出することとされている。更に、現在の診断、治療、今後の見通しを含んでいる医学的な証明書類が必要である。この証明書類は、ディグニタスと提携している医師に分析のため送られる。医師が、生命を終わらせるための手段について処方箋を出す準備ができると、メンバーは、「暫定的青信号」の連絡を受ける。ともかく、死を望む者が死への付き添いを利用するかどうかを決定するのは、本人次第である。基本的にスイスへは2度訪れることが予定されている。最初は、医師と詳細に個人的な対話をするためであり、次いで2度目は、生命を終わらせる措置を実行するためである。病気の負担が重い場合には、一度の旅程でも十分なものとなり得る。メンバーは、親族の同伴を指示される。

4　自殺の実行は、ディグニタスによって用意された場所で行われる。それは、通例、チューリッヒにある借家である。死を望む者は、経験のある自殺付添人の監督の下、親族のいる前で、死に至る薬を自分で飲むので、行為支配は自殺者側にある、ということは重要である。死の結果が生ずると、警察に通報される。警察は、死と第三者の関与について捜査を行う。死体は、引き渡されると、埋葬される。死を望む者がその事態について完全な行為支配をもっていた、ということを証明できるようにするために、自殺はビデオカメラで記録される[3]。

---

3)　*Hilgendorf* in Bryd/Hruschka/Joerden, Jahrbuch für Recht und Ethik, 479 (481).

5　　　　　　**概要 12：ディグニタスの活動の仕方**

> 1．ディグニタスにコンタクトをとると、関係書類が送付される
> 2．生活報告書と、診断、治療、今後の見通しに関する医学的な証明書類を添えた、自殺への付き添いの準備を求める本人の要望書が提出される
> 3．その証明書類はディグニタスに協力する医師に送付される
> 4．対応する処方箋を出すことに医師が原則的に同意した場合、死を望む者に「暫定的青信号」の連絡がなされる
> 5．スイスで医師と詳細に個人的な対話をする（自殺自体が可能となるだけの期間滞在することもある）
> 6．自殺を決定した場合、日時を取り決める
> 7．チューリッヒにあるディグニタスが賃借している家で、経験のある自殺付添人の監督の下、親族のいる前で、致死薬を自分自身で服用することによって実行する
> 8．死の結果が生じた後、警察に通報する
> 9．死と第三者の関与についてスイス法に従って捜査する必要がある
> 　（証明目的のために患者の最後の行為がビデオ録画される）
> 10．死体は、引き渡された後、埋葬される

Ⅲ　刑法上の評価

6　少し前まで、上述したディグニタスの活動は、スイス法によっても、ドイツ法によっても可罰的ではなかった。患者は自分で薬を服用しているのだから、要求による殺人を理由としたディグニタスの協力者たちの可罰性は問題とならない（→第 4 章 Rn. 44ff.）。問題になるのは幇助行為だけであるが、それは不可罰であった。なぜならば、自殺者自身も不可罰なままだからである（幇助犯の制限従属性の原則。すなわち、故意かつ違法な正犯行為が存在する場合にのみ、幇助犯は可罰的である、というのがそれである）[4]。せいぜい、薬物規制法の

対象薬物が用いられた場合に、同法違反が考えられるだけであった[5]。

IV 臨死介助団体を法的な規制対象とすることを支持する論拠

7　援助を受けた自殺を処罰する新たな犯罪構成要件を創出することを支持する論拠として、以下のものが主張された。臨死介助団体は宗教上のタブーを犯している。なぜならば、他者の生命だけでなく自己の生命も、神の意思によれば、自由に処分することはできないからである。更に、臨死介助をする者は死を望む者への強い感情的な結びつきを有しておらず、死のうとする者の感情や本当の意思を正しく評価することができないし、死のうとする者に将来の見通しを提供することも、死に代わる別の選択肢を示すこともできない[6]。むしろ、臨死介助団体は、数多くのケースで組織的なサービスを提供しているので、自殺を商業化する危険がある。死を望む者が、ある特定の時点を超えるともはや後戻りができなくなる抜き差しならない状況が発生する可能性がある、というところにも、また別の問題がある。また、法的な規制がなければ、死を望む者の個人的な状況が前もって十分に調査されることなく、拙速に致死的な作用をもつ薬が与えられてしまう危険性もある、とされる[7]。

---

4)　*Hilgendorf/Valerius* StrafR AT §9 Rn. 107ff.
5)　関係するのは特に薬物規制法 29 条である。それに関しては、Ratzel/Lutzenburger HbB MedR/*Girins* Kap. 15 Rn. 193ff.
6)　*Goll* ZRP 2008, 199 ; *Lüttig* ZRP 2008, 57 (58f.).
7)　もっとも、既にスイスで活動しているエグジットやディグニタスのような臨死介助団体のやり方はそれとは異なっているように見える、ということには留意しておかなければならない。これらの活動では、任意の（よく考えられていない）自殺願望を速やかに実現することではなく、自殺の予防が中心になっている。既に発表している、*Hilgenndorf* in Byrd/Hruschka/Joerden (Hrsg.) Jahrbuch für Recht und Ethik, Bd. 15, 2007, 479 (488) 参照。

8　そのほかに、そもそも誰に対して自殺の際の援助をすることが許されるのか、ということがはっきりしない、という指摘もある。不治の病に侵された患者が長い間苦しまずに済むようにしてやるべきなのであろうか？　あるいは、死期が差し迫っている者だけであろうか？　希死願望があることが病状の一つである精神病患者は、特別な問題を提起する。そのような患者にも致死的な作用のある薬を与えることは許されるのだろうか？

9　最後に、積極的臨死介助に関するタブーが弱められるという事態になりかねないということが懸念される。組織化された形の援助された自殺が許容され、社会的に承認されるならば、少なからぬ人が主張するように、積極的臨死介助を許容することはもうすぐそこであるということになるであろう。例えば、死を望む者が、薬を自分で飲む必要はなく、医師が自分に薬を注射してくれるように求めるという積極的臨死介助が許容されるということになってしまうかもしれない。

10　**概要13：臨死介助団体を法的な規制対象とすることを支持する論拠**

> - 宗教上のタブーを犯すことになる
> - 臨死介助をする者は死を望む者に対する感情的な結びつきを有しておらず、死のうとする者の感情や本当の意思に関して十分な理解を欠いている
> - 自殺を商業化する危険がある
> - ある特定の時点を超えると後戻りできない状況が生ずる可能性がある
> - 致死的な作用のある薬を拙速に与えてしまう危険性がある
> - 積極的臨死介助に関するタブーが弱められてしまう懸念がある

V　新たな法的状況

11　2015年12月に、ドイツ連邦議会は、業としての自殺の促進を処罰の対象

とする新たな217条を可決した[8]。

刑法典217条　業としての自殺の促進
(1) 他者の自殺を促進する目的で、他者が自殺をするための機会を業として提供し、世話し、あるいは、仲介した者は、3年以下の自由刑又は罰金に処する。
(2) 自らは業として行為するものではなく、第1項に挙げられている他者の親族であるか、あるいは、それと親密な関係にある者は、共犯としては罰しない。

12　自殺の機会の「提供」あるいは「世話」は、「自殺を可能にする、あるいは、著しく容易にするのに適した」「外部的状況」をもたらした場合に認められる[9]。例えば、自殺のために用いられる適当な部屋や薬を用意することによって、自殺は容易にされる。「提供」の場合には、既に行為者は自由に機会を与えることができる状態になっていて、ただその機会を利用するかどうかだけを自殺者に委ねていれば足りる。「世話」という行為態様の場合には、これとは異なる。これのためには、行為者は、外部的な状況を、まずは最初に整えなければならない[10]。行為者が、自殺を望む者と、自殺の機会を提供し、あるいは、世話することができる者とのつながりを作り出した場合には、自殺のための機会が「仲介」されたことになる。けれども、元々よく知られている場所を単に指示することだけでは十分ではない[11]。

13　「目的」は、行為者にとって、まさに特定の自殺の機会を提供することが重要である場合に肯定される。行為者の目的は、立法理由によれば、自殺の

---

8) BT-Drs. 18/5373.
9) BT-Drs. 18/5373, 18 ; Schönke/Schröder/*Eisele* StGB §180 Rn. 9 ; *Hilgendorf* JZ 2014, 545 (548).
10) BT-Drs. 18/5373, 18.
11) BT-Drs. 18/5373, 18.

援助に関連していれば足り、自殺が実際に遂行されることに関連する必要はない。自殺の遂行に関しては、未必の故意で足りる[12]。

14　業としての行為が認められるのは、「ある者が、同種の行為を反復することを自己の仕事の対象にするつもりである場合」[13]である。すなわち、業としてとは、「反復することが意図されている」といえるくらい多数であるという意味である。立法理由によれば、1回目の行為であっても、「それが、継続することが意図されている活動の開始である場合」[14]には、十分なものとなり得る。積極的な作為も、不作為も、含まれる。そのため、業としての行為という概念は、刑法における他の場合においても同様であるが、非常に広いものである。特に、その概念は、行為者が、「一定の期間、一定の範囲で、継続的な収入源」を得ようとする、要するに、利益を得る目的で行おうとする職業的な行為より広いものである[15]。

15　解釈学的に見ると、新たな刑法典217条は、以前は構成要件に該当しない自殺に対する幇助（27条）として不可罰であった行為を、独立した正犯行為へと格上げするものである。もっとも、自殺の援助が全て含まれるわけではなく、それに該当するには、自殺の援助が刑法典217条で挙げられているメルクマールを充足する場合だけである。その構成要件は、抽象的危険犯として構成されている[16]。保護法益は、生命への権利と「憲法上保護される自律的な意思決定の個別的な保障」である[17]。

16　新たな刑法典217条の2項は、共犯者（幇助者あるいは教唆者）自身は業として行為するものではなく、かつ、自殺者の親族であるか、または、自殺者と親密な関係にある者である場合には、217条1項による行為への共犯は不

---

[12]　BT-Drs. 18/5373, 19.
[13]　BT-Drs, 18/5373, 19. *Fischer* StGB Vor §52 Rn. 63 及び BVerfGE 54, 301 (313) が引用されている。
[14]　BT-Drs. 18/5373, 17.
[15]　BGH NJW 1996, 1069 (1070). 確立した判例も同様である。
[16]　BT-Drs. 18/5373, 14.
[17]　BT-Drs. 18/5373, 13.

可罰なままである、と規定している。それによって、とりわけ、例えば、スイスで自分の両親が自殺するのに付き添った親族が罰せられることが阻止されることになっている。さもないと、自殺自体はスイスでは不可罰であるにもかかわらず、刑法典9条2項2文により、そのような親族は可罰的となってしまうであろう。

17　新たな刑法典217条は、早くもその公布直後に、はっきりとした批判に遭遇する[18]。実際、その規定は、単に法政策的に疑わしいだけでなく、解釈学的にも法律学に問題を突きつけるものである。ドイツにおいて自殺を援助する施設を絶対的に禁止することが、スイスやオランダにおけるその種のところに、いつでも簡単にインターネットを通じてコンタクトをとることができ、乗用車、列車、あるいは、タクシーを使って行くことができるときに、意味のあることなのかどうかは、法政策的に疑わしい。その上、臨死介助団体は、まさに自殺予防にも従事しており、提出されているいずれの報告によっても、自殺を支援するよりも防止する方が多い、という事実に鑑みれば、希望を失った人が、もっと頻繁に、例えば、国有鉄道に飛び込むというような「粗野な自殺」を選んでしまう危険がある。

18　その刑罰規範は、-立法理由において主張されている内容は異なるものであるにもかかわらず-ホスピスや緩和ケア病棟における多くの活動を対象に含んでいることも、特に問題である。そのため、患者に、多量に服用すると死に至る強い薬を与えるという、外来患者への緩和剤の提供において一般に行われている実務は、明らかに、「自殺のための機会の提供」に当たる。今日では既に、そのような自殺が起きている。外来患者への緩和剤の提供を専門に扱っている医師が、業として行為していることにも問題はない。全体として見ると、その状況は、臨死介助組織に属する者が致死薬を与えることと、構造的に異ならない。行為の主観的な側面においても、重要な相違は認められない。

---

18)　*Rosenau* は、NJW-Editional Heft 49/2015 において、「自己決定による死に対する刑罰規範」ということを問題にしている。

19 　入院患者に対する緩和ケアの仕事やホスピスの仕事の標準的な処置 – 例えば、癌患者に鎮痛剤を注入する装置を渡すこと – も、同様に、その規範の構成要件に含まれる。なぜならば、分量を増やすことによって、患者が自らの死を早めることは、しばしば起こり得るからである。栄養補給を中止し、「臨終の間」にあるベッドを自由に使わせることは、今日、多くのホスピスでルーティンワークの措置として（従って、「業として」）行われているが、それすらも、「自殺のための機会の提供」として理解され得る。なぜならば、自殺の目的で栄養補給を断つ人は自殺をしている、ということに、おそらく議論の余地はないだろうからである。けれども、現に今ある意思であれ、患者指示（→第4章 Rn. 20ff.）によって定められる意思であれ、患者の意思に反して強制的に栄養を補給させることは、違法であろう。それ故、刑法典217条は、矛盾した帰結に至るように思われる。

20 　一つの解決策は、自由答責的な自殺の場合には、自殺意思のある患者の承諾を許容する、というところにあるかもしれない。立法者は、この問題について何も述べてはいない。法益の所有者が自由に処分することのできる法益については、いかなる法益についても、原則として、承諾は可能である[19]。生命を危殆化することへの承諾も、有効であり得るけれども[20]、支配的な見解によれば、自己の生命を意図的に終わらせることへの承諾はそうではない[21]（その論拠は刑法典216条にある）。217条は、立法理由によると、生命への権利と「憲法上保護される自律的な意思決定の個別的な保障」を保護するものである[22]。自律の保護の名において患者の自律性を制約することは不合理であろうから、2番目に挙げられている法益は承諾による処分が可能なものである。それに対して、自己の生命それ自体は、現在の法的状況によれ

19）　*Frister* StrafR AT Kap. 15 Rn. 4, 25 ; *Hilgendorf/Valerius* StrafR AT §5 Rn. 116f.
20）　*Frister* StrafR AT Kap. 5 Rn. 27 ; Schönke/Schröder/*Lenkner/Sternberg-Lieben* StGB Vorbem. §§32ff. Rn. 103f.
21）　*Frister* StrafR AT Kap. 13 Rn. 4.
22）　BT-Drs. 18/5373, 13.

ば、法益の所有者が自由に処分できるものではない。けれども、刑法典217条は、（抽象的）危険犯として形作られていることには、注意を払わなければならない。自己の生命を危殆化することには、法益の所有者は、なお有効に同意し得る[23]。それ故、前述したホスピスの処置や緩和ケアの措置は、確かに刑法典217条の構成要件を充足するけれども、自殺意思のある患者の有効な承諾が存在する場合には、正当化され、従って、不可罰となる、と主張することはできるかもしれない。この主張の後半部分は、明らかに立法者の意思である[24]。そうだとすると、法的な状況は、治療措置の場合に類似することになるであろう。治療措置の場合も、同様に構成要件に該当する（刑法典223条）けれども、患者の承諾によって正当化され得る（→第2章）。しかし、この方法をとることができるかどうかは、刑法学や判例によって、今後明らかにされなければならない。

21 　根本的な問題は、臨死介助の措置、例えば、（特に外来患者に対する）緩和医療において行われている、苦痛を緩和させるけれども死に至る可能性のある薬を自由に使わせることを、臨死介助組織の協力者である医師によって行われる同様の措置と、法律上、精確に区別することはできない、というところにある。それ故、刑法典217条は、それが解決できる問題よりも、それがもたらす問題の方がはるかに多いのである。

---

23) 脚注20) で挙げた文献参照。
24) BT-Drs. 18, 5373, 17 und passim.

第6章 妊娠中絶

I 序

1　1974年に、連邦憲法裁判所（BVerfG）は、妊娠中絶の問題性と、いつから人間の生命が保護されるべきかという問題について、初めて、詳細に意見を表明した。それ以前に、連邦議会は、ぎりぎりの多数で、ドイツ社会民主党（SPD）と自由民主党（FDP）によって推奨された「期限モデル」を可決していた。それによれば、妊娠中絶は、原則として、12週までは不可罰なままである、とされていた。これは、キリスト教民主同盟（CDU）とキリスト教社会同盟（CSU）によって支持された「適応モデル」に勝ったものである。適応モデルは、この期間における妊娠中絶を、特定の（医学的及び倫理的）条件の下でのみ許容しようとするものであった。社会的にも政治的にも論争の対象となったその決定は、いくつもの憲法訴訟をもたらした。その憲法訴訟は、キリスト教民主同盟によって提起されたほか、特に、いくつかの州によっても提起された。

2　それに関して、連邦憲法裁判所は、1975年2月に、期限モデルによる解決は、人間の尊厳の不可侵性（基本法1条1項）と結びついた生命と身体の完全性への胎児の権利（基本法2条2項1文）を侵害するという理由で、憲法違反である、との判断を示した[1]。胎内で成長している生命は、憲法の保護の下にあり、妊婦の自己決定権に優先する、とされた。この判決で述べられた基本法上の生命と尊厳の保護の定義は、今日までしばしば引用されている。

3　「人間の生命が存在するところでは、その生命には当然に人間の尊厳が認められる。その生命の担い手が、この尊厳を意識しているか、あるいは、この尊厳を保持する術を自ら心得ているかどうかということは、決定的なこと

---

1)　BVerGE 39, 1ff.

ではない。最初から人間存在に備わっている潜在的な能力で、人間の尊厳を基礎づけるには十分である」[2]。

4 妥協として、連邦議会は、1976年に、修正された適応モデルを可決した。それによると、以下の四つの場合に当たらなければ、堕胎は原則として可罰的である。すなわち、その四つの場合とは、医学的適応事由がある場合（妊婦の生命または健康が危険にさらされる場合）、犯罪学的な適応事由がある場合（妊娠が強姦に基づく場合）、胎児の病気による適応事由がある場合（胎児に重い障害がある場合）、または、いわゆる窮状による適応事由がある場合（妊婦が社会的に窮地に陥っている場合）である。

5 それによって、上述の四つの場合にしか、妊婦は堕胎をすることができなくなった[3]。この状況が変わったのは、統合により一つになったドイツに統一的な規定を設ける必要が生じた90年代の初めである。ドイツ民主共和国では、既に期限モデルが妥当しており、それによれば、妊婦は、最初の3ヶ月間、助言義務なく、妊娠の継続について自由に決定することができることとなっていた。

6 1995年に、連邦議会は、連邦憲法裁判所のもう一つ別の判決[4]も考慮に入れて、助言義務を伴う修正された期限モデルを可決した。妊婦の自己決定権と未生のヒトの生命の保護との間のこのような法律上の妥協策によれば、事前に助言を受けるための話し合いが行われ、受胎から12週以上を経過していない場合には、妊娠中絶は不可罰である。そのため、助言義務が導入されたことにより、未生の生命に関する保護のコンセプトが、変化した。妊娠にまつわる葛藤が生じた場合の重点は、妊婦からどのような決断をする余地も奪うことなく、妊娠を継続して出産することを慫慂するためになされる妊婦への助言に置かれることとなった。

---

2) BVerGE 39, 1 (41).
3) もっとも、実務では、社会的な窮状による適応事由が広く拡張された結果、期限モデルに近づいていった。
4) BVerfGE 88, 203=NJW 1993, 1751.

Ⅱ　未生の生命の段階的な保護

1．着床前の法的な状況

7　未生のヒトの生命がどの段階にあるかに応じて、刑法は、段階を分けた保護を与えている。

8　卵細胞と精子細胞が結合するまでは、卵子と精子は、特別の規範によって保護されてはいない。人の身体の内部にある卵子ないしは精子が毀損された場合には、単に、刑法典223条以下による傷害が問題となるだけである。身体の外では、損壊または破壊は、刑法典303条による器物損壊として罰せられる可能性がある。

9　卵細胞の受精後は、その卵細胞が、1次内性器、卵管、あるいは、子宮の内にあるか否かによって、保護のありかたが左右される。子宮内にある受精卵細胞は、特別の保護を受けていないのに対し、体外にある受精卵細胞は、胚保護法（EschG）の対象となり、この段階で既に相当な刑法上の保護を受ける。

10　胚保護法の定義によれば、胚ということで問題とされているのは、「成長可能性のあるヒトの受精卵細胞」、更に、「胚から採取された全能性[5]細胞」である[6]。それに対して、医学においては、大抵の場合、子宮内膜に着床した胞胚であって初めて胚と呼ばれる。

---

5)　全能性細胞から、更に完全な生物が成長していく可能性はある。全能性細胞は、受精卵細胞の分裂後、8細胞の段階まで存在する。その後は、胚盤胞が形成される。胚盤胞の中にある細胞は、多能性であるに止まり、その細胞から、更に、完全な有機体を生み出すことはできない。

6)　胚保護法（ESchG）8条。

2. 着床後の法的な状況

a) 妊娠中絶の法律上の規制、刑法典 218 条以下

11 受精卵細胞は、子宮に着床した後は、刑法典 218 条以下の刑法上の規定によって保護される。刑法典 218 条 1 項 1 文によれば、妊娠中絶は、着床後になって初めて可罰的な行為となる。従って、例えば、「アフターピル」あるいはスパイラルのような、卵細胞が子宮内に着床することを妨げる措置は、(刑法典 218 条 1 項 2 文によれば) 可罰的な行為には含まれない。

12 刑法典 218 条以下の保護法益は、子宮内に着床した受精卵細胞である。死胎、脳死した無脳症胎児[7]、子宮外に着床した受精卵細胞（子宮外腹腔妊娠ないし卵管妊娠とも呼ばれる）は、保護領域に含まれない。

13 行為の時点において子宮内にあり生きていた胚を死に至らしめる行為は全て、刑法典 218 条の意味における実行行為性を有する行為である。中絶行為の際に、（例えば、吸引や、いわゆる掻爬による）直接的な侵襲が胚の死を惹起するのか、それとも、（例えば、プロスタグランジンのような化学薬品を用いることによる）間接的な侵襲が胚の死を惹起するのかは、重要なことではない。胎児が、まず生きて生まれ、その後に、子宮内での侵襲によって惹起された生存能力の欠如あるいは傷害に基づいて死亡した場合にも、妊娠中絶は肯定される[8]。妊婦が妊娠中絶に耐えられず死亡した場合であっても、刑法典 218 条の構成要件は充足され得る[9]。このことは、妊婦に向けられた攻撃がまだ生まれていない胎児の死を惹起した場合にも当てはまる。

14 脳死状態にある妊婦の治療を中止することによって胎児が殺される場合にも、原則として、妊娠中絶は認められる。胎児が脳死状態にある妊婦の体内にあるという事実は、胎児が既に着床以後にヒトの生命として享受している

---

[7] 無脳症の場合には、頭蓋冠及び大脳のかなりの部分が欠損している。高度の技術的援助がなければ、余命はわずか数日である。

[8] *Lackner/Kühl* StGB §218 Rn. 4.

[9] BGHSt 1, 278 (280).

憲法上の保護を弱めるものではない[10]。

15　その種のケースを巡る議論が、1992年に、いわゆる「エアランゲン妊娠事件」を契機として巻き起こった。当時、妊娠15週であった若い女性が、交通事故により重傷を負い、その後短時間で脳死に至った。まだ生まれていない子供の生命は、それを支えるために必要な女性の身体機能を維持することによって保つことができたが、それにもかかわらず、医師のとったその措置は、激しい公的な議論の対象となり、医師は、母親に尊厳に満ちた死を迎えさせず、死のプロセスを人工的に引き延ばしていると非難された。ヘルスブルック区裁判所は、「まだ生まれぬ子どもの独立した生きる権利」は、「女性の死後の人格性の保護」に優先するという理由で、医師の措置を認めた[11]。医師の努力にもかかわらず、まだ生まれていない胎児は、その後さらに5週が経過したところで、母胎内で死亡した。

16　医師が、胎児を助けるための保障人として、いかなる措置を講じなければならないのか、ないしは、いかなる措置を講ずることが許されるのか、ということは、妊婦が生きている限りは、妊婦の現実の意思、あるいは、推定される意思に依存する。妊婦の同意が存在するときは、医師は、流産のおそれがある場合や、その他の妊娠合併症の場合には、例えば陣痛誘発などによって胎児の死を防ぐために、あらゆることを行わなければならない。

17　妊婦に対して強制的な措置を講ずる権利も義務も、医師にはない。妊婦の決定は、たとえ、彼女が、診断ないしは治療の措置を拒否することによって、出産の際に自身の死を甘受するとか、まだ生まれていない子供が、出産の際に対応措置がとられないために死亡するとかという場合であっても、受け入れられなければならない。けれども、妊婦が、分娩の誘発に同意を与えていた場合には、出産中の女性あるいは胎児を危険にさらすことなくして、その措置を中断することができなければ、医師は、分娩の間のその女性の意思を顧慮することなく、その措置を継続しなければならない。

---

10)　*Beckman* MedR 1993, 121 (123); *Hilgendorf* Jus 1993, 97.
11)　AG Hersbruck FamRZ 1992, 1471.

18　刑量に関しては、妊婦は、明らかに他の者に比べて優遇されている。刑法典 218 条によれば妊娠中絶に関する刑量は、3 年以下の自由刑又は罰金になっている。妊婦が自ら行為を行う場合は、自由刑の上限は 1 年になっている[12]。更に、中絶が、助言の後、医師により、受胎後 22 週以内に行われた場合には、妊婦は、刑法典 218 条 a 4 項により不可罰となる。加えて、裁判所は、妊婦が侵襲の時に特別な苦境にあったときは、刑を免除することができる。

19　同様に、妊婦は、未遂を理由としては罰せられない。けれども、第三者は、妊娠中絶の未遂を理由として処罰され得る[13]。例えば、堕胎に向けた処置をしたにもかかわらず、子供が成育可能な状態で生まれた場合には、未遂となる。

　b）　妊娠中絶の不可罰性、刑法典 218 条 a 1 項

20　期限モデルの原則に従い、以下に挙げる条件が満たされる場合には、妊娠中絶は、刑法典 218 条 a 1 項により、医師に関して不可罰となる。

- 妊婦が妊娠中絶を要求し、妊婦が少なくとも侵襲の 3 日前に助言を受けたことを証明書によって証明し、
- 妊娠中絶が医師によって行われ、かつ
- 受胎後 12 週以上を経過していないとき。

21　刑法典 218 条 a 1 項において求められている妊婦の要求は、単なる同意以上のものである。侵襲への同意を妊婦の「要求」とみなすことができるためには、医師に向けられた明確な要請が必要である[14]。未成年者の場合には、同意能力は、妊娠中絶の意味と影響を理解できるだけ精神的及び道徳的に成熟しているかどうかに依存する。それ故、未成年者に弁識能力と判断能力がある場合には、親権者が同意しているのか、それとも、拒絶しているのか

---

12)　刑法典 218 条 3 項参照。
13)　刑法典 218 条 4 項参照。
14)　NK-StGB/*Merkel* §218a Rn. 69ff.；Schönke/Schröder/*Eser* StGB §218a Rn. 9.

は、重要ではない[15]。16歳未満の場合には、この弁識能力は、大抵、否定されるけれども、16歳以上の場合には、肯定されるのが通例である。

22　堕胎の問題性に関する連邦憲法裁判所の2番目の判決[16]が出るまで、上述した状況下での中絶は、まだ、「違法ではない」ものとみなされていた。連邦憲法裁判所は、1993年に、これは憲法違反であるということを表明した。それに基づき、そのような妊娠中絶は、もはや「違法ではない」ものとみなされるのではなく、端的に、（妊娠中絶の）構成要件は実現されていない、ということを意味するというように、刑法典が改正された。一見すると法律上の些事にこだわるつまらぬことのように思われるであろうが、この改正は、このような状況下での中絶は、医学的、社会的、あるいは、犯罪学的な適応事由に基づく中絶と、本来、同じやり方で正当化されるべきものではない、ということを明確にするものである。

23　もっとも、その連邦憲法裁判所の判決は、いくつかの観点で批判されている。胎児を殺害する行為、すなわち、保護法益に直接的に干渉する行為が、どうして構成要件に該当しないことになるのかが、既に、疑わしいように思われる。次に、構成要件に該当しない行為が、それにもかかわらず、どうすれば刑法上の不法となり得るのか、すなわち、違法となるのかを理解することはできない。ここには、刑法解釈論における論証の標準及び合理性の標準との断絶がある。それは、法治国家原理に目を向けても、かなりの疑念を呼び起こさざるを得ない[17]。

　c）　医学的‐社会的適応事由及び犯罪学的適応事由、刑法典218条a2項、3項

24　刑法典218条a2項、3項によれば、医学的‐社会的適応事由、あるいは、犯罪学的適応事由が存在する場合には、妊娠中絶は違法ではない。以前の

15）　LG München NJW 1980, 646.
16）　BVerfGE 88, 203＝NJW 1993, 1751.
17）　NK-StGB/*Merkel* Vor §§218ff. Rn. 13ff.

「胎児の病気による」適応事由、及び、「社会的な窮地」による適応事由は、今日では、もはや特に挙げられていないが、「医学的‐社会的」適応事由を通じてカバーされている。

25 医師の所見によれば、強姦若しくは性的強要により妊娠した場合、あるいは、少なくとも、そのように推定すべき明白な根拠がある場合には、刑法典218条ａ3項による正当化する犯罪学的適応事由が存在する。犯罪学的適応事由に基づく妊娠中絶は、受胎後12週未満に、妊婦の要求に基づいて行われなければならない。その際、検察によって当の性犯罪が起訴されることは、必要な要件ではない。むしろ、その判断は、妊婦及び医師に委ねられている。以前は濫用の危険も指摘されていたが、犯罪学的適応事由がもつ意義は、今日では極めてわずかなものになっている。連邦統計庁[18]によると、2013年において、102,802件の妊娠中絶の内、犯罪学的適応事由に基づくものは、わずか20件しか記録されていない。

26 妊婦の現在および将来の生活状況に鑑み、医師の所見によれば、妊婦の生命に対する危険または身体若しくは精神の健康状態に対する重い障害の危険を回避するために、妊娠の中絶が必要である場合には、医学的‐社会的適応事由が認められる。その危険は、妊婦に期待することができる他の方法で回避することができるものであってはならず、中絶は、妊婦の要求に基づいて医師によって行われなければならない。

27 医学的適応事由は、例えば、子宮がんの場合や妊娠によって自殺の危険が生じた場合のように、妊婦の生命や健康に対する危険がある場合に、認めることができる。医学的適応事由には期間の制限がないことに、注意しなければならない。確かに、「重大な」障害が要件とされているため、いずれにせよ通常の場合に妊娠に伴う負担は全て除外される。しかし、精神的に不安定

---

[18] 2014年現在の、法的な理由による妊娠中絶、妊娠の期間、及び、それ以前の出産回数に関する連邦統計は、http://www.destatis.de/DE/ZahlenFakten/Gesellschaft Staat/Gesundheit/Schwangerschaftsabbrueche/Tabellen/RechtlicheBegruendung. html (Stand：8. 1. 2016) で見ることができる。

な妊婦の具体的な経済的状況、家族的状況、及び、社会的状況に目を向けるだけでも、事情によっては、妊娠中絶の理由が認められる可能性がある。なぜならば、妊娠の継続が身体的あるいは精神的に過大な要求となる危険が存在するかもしれないからである。

28 そのような法律の規定は、特に、医学的な処置が進歩した結果として、胎児は既に22週から24週までで子宮外で生命を保続する可能性がある、という観点からすると問題をはらんでいる[19]。望まれず、重い障害をもつことが予想される子供について、生まれた後にその子供の養子縁組を認めたり、施設に入れたりするために、妊婦に出産を期待することができるかどうかには、議論の余地がある。妊婦に過度の精神的負担をかけないようにするために、妊娠中絶が行われた場合には、胎児は、たとえ母胎内において生命保続可能性のある状態まで成長していても、通例は殺害される。けれども、そのような後期堕胎は、倫理的にも法的にも大きな問題である。

　d) 医師の身分犯、刑法典218条b、c

29 刑法典218条b、cでは、妊娠中絶を行う場合の内容的瑕疵並びに手続的瑕疵を対象とする真正身分犯が問題とされている。刑法典218条b1項1文の保護目的は、単なる手続規定の遵守にある。刑法典218条b1項2文は、刑法典278条に類似しており、認識がありながら不正確な確認をした医師を処罰している（刑法典218条以下の保護法益を考慮して、適応事由の存在を誤って肯定してしまうことだけが対象とされている）[20]。

3．分娩の時点

30 分娩の開始により、刑法上の定義によれば[21]、問題になるのは、もはや未生のヒトの生命ではなく人間である。連邦通常裁判所は[22]、分娩の開始を、

---

19) MedR 1999, 31 (32) における連邦医師会の意見。
20) NK-MedR/*Gaidzig* StGB §§218-219b Rn. 15ff.
21) BGHSt 32, 194.
22) BGHSt 31, 348 (353).

開口陣痛が始まったところに認めている。けれども、同裁判所は、「陣痛以外の出来事が分娩の始まりである場合に、分娩の開始という問題をどのようにして判断すべきか」ということを未解決のままにしている[23]。手術によって出産する場合に関しては、学説において、一方では、腹壁を切開した時点が基準となる、との見解が主張されている。他方で、麻酔の投与が分娩の開始時期を画する、と解する見解もある。開口陣痛が始まった後に分娩を助けるところで、子供が殺害された場合には、妊娠中絶ではなく、殺人罪（刑法典212条、211条）となる。

31　このような境界線を引くことが相当な重要性をもつのは、この問題に限ったことではなく、過失行為を刑法上評価する場合にも、この線引きは決定的な役割を担う。妊娠中絶に関する法律上の規制は、原則として、故意行為だけを処罰の対象としている。このことは、実際上、重要な帰結を伴う。すなわち、胎児に重大な健康上の障害を生じさせたり、胎児を死なせたりする、過失による出生前の作用は不可罰である、というのがそれである。それに対して、生まれた子供の健康または生命にマイナスの影響を及ぼす、医師による過失懈怠あるいはその他の行為は、刑法典229条ないしは222条で、処罰の対象とされている。

32　最も弱い形式の故意としての未必の故意が認められる場合と過失が認められる場合との境界線は、次のように引かれる。自分の行為によって犯罪構成要件が実現される可能性があることを行為者が認識しながら、これを是認しつつ甘受する場合には、故意が存在する。しかし、行為者が、法益侵害は発生しないということを、真剣に信じていた場合には、故意の形式はもはや問題とならず、認識ある過失が問題となるに過ぎない[24]。

---

[23]　BGHSt 32, 194 (197).
[24]　*Hilgendorf/Valerius* StrafR AT §4 Rn. 85ff.

33　　　　　　　概要14：未生の生命の保護

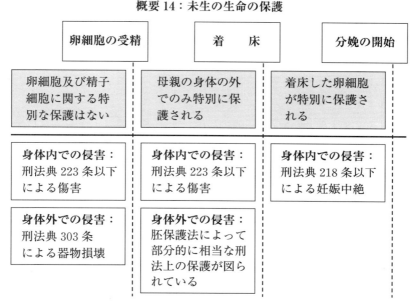

Ⅲ　要約：段階的な生命保護の体系

34　ドイツ刑法においては、成長途上のヒトの生命は、胎児の成長状態に応じて、段階的に保護されている。まだ生まれていない人の「主観的な権利」から出発するのではなく、段階づけられた価値体系から出発するのであれば、出生前の生命の保護に関するそのような解釈論的帰結は理解できるものとなる[25]。主観的な権利には程度の差をつけることができないのに対し、価値には程度の差をつけることができるからである。着床以降の生命の保護に段階が設けられていることは、支配的な見方によれば、成長途上の生命の価値は、その成長の度合いが進むに伴って増大する、ということを表すものである。

---

25)　*Hilgendorf* in Gethmann-Siefert/Huster, Recht un Ethik der Präimplantationsdiagnostik, 122.

第7章　胚の保護と幹細胞研究

Ⅰ　序

1　医事刑法において現在最も議論の多い領域の一つが、生体外での（すなわち母親の身体の外にある）胚の刑法上の保護と胚性幹細胞に関する研究である。医学は、この領域において、70年代に初めて人工授精が行われて以降[1]、長足の進歩を遂げ、それまでは手の届かなかった研究対象を利用すること、すなわち、もはや子宮に着床させることは考えられておらず、従って、「余剰な」人工授精をした胚を利用することが可能となった[2]。

2　胚は、基礎研究にとって大きな利点がある。なぜならば、それによって、人間の細胞の初期段階の成長、病気の原因、特定の薬に対する人間の細胞の反応等々を研究することができるからである[3]。その上、胚は、胚性幹細胞の生成のためにも利用される[4]。現在のところはまだ、幹細胞は、主として研究のために利用されているけれども、将来は、特に組織の代用として、治療にも利用される公算が高い[5]。

3　その点に関しては、一連の法的及び道徳的問題が提示されており、その解決には非常に多くの議論がある－何となれば、とりわけ、人間の生命の始まりと終わり、また、その価値に関する問題は、人間存在の根本的なところに

---

1)　法的な議論の始まりについては、*Ostendorf* JZ 1984, 595ff. 参照。
2)　このような余剰胚が生ずるのは、特に、卵細胞の採取という負担のかかる処置をそんなに何度も女性に要求しなくともよいようにするために、多くの胚が生成され、結果として利用可能になる場合である。
3)　*Kues* in Dabrock/Ried Therapeutisches Klonen als Herausforderung, 57.
4)　*Badura-Lotter*, Forschung an embryonalen Stammzellen, 17 ; *Wiestler/Brüstle* in Oduncu/Schroth/Vossenkuhl, Stammzellenforschung und therapeitisches Klonen, 71.
5)　アンケート調査委員会の最終報告書「現代医学の法と倫理」、BT-Drs. 14/9020, 251.

関係しているからである。宗教的な背景、あるいは、世界観的な背景に応じて、その答えは、しばしば全く異なったものとなる[6]。更に、新鮮な卵細胞の供給、研究のための資金調達、拙速に治療に利用することの危険性に関連する問題も提起されている。

4 　細胞のクローニングも研究されている。この手法は、将来、特に、ドナーと患者の遺伝上の差異を克服し、代用組織を直接患者自身の細胞から生成するのに用いることができるようになるであろう。この手法による場合、患者の細胞から核が取り出され、事前に除核していた卵細胞に移植される（細胞核移植）。この場合、少なくとも理論的には人間に成長する可能性のある全能性細胞が生まれるため、胚による研究の場合と同じ道徳的な問題が提起される。その他に、患者の遺伝的な「コピー」を作製することが問題視される。この手法は、生殖的クローン、すなわち、クローンの方法による人間の「作製」に踏み込むことを意味するのではないか、ということが危惧されている。

II　倫理的な議論の概観

5 　胚の保護及び幹細胞の保護の領域における法律上の規制を理解するためには、道徳的な議論について、少なくともその基本的なところは概観しておくことが必要である。

1．地位の問題

6 　道徳的な次元においても法的な次元[7]においても提起される問題は、次のようなものである。胚はどのような地位を有するのか？　いかなる細胞がこのような地位を有するのか、ないしは、胚とは何か？　この地位はどのようにして基礎づけられるのか？　そこから、胚の保護義務や、特定の目的のた

---

6)　*Beck*, Stammzellforschung, 103ff.
7)　→第7章 Rn. 21ff.

めの胚の利用の可能性について、どのようなことが帰結されるのか？

7 一部では、受精以降の胚は生まれた人と同等であり、従って、そのような胚には生まれた人と同じ権利が当然与えられる、との見解が主張されている[8]。この地位は、大抵の場合、いわゆるSKIPの論証、すなわち、種の帰属（**S**pezieszugehörigkeit）、成長の連続性（**K**ontinuität）、胚と生まれた人との同一性（**I**dentität）、及び、細胞の潜在的可能性（**P**otentialität）によって、基礎づけられる。どの範囲まで、クローニングによって作られた細胞が、同様に、人間の尊厳と生きる権利の保護を受けるかは、この見解の主張者に関して見ても一義的ではない。けれども、通例は、完全な保護が出発点とされており、それは、結局のところ、生まれた人間に成長し得るというその細胞の潜在的可能性によってしか基礎づけることはできない。このような見解は、特に、カトリック教会によって主張される。その見解からは、研究目的で胚やクローニングによって作られる細胞を作製したり廃棄したりすることは、それらの人間の尊厳や生きる権利を侵害するものである、ということが帰結される。

8 反対の見解は、出生によって初めて権利の所有者や保護に値する存在になる、ということから出発する[9]。人間として生まれて初めて、人間の尊厳と生命への権利をもつことになる、とされる。その間に、保護に値する始まりを、受精と出生の間のある時点、例えば、着床（胚の子宮への定着）、神経細胞あるいは自意識の発生といった時点に設定するたくさんの見解が存在する[10]。そのような立場の主張者は、人間の尊厳と生命の権利を、必然的に与えられるものではなく、社会によって承認されるものとみなし、それが備わった時点でこの承認が始まるとみることをもっともだと思わせるような一定の属性を引き合いに出す。

---

8) *Honnefelder* in Damschen/Schönecker, Moralischer Status menschlicher Embryonen, 71ff.
9) *Singer* Praktische Ethik, 229.
10) 概観は、*Clausen* in Maio/Just, Forschung an embryonalen Stammzellen, 203.

9 これらの見解の間に、「段階説」の主張者がいる。その説によれば、胚は保護されないわけではないが、保護の範囲は、その成長に伴って徐々に拡大し、出生以降に初めて完全な範囲に達する[11]。この見解の主張者も、部分的に、潜在的可能性という観点をよりどころとしている。その潜在的可能性に基づいて、たとえ生まれた人に対応するものではないとしても、一定の保護が与えられるべきであり、その保護は、その後、胚の成長に伴い、生まれた人になるまで拡大する、とされる。

10 後二者の見解によれば、胚やクローンによる研究は－少なくとも一定の条件の下でならば－許容される。確かに、これらの見解も、例えば、無意味であったり過剰であったりする胚の作製あるいは胚の使用に対する制約を要求するけれども、全体としては、胚を使っての研究に対して肯定的な態度をとっている。その種の立場は、特に、アングロサクソン系の文化圏、並びに、仏教やユダヤ教の影響を受けた文化に見出される。

11 これらの見解のいずれについても、賛成する側にも反対する側にも、多かれ少なかれもっともだと思わせる合理的な論拠がある。結局、胚の地位に関する決定は、通例、議論に参加する者の宗教的な背景、あるいは、文化的な背景に基づいている。このような問題に関しては、なかなか理性的な議論をすることが難しい。そこでは、部分的に、感情的な主張が表明され、それによって議論がリードされるかもしれない。将来においても、意見は一致せず、絶えざる意見の不一致があることを前提として法律上の規制がなされざるを得ないであろうと推測される。

12 2012年に、「ブリュストレ Brüstle」事件が、この議論に新風をもたらした。連邦通常裁判所は、人の幹細胞に関連する発明についての特許の問題に取り組まなければならなかった[12]。その事件は、ドイツに置き換えられたヨーロッパ共同体指令98/44（バイオ指令）に関連する特許法の規定にも関係していたため、連邦通常裁判所は、前もって裁定してもらうために事件を欧州

---

11) →第6章 Rn. 34.
12) BGHSt GRUR Int. 2013, 229.

裁判所に提示した（いわゆる先決裁定手続）。その際、特に次のような質問が付託された。

13　生物学特許基準の意味における「ヒト胚」という概念は、どのように解釈されなければならないのか？　卵細胞の受精以降のヒトの生命の全ての成長段階が含まれるのか、それとも、例えば一定の成長段階に達することのような追加的な条件が充足されなければならないのか？　次のような有機体、すなわち、成熟したヒト細胞から細胞核が移植された未受精のヒトの卵細胞や、単為生殖により分裂と成長が促進されている未受精のヒトの卵細胞は、含まれるのか？　胚盤胞段階にあるヒト胚から得られた幹細胞も含まれるのか？

14　欧州裁判所は、ヒト胚という概念は広く解釈されなければならない、との判断を下した。それによれば、「受精の段階以降の全ての卵細胞」[13]と、それに加えて、（例えば、細胞核移植や単為生殖により）ヒトの成長に適した未受精の卵細胞も、ヒト胚である。欧州裁判所にとって決定的な基準は、その時々に存在するものが、「ヒトの成長のプロセスを始動させるのに適している」かどうか、という問題である。けれども、胚性幹細胞を胚と解釈することができるかどうかという問題は、それぞれの加盟国の国内的な次元で、検討し、決定すべきものだとされている。

15　ドイツ連邦通常裁判所は、上述した欧州裁判所の決定を考慮して、ヒトの胚性幹細胞はドイツ法の範囲内では胚ではない、なぜならば、それは、「ヒトの発生のプロセスを始動させる」能力を有していないからである、との判断を下した[14]。結果として、胚が、発明目的で、原料として用いられることも、破壊されることもない場合には、胚性幹細胞とそれに関係する方法の特許は許容される、とされている[15]。

13）　EuGH GRUR Int. 2011, 1045 Rn. 35.
14）　BGH GRUR Int. 2013, 229 Rn. 37.
15）　これについては、*Batista* GRUR Int. 2013, 514 (516f.).

16　　　　　　概要15：胚の地位並びに胚の保護相当性に関する諸見解

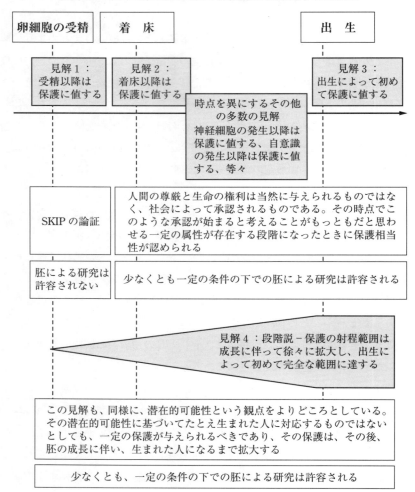

2．帰結の問題

17　地位の問題は、胚の保護及び幹細胞の保護に関連する問題の一部を成すにすぎない。現代のヒトバイオテクノロジーは、ゲノムへの侵襲によって胚を

「改良する」ことを可能にしてきた。胚の遺伝的な問題を知ることによって、場合によっては、「知らないことへの権利」が侵害されるかもしれない[16]。そのような改良の資金調達の問題も、些細な問題ではない。なぜならば、裕福な両親は自分たちの子供を非常に広い範囲にわたって「改良」することができるのに対し、普通の市民の子供は自己の遺伝的な「欠陥」を抱えたまま生きなければならない、といった事態が生じたならば、それは、不公正なものとなる可能性があるからである。他方では、純粋な改良処置の費用を一般的な健康保険で支払わせることも問題であるように思われる[17]。

18　幹細胞研究に関しては、胚を無制限に保護するという見解の主張者にとって、胚の破棄は非難すべきであるということから、必然的に胚性幹細胞による研究に有罪判決を下すという結果がもたらされることになるのかどうか、という問題が提起される。それに加えて、研究の資金調達や比例性も問題である。治療への使用は、考えられるリスクと実際の効用に基づいて、吟味されなければならない。

19　治療に用いることが可能であることが判明した場合には、胚の破棄は認められないという理由だけで、このような可能性を人々に享受させないことにしてよいものかどうかが、議論されなければならない。研究を諸外国に任せて、その後で成果を受け取るというのは、問題があるように思われる。更に、このような技術全般に関して、将来において統制不能な濫用の危険があるという事情が付け加わる。

20　人工授精の文脈においては、更に、子供の気持ちにネガティブな影響を及ぼすことが懸念される代理母、独身女性が人工授精を受ける権利の肯否、あるいは、女性を研究や治療のための「原料供給者」として利用するおそれ、といった問題がある。

---

[16]　けれども、そのような権利を導出することは、かなりの問題を投げかける。その点については、例えば、*Maio*, Ethik in der Medizin, 236f. 同書は、「知らないことへの権利」を、自律性と関係づけている。

[17]　*Beck* MedR 2006, 95ff.

III 憲 法

21 胚の憲法上の地位についても、道徳的地位の問題に負けず劣らず議論が多い。この問題に関しても、基本法1条及び2条により包括的に保護されるとするものから、成長段階によって保護に差が設けられるとするもの、更には、これらの規範の保護領域に胚を含めることを拒絶するものまで、見解は多岐にわたっている[18]。もっとも、諸法律を評価する際には、立法者は、原則として憲法を独自に解釈することが可能であり[19]、この解釈が明らかに誤りで、どんなことがあっても決して正当化できないものだとまではいえない限りは、その法律は正当である、ということに注意が払われなければならない。

22 それに加えて、諸法律を評価する際には、次のことを考慮することが重要である。すなわち、研究の自由は、基本法5条3項に規定された、重要な価値をもつ憲法上の利益であり[20]、それは、憲法に内在する他の価値によってしか制限することは許されない、ということである。この制限は、比例性を保ち、世界観的に中立な形で基礎づけることができるものでなければならない。後者の点は、親となる可能性のある者の権利、すなわち、基本法1条1項と結びついた同法2条1項に定める一般的な人格権から生ずる親となる可能性のある者の生殖への権利の制限にも当てはまる。

23 立法者が、胚は基本法1条及び2条により保護されるものと考え、この保護を中立的に基礎づけることができる範囲では、立法者には、その保護を図る権限があり、それどころか、その保護を図ることが義務づけられさえする[21]。その保護のレベルは、可能な限り一貫したものであるべきだろうが、

---

[18] 概観は、Dreier/*Dreier* GG Art. 1 I Rn. 82ff.
[19] Benda/Maihofer/Vogel HdB VerfassungsR/*Hesse* §5 Rn. 68.
[20] BverfGE 47, 327 (368).
[21] そのような保護義務は、支配的な見解によって、基本権を形成する「客観的な世

そのことはしばしば疑問視されている。例えば、刑法典 218 条以下の堕胎に関する規定による胚の保護は、胚保護法及び幹細胞保護法よりも明らかに弱いように思われる。もっとも、異なる法律間に矛盾があることは、必然的に憲法違反に至るわけではなく、場合によっては、その法律が信頼を失ったり、その法律を解釈する際に困難が生じたりするにとどまることもある[22]。

Ⅳ　胚保護法（ESchG）

24　生体外にある胚の保護に関する最も重要な法律は、1991 年 1 月 1 日に施行された胚保護法（ESchG）である[23]。同法に関して問題となるのが、次のような特別刑法である。すなわち、胚保護法の規制に対する違反には罰金あるいは自由刑が科される、というのがそれである[24]。このような規定の仕方にしたため、刑罰法規に対する憲法上の特別な要求（基本法 103 条 2 項）、刑法典の総則（正犯、外国での可罰性、未遂などに関する特別な規定）、及び、刑法の特別な解釈ルール（文言の限界、類推禁止、保護法益に従った解釈）を適用できることになる。

1．立　法　史

25　胚保護法は、数年間の議論を経て、1991 年に公布された。当初の法律案は、Benda 委員会[25]の勧告に沿うものであり、その勧告は、明らかに、制限規定をあまり予定していなかった。時が経過してようやく、法律に、新た

　　　界秩序」から導き出されている。*Pieroth/Schlink*, Grundrecht, §4 Rn. 110ff. 参照。
22)　*Isensee/Kirchhoff*. HdB StaatR §124 Rn. 231f., S. 941ff.; BverfGE 59, 36 (49).
23)　BGBl. 1950 I, 2746ff.
24)　このように刑法の形で規定した – 明らかに疑わしい – 理由は、この時点では、生殖の権利にかかわる問題を規制する権限が連邦には欠けており、それ故、刑法上の規制を発する権限が持ち出された、というものであった。*Erlinger* in Dierks/Wienke/Eisenmenger, Rechtsfragen der Präimplantationsdiagnostik, 65ff. 参照。
25)　その名称は、委員会の座長である Ernst Benda に由来するものである。

な禁止が付け加えられた。現在の規定は、初期の成長段階にある胚を、非常に包括的かつ細部にわたって保護している[26]。

2．胚保護法の胚概念

26　胚保護法のほぼ全ての規定は「胚」にかかわるものであり、「胚」は、胚保護法8条で次のように定義されている。

　「受精し成長可能性のあるヒトの卵細胞は細胞核の融合の時点から、既に、この法律の意味における胚とみなされる。更に、必要な別の条件が存在すれば分裂し、個体へと成長することができる、胚から取り出された全能性細胞も全て、この法律の意味における胚とみなされる。［…］」

27　もっとも、「細胞核の融合」が時点としてそもそもどの程度確定できるものなのかは、はっきりしない。それに加えて、この定義で注目すべきことは、この定義が総じて明示的に細胞核の融合に照準を合わせている、ということである。それによって、前核段階にある細胞は全て除外されるが、そのような扱いは、少なくとも、胚の要保護性をその潜在的可能性によって基礎づける場合には、容易には正当化できない[27]。

3．胚保護法の禁止

28　胚保護法の個々の規定は、子宮に着床させる前の胚性細胞に関連する – 人工授精から、胚による研究、更には、クローニングに至るまで – 様々な取り扱いや行動様式に関係している。このような理由から、同法の諸規定は、一つの法益だけでなく、いくつかの法益を保護している。

　a)　胚保護法1条

29　胚保護法1条では、他人の卵細胞を別の女性に移植すること、妊娠をもた

---

[26]　*Eser* FS Schwartländer, 183ff.

[27]　*Beck* in Dabrock/Ried, Therapeutisches Klonen als Herausforderung, 209ff.

らすこと以外の目的で胚を作製すること、月経周期内に 3 個以上の卵細胞を受精し移植すること、及び、代理母といった、生殖技術の濫用的使用が禁止されている。

30 もっとも、これらの禁止がそれぞれどのような利益を保護しているのかは、不明確である。例えば、胚の作製の禁止は胚の生きる権利を保護するものではあり得ない。なぜならば、胚はこの時点ではまだ存在すらしておらず、この禁止があるからこそ存在するに至るわけでは決してないからである。存在していない存在者の人間の尊厳を保護しようとする考え方は、少なくとも何らかの特別な理由づけを必要とする。故人の人間の尊厳を類推して、胚が発生する時点より前に基本法 1 条 1 項が先行して作用すると想定することはできるかもしれない。

31 胚保護法 1 条 1 項 3 号及び 4 号の禁止に関しても、もっともだと思わせるような他の法益は、なかなか見出しにくい。特に、妊娠中の女性の健康を持ち出すことは納得のいくものではない－なぜならば、移植される胚の数に関する決定にこの女性がかかわっている限り、その女性は、自らの自己決定権に基づいて、原則として自分の健康を危殆化する決定をすることもできるからである。

32 他の禁止規範にとっての保護法益を確認することには、より一層問題性が大きい。1 号、6 号（前段）及び 7 号[28]における母親の存在が分離することの禁止に関しては、考えられる保護利益は、子供の福祉だけである[29]。けれども、母親の存在が分離したまま生きねばならないことよりも、決して存在するに至らないことの方が、その子供にとってよいことであるとどうしていえるのかは、説明することが困難である。1 条 3 項によれば、卵細胞または胚が由来する女性、もしくは、これらの移植を受ける女性、並びに、（潜在的な）代理母は、不可罰なままである、ということに注意が払われなければならない。

---

28) 周縁部分では、この禁止は、2 号及び 5 号にも含まれている。
29) *Keller* FS Tröndle, 705ff.

b) 胚保護法2条

33　胚保護法2条は、胚の取り扱いを規制している。この規範は、有用性のない胚の使用、すなわち、胚の保存に役立たない胚の取り扱いをすべて禁止している。1項では、特に、売却、譲渡、または、取得が、同法の意味におけるそのような使用である、ということが具体的に定められている。けれども、この列挙は最終的なものではなく、その他に、有用性のない一切の使用が明示的に禁止されている。2項は、よりはっきりと、体外で成長を継続させることは、有用性のない目的であり、従って、禁止される行為だとみなされる、ということを明らかにしている。

34　その規範の主たる問題は、どのようにすれば、そのような「余分な」胚を正当なやり方で取り扱うことができるのかが、その規範からは明らかとならない、ということである－なぜならば、人工授精の際に、時として、余剰胚が生ずることは避けられないため、医師は、この胚に対して何らかの対処をしなければならないからである。同法により唯一許容されている、実際に重要な取り扱い方法は、細胞が死んでいくのをそのままにしておくことであるように思われる。法的に許されている胚の養子縁組は、ほとんど実際には用いられてはいない。胚が死ぬのに任せておいたのに引き続き、死んだ胚を研究することは許容されている。

c) 着床前診断という特別な問題：胚保護法3条a

35　着床前診断（PID）の許容性については、多年に渡り激論が交わされた。PIDの場合に問題なのは、遺伝学的方法を用いて体外にある胚の遺伝子型を検査することである。例えば、重大な単一遺伝病や染色体異常のリスクが高い場合には、そのような検査をする適応事由がある[30]。

36　遺伝子検査のために胚から細胞を取り出すことは、どのような細胞でもそれがいまだ全能性を有している限りは、許されない。女性に移植する前に多能性細胞を採取したり、その遺伝子検査をしたりすることの刑法上の取り扱

---

[30]　Günther/Taupitz/Kaiser/*Günther* ESchG Rn. 98.

いも、法律学において長い間議論が続いていた[31]。

37　2011年12月に胚保護法3条aが制定されたことにより[32]、PIDの可罰性について多年に渡りなされてきた議論に終止符が打たれた。法律上の規定を設けるきっかけとなったのは、2010年の連邦通常裁判所の判決であった。その判決は、自ら告発をしたPIDの分野で仕事をしていたベルリンの医師に対して、胚保護法違反の罪について無罪を言い渡したものである[33]。その医師は、体外受精（IVF）を利用して子供をもつという願いを叶えたいと思っていた複数のカップルにIVFの処置を行った。それらのカップルには、遺伝子の欠陥が子供に引き継がれる高いリスクがあった。

38　結論において、連邦通常裁判所は、PIDは当時妥当していた胚保護法の規定と両立し得るということを認めた。その理由は、基本法103条2項に鑑みて、PIDの禁止を、胚保護法から必要な明確性をもって読み取ることはできない、というものである。女性の妊娠を助けるという事象全体に目を向けることにより、胚保護法1条1項2号による処罰は否定された[34]。

39　新たに設けられた胚保護法3条aの規定は、確かに、依然として、PIDの原則禁止を前提としている。体外にある胚の細胞の遺伝子検査を移植の前に行った者は、罰金または1年以下の自由刑に処される。けれども、法律で定められた個別のケースにおいては、PIDは違法ではなく、従って許される。許可には、形式的な手続法的観点における要件と実体法的観点における要件が付されている。

40　その新たな規定は、帰結への疑問や問題性が数多く露見してきている。とりわけ、その禁止の射程については、激しい議論がなされている。なぜならば、2項で規定されている例外構成要件は、規定の仕方が非常に不明確であ

---

31)　*Erlinger* in Dierks/Wienke/Eisenmenger, Rechtsfragen der Präimplantationsdiagnostik, 67ff.
32)　BGBl, 2011 I, 2228f.
33)　BGH NJW 2010, 2672 (2673); anders noch KG Berlin MedR 2010, 36ff.
34)　BGH NJW 2010, 2672 (2673).

り、そのため解釈を必要とするからである。固有の禁止目的もその規定から読み取ることはできず、その結果、「法的安定性を高める」という主要な目標はほとんど達成されなかった[35]。従って、依然として、医師にとっては不明確かつ不安定なままであり、そのため、医師は、その規範の限界を「徹底的に吟味」しなければならない[36]。それに加えて、包括的な生殖医療法において新たな規定を設ける方が有意義であっただろう、という批判もなされている[37]。

　d）　胚保護法3条以下におけるその他の禁止

41　胚保護法3条では、性別を理由として胚を選別することが禁止されている。この規範は、社会において自然な性の割合を保持するためのものである。

42　更に、関係者の同意のない専断的な卵細胞の授精、女性への専断的な胚の移植、及び、男性の死後にその男性の精子と卵細胞を受精させることが、胚保護法4条により禁止されている。ここでは、特に、関係者の自己決定権と決定の自由が保護されており、最後に挙げた禁止では、子の福祉も保護されている。

43　胚保護法5条及び6条は、特に興味深いものである。これらの規定は、生殖のための胚の遺伝子操作、及び、クローニング、並びに、一度クローニングされた細胞の移植を禁止している。

44　そのため、遺伝子を変えた子供を作ることは、この操作が病気の除去のために行われるのか、それとも、「健康な」胚の純粋な改良のために行われるのかにかかわらず、胚保護法5条により排除されている。ここでもまた、この規範の基礎にいかなる保護利益があるのかが問題となる。なぜならば、胚ないしは後に生まれる子の遺伝的な病気が取り除かれ、あるいは、遺伝的に改良されるならば、そのことは、その胚ないしは後に生まれる子にとって、

---

35)　*Kubiciel* NStZ 2013, 382.

36)　*Henking* ZRP 2012, 20 (21).

37)　*Frister/Lehmann* JZ 2012, 659 (667)；*Kreß* MedR 2013, 642.

決して必ずしもマイナスになるわけではないからである。考えられるのは、原則的に、そのような操作に依然として残存しているリスクからの保護、あるいは、人間の不可侵性それ自体の保護だけである[38]。

45　胚保護法 6 条は特に問題のある規定である。なぜならば、同条が、一方では、現在の自然科学の方法の全てを対象としているものでないことは明らかであるが、他方で、それ自体に矛盾があるからである。胚保護法 8 条 1 項の定義との関係でこの規範から明らかとなるように、対象となるのは、事前に細胞核の融合が行われている細胞結合だけである。しかし、クローニングの場合には、このことが常に妥当するわけではない。けれども、立法者が、まさにクローニングされた細胞を作製する行為を禁止しようとしていることは明らかであろう。

46　そのことは別にして、この規範によっていかなる法益が保護されるのかが、更に問題となる。ここでもまた、クローンの生きる権利を論拠として持ち出すことはできない。なぜならば、一方では、クローンはまだ存在していないし、他方では、そのような主張は、このような細胞の移植を禁止している胚保護法 6 条 2 項に明らかに矛盾するだろうからである。移植をしないということは、冷凍保存される場合を除いて、その細胞が死滅する結果となる。クローンの人間の尊厳もまた、問題のある保護法益であろう。なぜならば、立法者は、この規範の第 2 項で、- たとえ単に不作為によるものであるとしても - クローンを死なせることを黙示的に指示しているからである。そのような禁止を人間の尊厳をもった存在に関して許容することができるかどうかは、疑わしい。それ故、「人類の尊厳」それ自体を引き合いに出すことしかできないが、そのことには、この概念の曖昧さからして既に明らかに問題がある。

---

[38] *Schroeder* FS Miyazawa, 533ff. は、5 条によって保護される可能性があるのは「人間という種の純粋さの保持」だけであろう、ということを、説得力のある論拠を示して主張している。このような問題のある概念を用いることが既に、そのような保護利益がどれほど疑わしい方向に向かうことになるのかを明らかにしている。

47 最後に、胚保護法7条では、胚の混合とヒトのDNAと動物のDNAの融合が禁止されている。おそらくは、何度も繰り返し、人類の尊厳が全体として保護されているのであろう。

c) 胚保護法のその他の規定

48 その他に、胚保護法では、一定の行為を行うことができる者が医師に制限されること（9条）、この医師への制限に違反した場合の結果（11条）、医師には9条で挙げられている行為に協力する義務はないこと（10条）が定められており、加えて、12条では過料、13条では施行期日に関する規定が置かれている。

4．外国における胚研究

49 ドイツの医師や研究者が、胚研究が許容されている国の仲間と共同作業をする場合、その外国との関係次第では、処罰されるリスクがある。例えば、そういった医師らが、「公務についての特別義務者であり、職務上の滞在中または職務との関連において」行為したものである限りは、たとえ、外国において胚保護法に違反した場合であっても、刑法典5条12号により可罰的となる。国外犯への共犯（教唆犯あるいは幇助犯）も、共犯者だけがドイツ国内で行為をした場合であるならば、刑法典9条2項1文により、処罰の対象となる。刑法典9条2項2文によれば、外国で（他者によって）行われた正犯行為が、その地において処罰の対象とされているかどうかは重要ではない[39]。

V　幹細胞法

1．基礎と立法史

50 胚研究や幹細胞研究に関係するもう一つの法律として、2002年6月28日

---

39) Günther/Taupitz/Kaiser/*Günther* EschG C. II. Vor §1 Rn. 16ff.; *Hilgendorf* FS Sootak, 91ff.

の胚性幹細胞の輸入及び使用との関連における胚保護の確保に関する法律（幹細胞法）がある[40]。同法は、ドイツにおいても将来性のある研究の源とみなされていた胚性幹細胞の単離が外国で成功した後で、公布された[41]。幾人かの研究者、及び、ドイツ学術振興会（DFG）は、ドイツにおける幹細胞研究の不明確な状況に注意を喚起していた。すなわち、この細胞を輸入することは、胚保護法の規制対象とされてはいなかった、という点がそれである。そのような研究者たちは、輸入を単純に行うのではなく、法的状況が明確になることを望んだのであるが、それは、幹細胞法をめぐる長期にわたる激しい議論を誘発することとなった。

51　一部では無制限に許容することが支持され、一部では包括的な禁止が求められた。その後、長期にわたる議論を経て、一つの妥協が図られた。その妥協の主たる特徴は、「期日」を設定したことであり、それは当初 2002 年 1 月 1 日とされた。この期日以前に作製された幹細胞だけが、ドイツに輸入することを許される、とされたのである。それによって、胚を破棄することに協力しようとする誘引がドイツから生ずる可能性はなく、胚性幹細胞は全て、既に前もって、ドイツでの需要とは無関係に破棄されていた胚に由来するものである、ということが保障されると考えられた。

52　もっとも、公布から数年経っただけで、研究者たちが、当初設定された期日以前に作製された幹細胞では、量的にも質的にも十分ではないということに気づくと、幹細胞法は再び議論の対象となった。更に、外国と研究協力をした場合に処罰されるリスクがあるという事情も出てきた[42]。そのため、2008 年に、幹細胞法の改正が決議された。それにより、期日は 2007 年 5 月 1 日に延ばされ、可罰性もドイツ国内に限定された。

---

40)　BGBl. I, 2277ff.
41)　幹細胞研究の成果予測に関する現在の評価については、例えば、ノルトライン＝ヴェストファーレン州の幹細胞研究センターのインターネットサイト www.stammzellen.nrw.de を参照。
42)　その点に関しては、*Hilgendorf* ZRP 2006, 22ff.

2．幹細胞法の胚の概念

53　幹細胞法の胚の概念は、その文言によれば、胚保護法の概念とは異なっている。幹細胞法3条4号によれば、胚とは、「他の必要な条件が存在すれば、分裂し、個体へと成長することができる全てのヒトの全能性細胞」である。この考え方は、問題を提起する。なぜならば、「全能性」という概念は、自然科学において統一的に用いられているわけではないからである[43]。それに加えて、仮に統一的に用いたとしても、個別具体的にいかなる細胞が全能性のものであるのかを明確に決定できることは稀である。

54　前核段階にある細胞であれば既に全能性のものとみなしたり、それどころか、もっと広範に、全ての成体細胞 adulte Zelle を全能性のものとみなしたりすることさえできるかもしれない。なぜならば、必要な条件に恵まれたならば、任意の身体細胞から再びヒトを発生させることができる、ということを示唆するものがたくさんあるからである。このことからして既に、専ら全能性という観点だけから法的使用に耐え得る概念を導出することは支持できない、ということが明らかとなる。「全能性」という概念は、規範的には広い範囲で役に立たないものである[44]。

3．幹細胞研究の申請

55　幹細胞法の大部分は、幹細胞の輸入を許可するための形式的条件と実体的条件を規定している。実質的な許可条件は、幹細胞法4条及び5条から明らかとなる。幹細胞法5条は、その細胞による研究は、基礎研究の領域における学問的な発見、または、人に用いるための診断、予防、あるいは、治療の方法を開発していく際の医学的な知見の拡張という「高次の」目的に奉仕するものであり、かつ、科学と技術に関する既知の状況によれば他の方法がないことが必要である、ということを定めている[45]。

---

43)　もっとも、胚保護法8条参照。
44)　*Hilgendorf* NJW 1996, 758 (761).

56　形式的な手続は、幹細胞法 6 条以下において、次のように定められている。すなわち、幹細胞研究者ないしは研究者グループは、所管当局（ロベルト・コッホ研究所）に申請書を提出しなければならない。その申請書には、以下の記載事項が含まれていなければならない。
1．当該研究計画に関する責任者の氏名及び勤務先住所
2．当該研究計画が 5 条の要件に適合することに関する学問的に根拠のある説明を含む研究計画の記述
3．輸入あるいは使用が予定されている胚性幹細胞が 4 条 2 項 1 号の要件を充足していることに関する証明資料。次の事項を裏付ける証拠書類は証明資料と同等のものとする。
　a)　予定されている胚性幹細胞が、学問的に承認され、公的にアクセス可能な、国家機関ないしは国家によって授権された機関により管理されている記録簿に登録されているものと同一のものであること、及び、
　b)　この登録により、4 条 2 項 1 号の要件が充足されていること。
57　このような行政手続に加えて、幹細胞法では、更に、中央倫理委員会というものが設置された。同委員会は、幹細胞法 5 条の実体的条件が備わっているかどうか、並びに、当該研究計画が倫理的に正当化できるものかどうかについて審査する権限を有する。もっとも、この倫理的な正当化可能性を判断する基準について法律は沈黙しており、そのことは、この要件の解釈をかなり困難なものにしている。

4．幹細胞法の枠内における可罰性

58　幹細胞法の行政法規は、無許可での胚性幹細胞の輸入及び（国内での）使用を処罰することを定めた幹細胞法 13 条によって補強されている。法定刑は、罰金から 3 年以下の自由刑にまで及ぶ。

---

45)　実体的条件については、*Taupitz* in Honnenfelder/Streffer, Jahrbuch für Wissenschaft und Ethik, 336ff.

第 8 章　臓 器 移 植

I　序

1　臓器移植は、臓器移植を受けた者の生命の救助、あるいは、少なくとも、生活の質の改善に役立つ。このような見地からすれば、できる限り多くの臓器が移植のために準備されていることが必要である。けれども、ドイツにおいては、前々から、著しい臓器の不足が続いている。現在、ドイツでは、約10,500人が臓器提供の待機者リストに載っており、そのうち、8,000人が腎臓の提供を待っている[1]。けれども、2014年には、（生体移植を含めて）2,128件の腎臓移植しか行われなかった[2]。2013年には、876人の臓器提供者が登録された。これは、前年比で16%超の減少である[3]。2014年は、864人の提供者が登録された。これは、前年比で、更に1.4%の減少である[4]。

2　1997年12月1日に施行された移植法（TPG）によって、移植のために使用できる臓器の数を増やすことが企図された。けれども、法律で規定するに当たっては、提供者の利益も顧慮しなければならなかった。このことは、とりわけ、生きている臓器提供者に当てはまることである。臓器提供者が、経済的な理由で自らの健康を危険にさらしたり、何らかの形でそのような影響を被ったりすることがないように保障されなければならなかった。

3　更に、死者の臓器提供の場合でも、死後も効果を及ぼす死者の人格権が保障されなければならない。死者は無制限に社会的義務を負うわけではなく、死者の人間の尊厳の持続的作用が、その身体を「解体して利用する」ことを禁ずる。移植法によって、死亡した臓器提供者の利益が、相当な範囲で顧慮

---

1) 2014年12月31日現在の数値である。DSO Jahresbericht (2014), 52, 64.
2) DSO Jahresbericht (2014), 64.
3) DSO Jahresbericht (2014), 48.
4) DSO Jahresbericht (2014), 46.

されている。

4 　同法は、1997 年の法文では、いわゆる「拡大された承諾意思表示方式」に従った。すなわち、臓器の摘出は、死者が生前に同意しているか、あるいは、近親者が同意している場合にのみ許容される、とするのがそれである。このような規定の仕方には議論の余地がないわけではない。なぜならば、それは、待機者リストに載っている患者にとって負担となるからである。諸外国、例えば、オーストリア、ベルギー、スペインといった国々では、（修正された）反対意思表示方式が適用されている。それによれば、臓器の摘出は、それに対して明示的に異議が唱えられていた、あるいは、異議が唱えられている場合を除いて、原則的に許容される。このような規定の仕方は、はるかに多くの臓器を使用できることにつながる。

5 　もっとも、臓器提供が広がるかどうかには、また別の要因もかかわってくる。例えば、私たちにとって、死後に自分たちの身体を取り扱うことは、いまだにタブーに抵触するテーマである。それに加えて、集中治療病棟をもつ病院も重要な役割を演ずるように思われる。なぜならば、臓器不足の原因は、病院がその協力義務（違反に制裁があるわけでもないし、履行した場合に報奨があるわけでもない）を十分には果たしていないことにも帰せられるからである[5]。提供者の数は、ドイツの複数の移植センターで公表された施術数によれば、2013 年に（→第 8 章 Rn. 49ff.）最低のところにまで達した。

6 　2012 年移植法における意思決定推進方式の規定に関する法律[6]によって、拡大された承諾意思表示方式が修正された（移植法 2 条）。それによると、国民は、定期的な話し合いや情報提供を通じて、自己の臓器提供の問題に取り組むように動機づけられる状況におかれることになる。それ以来、疾病保険に加入している（16 歳以上の）人は全て、自己の加入する疾病金庫、若しくは、保険会社から書類の提供を受け、自由意思に基づいて決定することが求められている、移植法 1 条、 2 条。従って、臓器及び組織の提供は自由意思

---

5) 　SKGO/*König* TPG §11 Rn. 18.
6) 　BGBl. 2012 I, 1504ff.

に基づくものであることという原則は、維持されたままである。決定がなされた場合にそれを記録保存するために、今後は、臓器等提供証明書のほかに、電子的保健カードも利用されることになっている。

II　臓器移植の歴史

7　臓器移植の歴史は、20世紀初頭に犬の腎臓移植によって始まった。1954年に、(一卵性双生児で) 初めて人の腎臓移植が行われ、1963年に肺移植が行われ、1967年にケープタウンで Christiaan Barnard により初めて心臓移植が成功した[7]。今日では、腎臓移植、肝臓移植、心臓移植が、日常的に、それほど大きなリスクを伴うこともなく行われている。その結果、2014年には、腎臓移植が2,128件、肝臓移植が941件、心臓移植が304件、肺移植が352件行われている[8]。そのほか、膵臓や小腸のような他の臓器の移植も行われている。

III　移植法 (TPG) の意義について

8　臓器移植は、移植法 (TPG) によって規定されている。同法は、非常に激しい議論と長きにわたる準備期間を経て、1997年12月1日に施行された。立法者は、まず、ドイツでは、反対意思表示方式が基礎に置かれるべきか、それとも、承諾意思表示方式が基礎に置かれるべきか、という問題に直面した。反対意思表示方式によれば、死者が、生前に、臓器の摘出に対して明示的に反対していたか、あるいは、その近親者が移植に反対している場合を除いて、原則として、死者からの臓器の摘出は許容される (拡大された反対意思表示方式→第8章 Rn. 22.)。それに対して、承諾意思表示方式によれば、死者あるいはその近親者の明確な同意が必要とされる (拡大された承諾意思表示方

---

7)　*Dettmeyer* Medizin & Recht, 236.
8)　DSO Jahresbericht (2014), 63.

式、その点に関しては→第8章 Rn. 24 参照）。

9 　もう一つの主要な争点は、死を人の脳死と同一視することが許されるかどうか、そして、法律は脳死を明示的に死の基準として挙げるべきかどうか、という問題であった（それについては、→第8章 Rn. 13ff. 参照）。立法者は、このような問題について、法的に未知の領域に足を踏み入れ、長い間必要とされてきた臓器移植に関する行為の枠組みを作りだした。その時まで存在していた法的不確実性 – 状況はともかく、臓器移植は、既に約30年前から行われていた – は、取り除かれた。それ故に、移植法は、ここ数十年の最も重要な保健政策上の改革プロジェクトの一つとみなされている。

Ⅳ　移植法の適用領域

10 　移植法は、生きている人からの臓器摘出と死者からの臓器摘出、すなわち、生体臓器提供と死後の臓器提供とを区別している。2007年まで、ヒトの臓器、臓器の一部、及び、組織の提供と摘出については、旧移植法1条1項が適用されていた。2007年8月1日に施行された組織法 Gewebegesetz により組織に関するヨーロッパ共同体指令（2004/23/EG）が国内法化されたことに伴い、立法者は、臓器と組織とを概念的に区別した。この結果、組織は、特定の条件でしか移植法の規制に服さないこととなった。けれども、薬事法（AMG）においてなされる新たな規制の方が、（関連する範囲では）はるかに重要である。そのような規制を薬事法に組み込んでいるのは、組織移植の領域で商業化の傾向が生じていることを考慮したためである[9]。そのほか、移植法の適用領域は、胚及び胎児の臓器及び組織（移植法4条a）、並びに、骨髄（移植法8条a）、及び、卵細胞と精子細胞（移植法8条b2項）にも拡張された。移植法は、血液及び血液成分には今後も適用されない、移植法1条3項2号。その他に、胚保護法及び幹細胞法の特別な規定は、移植法22条

---

[9] MAH MedR/*Hellweg/Beitz* §13 Rn. 3ff.

により、移植法の適用を受けない。
11 「臓器」と「組織」という概念は、移植法1条aで定義されている。すなわち、臓器とは、皮膚を除き、様々な組織から構成され、区画化された人体の全ての部分であって、構造、血液供給及び生理学的機能の遂行能力に関して、機能統一体を構成するものであり、(…) 臓器全体と同じ目的のために、人体において利用可能な臓器の一部及び臓器の個々の組織も含まれる（移植法1条a1号）。例えば、腎臓、肝臓、心臓、及び、小腸は、臓器である。
12 組織とは、1号による臓器には当たらない、細胞から成る人体の全ての構成要素であり、ヒトの個々の細胞も含まれる（移植法1条a4号）。例えば、角膜、骨、及び、軟骨は、移植される組織である。

V　死後の臓器提供の要件

1．提供者の死 – 死の基準としての脳死

13 死後の臓器提供の基本的要件は、何よりもまず、臓器提供者が死亡していることである。その点に関し、法的には、次の三つの問題が区別されなければならない。すなわち、1．死とは何か？（死の定義の問題）2．いつ、人は死んだことになるのか？（死の基準の問題）3．死はどのようにして確認されるのか？（確認手続の問題）、がそれである[10]。
14 移植法3条1項2号によれば、死は、「医学的な知見の標準に合致する規則」によって確認されなければならない。その際には、移植法3条2項2号により、大脳、小脳及び脳幹の全機能が終局的、かつ、回復不可能な形で消失していることが確認されなければならない。同法は、確かに、明示的に脳死を死の基準として定めているわけではないが、脳死を、死者からの臓器摘出の最低限の基準とみなしている。
15 このことに異論がないわけではない。医学的に見ると、死は、一つのプロ

---

10) SKGO/*Schroth* TPG Vor §§3, 4 Rn. 21.

セスである。なぜならば、人体の全ての部分が同時に死滅するわけではなく、その都度の酸素欠乏の生じ方の違いによって左右されるからである。心臓と循環が停止した後で脳死が生じた場合には、それに続いて、臓器の死、組織の死、そして、細胞の死がおとずれる。従って、不可逆的な心臓及び循環の停止は、必然的にヒトの死に至る。しかし、医療技術の進歩により、たとえ、中核的な制御器官としての脳が既に死んでいても、循環を人工的に維持することが可能となった。脳死と心臓及び循環の停止との間に時間的な懸隔が生じたことに鑑み、分離された脳死が問題とされている[11]。

16 その場合に問題となるのは、その他の器官は依然として生きているので、脳死をもって既にヒトの生命は消滅したのかどうかという問題が提起されるということである。この点は、既に1967年に死の基準として脳死が採用されたときから、争われてきたことであり、1995年及び1996年の移植法をめぐる審議において中心的な問題であった。全脳機能の不可逆的な消失は医学的に疑う余地なく確認できること、及び、その脳機能の消失が本当に終局的なものであることについては、意見の一致がある。けれども、脳死を批判する論者は、脳死は、60年代に集中治療医学が進歩した結果として問題化してきた昏睡状態にある患者の治療中止という問題を回避すると同時に、提供臓器の不足に対処するためだけに採用されたものであった、として反対する[12]。外見上も、脳死状態にある患者は、少なくとも医学の素人の見方からすれば、死体ではない。なぜならば、この死体という概念は、一般に、冷たく生気のない身体と結びつけられているからである。

17 脳死という考え方は、とりわけ、ヒトは、脳の機能が不可逆的に消失することによって、自己の中核的な制御器官を回復不可能な形で失ったことになる、ということによって基礎づけることができる。その人は、もはや、人間を形成する能力、すなわち、周囲の世界と自分自身を知覚し、痛みを感ずる能力をもっていない。その人の意識は、もはや存在しない。脳全体が回復不

---

11) Roxin/Schroth HdB MedStrafR/*Schroth* 448ff.
12) *Dettmeyer* Medizin & Recht, 240.

可能な形で破壊されると、その身体は自己の中核的な制御器官を失い、残された身体の生命は、人工的な救助手段を用いることによってしか維持することができない。従って、脳死によって、もはやそこから帰還することのできない点に達している。脳死は、移植法3条1項2号により、医学上の規則によって確認される。移植法16条1項1号により、この医学上の規則は、連邦医師会の指針によって定められる。

2．死後の臓器移植の規制モデル

18　死後の臓器移植の規制モデルについては様々なモデルを考えることができる。以下では、特に重要なものについて、簡単に述べておくことにする。

a) 反対意思表示方式

19　(厳格な)反対意思表示方式によると、死者が生前に表明した明示的な反対の意思表示が存在する場合を除いて、臓器移植への同意があるものとみなされる。従って、生前に反対の意思表示がなされていないということは、臓器移植への同意があるものとして解釈され、それによって、死後の人格権の侵害が正当化される。反対意思表示方式は、例えば、ルクセンブルク、オーストリア、スペイン、ポルトガル、スロヴァキア、チェコ、ポーランド、ハンガリーといった多くのヨーロッパ諸国において用いられている。

20　そのような方式の利点は、そのようにすれば臓器移植に用いることができる臓器の数が増える、というところにある。なぜならば、生前に臓器提供について熟考していなかった人を、全て自動的に提供者に含めることができるからである。それに加えて、国家による広報活動が重要な役割を演ずるように思われる。実際、提供率が高いスペインやクロアチアでは、臓器提供に関する大規模なキャンペーンが行われている。2013年において、人口100万人あたり、スペインでは35.1人、クロアチアでは35.0人の臓器提供者がいた[13]。ドイツでは、人口100万人あたり10.9人の提供者に止まる（2013年の

---

13)　DSO Jahresbericht (2014), 51.

状況)。けれども、国際的な比較から、国家的に組織化された一国の臓器提供制度の効率性を自動的に推論することはできない。国際的な比較をする場合には、調整された統計が用いられておらず、そのため、例えば、臓器提供者の数を示す際に人口の年齢構成における違いは顧慮されていない、といったことに注意しなければならない[14]。

21　しかし、反対意思表示方式には憲法上の疑念がある。なぜならば、提供者の消極的な自己決定の権利が侵害されるからである。そのような侵害が許容されるかどうかは、比例性の審査という枠組みの中で明らかとされなければならない。確かに、臓器提供を受ける者の「生命」や「身体の完全性」という法益は重要であるが、提供者の消極的な自己決定権の侵害が必要かどうかは疑わしい。なぜならば、はるかに穏健な方法である制限された承諾意思表示方式によっても、臓器提供者を得ることはできるからである[15]。その他にも、反対意思表示方式は、沈黙を同意とみなすことはできない、という一般的な法原則と衝突する。

22　*拡大された反対意思表示方式*は、反対の意思表示をする可能性を死者の近親者にまで拡張するものであり、近親者も同じように臓器摘出に反対することができる。それによれば、確かに、厳格な反対意思表示方式は緩和されるが、この場合にも、死後も効果をもつ死者の人格権が強く侵害される、という問題は残っている。

b)　承諾意思表示方式

23　*(厳格な) 承諾意思表示方式*は、生前に、臓器提供者が明示的に文書若しくは口頭により同意していたことを必要とする。厳格な承諾意思表示方式によれば、死者の自己決定権ができるだけ広い範囲で顧慮される。他面で、このような規制は、提供数を非常に低減させることになる。ドイツ臓器提供財団 (DSO) の 2014 年に関する統計によれば、ドイツでは、臓器提供者のうち、事前に臓器提供の意思を文書で記録していた者は、16.1％に過ぎない。その

---

14)　BT-Drs. 16/12554, 12.
15)　*Weber/Lejeune* NJW 1994, 2392 (2395).

意思が口頭で表明されていたケースは、全体の 24.8％であった[16]。

24　拡大された承諾意思表示方式の場合には、この問題が考慮されている。その方式によれば、死者だけでなく、死者の文書による同意が存在せず、同意することが死者の推定的意思に合致する場合には、死後にその近親者も臓器摘出に同意することができる。2013 年では、ドイツにおける全ての臓器移植のうち半分を超える数が、近親者の同意に基づいて行われており、死者の推定的意思に基づく場合が 42.0％、近親者自身の決定に基づく場合が 17.2％であった[17]。

25　このような規制によれば、死者の自己決定権は守られる。なぜならば、近親者は、通例、死者の考え方に沿って決定するだろうからである。ドイツでは、基本的に、進んで提供する意思のある者がたくさんいる、ということも、拡大された承諾意思表示方式にプラスの材料を提供する。2013 年に行われた連邦中央保健教育機構の世論調査によれば[18]、回答者の 78％が、臓器移植及び組織移植に対してどちらかといえば肯定的な考え方をしているという結果となっている。

c)　意思表示方式

26　意思表示方式によれば、国民は全て、自分の臓器を提供する意思があるか、それとも、臓器摘出に反対するかについて意思表示をすることを義務づけられる。この方式には、全ての場合において対象者の自己決定権が守られる、という利点がある。なぜならば、対象者は自分自身で臓器摘出について決定するからである。このような難しい決定が、拡大された承諾意思表示方式のように、しばしば荷が重すぎる状況に置かれる近親者に委ねられることはもはやない。けれども、このモデルには、そのような意思表示をすることを義務づけるのは、消極的な信仰及び良心の自由（基本法 4 条）を侵害する

---

16)　DSO Jahresbericht (2013), 42.
17)　DSO Jahresbericht (2013), 42.
18)　ベルリンのフォルザによって行われたものである。www.dso.de で見ることができる。

可能性がある、という問題がある。基本法4条は、信仰ないしは良心による決定を積極的に行うことを保障しているだけではなく、個人的、宗教的、あるいは、世界観的な信条を明らかにする必要はないという意味において、消極的な保護も与えている。

d）情報提供方式

27　情報提供方式は、反対意思表示方式と似たような形式のものである。原則として、反対の意思表示がない場合には、臓器提供の意思があるという前提から出発する。もっとも、近親者には、計画されている臓器摘出について情報提供がなされなければならない。けれども、近親者には異議申し立ての権利がなく、従って、近親者自身は摘出に同意していない場合に摘出を阻止することができない。この場合の問題性は、反対意思表示方式の場合と同じものである（参照→第8章 Rn. 21f.）。

e）緊急避難方式

28　緊急避難方式によれば、移植のための臓器摘出は、刑法典34条による正当化する緊急避難の要件の下で正当化されることになる。この方式による場合、事情によっては、提供者が反対の意思を表示していた場合であっても、臓器摘出が許容されることがある。刑法典34条は、臓器提供を受ける者の身体あるいは生命に対する現在の危難が存在し、それを他の方法では回避することができない、ということを要件としている。更に、刑法典34条は、臓器提供を受ける者の保護法益、すなわち、その者の生命あるいは健康が、侵害される臓器提供者の法益をはるかに上回ることも要件としている。臓器提供者が死者である場合には、臓器提供を受ける者の利益がそのように「はるかに上回ること」は、死後も作用する死者の人間の尊厳はあるものの、通例は認められるであろう。従って、刑法典34条の正当化する緊急避難を経由する方法は、非常に「移植にとって好都合」である。

29   **概要 16：死後の臓器移植に関する規制モデル**

反対意思表示方式	**厳格な反対意思表示方式** 死者の明示的な反対の意思表示がある場合を除いて、臓器移植に対する承諾があるものとみなされる。
	拡大された反対意思表示方式 反対の意思表示をする可能性が、死者の近親者にも拡張される。
承諾意思表示方式	**厳格な承諾意思表示方式** 生前に、臓器提供者が、明示的に、文書若しくは口頭で同意していたことが、提供の要件である。
	拡大された承諾意思表示方式 死者だけでなく、その近親者も、死後に臓器摘出に同意することができる。
意思表示方式	国民は全て、生前に、自己の臓器を提供する意思があるか、それとも、臓器提供に反対するかについて、意思表示をすることを義務づけられる。
情報提供方式	反対の意思表示がない場合には、臓器提供の意思があるという前提から出発する。もっとも、近親者には、そのことに関して情報提供がなされなければならない。けれども、近親者には異議申し立ての権利はない。
緊急避難方式	移植のための臓器摘出は、反対の意思表示がある場合でも、刑法典 34 条の正当化する緊急避難の要件の下で正当化される。

3．移植法 3 条、4 条の規定

30　移植法 3 条及び 4 条の規定は、刑法典 34 条を排除している。従って、同意なしの臓器摘出を、刑法典 34 条によって正当化することはできない。移

植法3条1項1号によれば、臓器摘出は、臓器提供者の同意がある場合にしか許容されない。文書による同意も文書による拒否も存在しない場合には、移植法4条1項により、まずは、近親者に、そのような意思表示を知っているかどうかについて照会しなければならない。そのような意思表示を近親者も知らない場合にのみ、近親者が決定することになるが、その際、近親者は死者の推定的な意思を尊重しなければならない（移植法4条1項）。近親者の順位は移植法1条a5号から明らかとなる。すなわち、配偶者又は日常生活の同伴者、成年の子、父母、成年の兄弟姉妹、祖父母がそれである。移植法4条2項3文において、同順位の近親者間の関係が定められている。同順位の者のうちの一人が1項により関与し、決定を行えば足りる。死者と明らかに特別な個人的関係性のある親密な間柄であった者は、近親者と同等である（2項5文）。

Ⅵ　関係者及び関係機関

31　移植法は、臓器摘出、臓器のあっせん、及び、臓器移植の各領域を、組織及び職員の点で相互に区別している。

1．摘出病院

32　病院には、潜在的提供者を確認する任務がある。患者について脳死が確認された場合には、そのことを調整機関に遅滞なく報告しなければならない（移植法9条a2項1号）。

2．移植受入担当者

33　2012年の移植法改正以降、全ての摘出病院は、移植受入担当者を選任することが義務づけられている。その所管事項は、移植法9条b2項に定められている。とりわけ、移植受入担当者は、摘出病院が移植法9条a2項1号によるその義務を遵守し、全ての潜在的提供者を調整機関に報告することに

関して責任を負う。

34　そのほかに、近親者に適切な方法で付き添うこと、並びに、摘出病院における担当範囲及び取扱規定が定められるように配慮することも、その任務に属する。医療職及び看護職にある者には、臓器提供の意義及び手続に関して定期的に情報が提供されなければならない（2項2-4号）。

3．移植中核病院

35　移植法10条1項1文によれば、臓器移植が許可されている病院が移植中核病院である。臓器の摘出は摘出病院においてその現場で行われる（移植法9条1項）のに対して、臓器の移植は、移植中核病院[19]でしか行うことができない（移植法9条2項1文）。そのほかに、移植中核病院は、待機者リストの作成とリストへの登載決定を所管する（移植法10条2項1-2号）。それに加えて、移植中核病院には、臓器移植の完全な記録を作成すること（移植法10条2項1文5号）、臓器移植を受ける患者の精神的なケアのための処置を行うこと（移植法10条2項1文7号）、並びに、品質保証の措置を実施すること（移植法10条2項1文8号）といった任務がある。

4．調 整 機 関

36　全ての臓器提供は、調整機関の関与の下で行われなければならない（移植法9条2項）。協定により、民法上の財団法人であるドイツ臓器移植財団法人（DSO）に、任務遂行が委嘱された[20]。

37　調整機関は、死後に提供された臓器の摘出及び移植に関係する諸機関の共同作業体制を組織化する。移植法11条1項aにより、調整機関は、臓器移植の現実的な可能性を把握し、適切な提供臓器の摘出及び供給を通じて、臓

---

19)　現在、ドイツには約50の許可を受けた移植中核病院がある。DSO Jahresbericht (2014), 28 参照。
20)　フランクフルト・アム・マインにある本部の他に、更に七つの地域支部がある。DSO Jahresbericht (2014), 6 参照。

器移植を受ける者の健康上のリスクを最小限にとどめるために、死後提供者からの臓器摘出及び臓器のあっせんを除く移植までに必要な全ての措置の実施のために共同作業体制を組織化しなければならない。このために、調整機関は、適切な手続手順書を作成する。

5．あっせん機関

38　あっせんを義務づけられた臓器（移植法1条a2号）は、それがあっせん機関を通じてあっせんされた場合にのみ、移植に用いることができる（移植法9条2項3文）。

39　このあっせん機関の任務は、オランダ法の私的財団法人である「ユーロトランスプラント」に委託されている。ドイツ国内の臓器に加えて、オーストリア、ベネルクス三国、クロアチア、ハンガリー、及び、スロベニアからも臓器があっせんされる。その提携により、患者は、免疫上適合する臓器を与えられるチャンスが増えている[21]。

40　移植法12条は、あっせん機関の所管事項を定めている。臓器は、定められた基準に従って、待機者リストに登載されている患者に与えられる。この基準は、臓器に応じて異なっている。成功の見込みと緊急性が、重要である。連邦医師会は、臓器のあっせんに関するドイツ国内の指針を出している[22]。

6．連邦医師会（BÄK）

41　臓器移植の領域における連邦医師会の最も重要な任務は、医学的知見の標準を定める指針を作成することである（移植法16条1項1文）。その指針は、直接的な法律上の効果をもってはいない。けれども、連邦医師会の指針が遵守されていた場合には、医学的知見の標準が守られているということが推定される、移植法16条1項2文。

---

21) DSO Jahresbericht (2014), 27.
22) http://www.bundesaerztekammer.de/richtlinien/richtlinien/ で見ることができる。

42　立法が抑制的な態度をとっているために、この指針で重要な事項が定められること、とりわけ、待機者リストへの搭載の基準（移植法16条1項1文2号）や臓器のあっせんに関する規則（移植法16条1項1文5号）が定められることには、問題があるように思われる。そこでは、単に医学的な標準が記述されているだけでなく、むしろ、生きるチャンスの分配も行われている。基本法20条2項の要求に正当に応えるためには、そのようなことは、基本的に、民主的に正当化された立法者に任されるべきであろう[23]。

7．委　員　会

43　法律上の規定が守られているかどうかは、いくつかの委員会によって審査される。

44　**監視委員会**は、移植法11条3項により、調整機関（DSO）並びに摘出病院及び移植中核病院の審査を担当する。これらの機関は、回答と情報提供が義務付けられる。

45　移植法12条5項により、**審査委員会**は、定期的に、ユーロトランスプラントのあっせんが法律上及び協定上の規定に従って決定されているかどうかを、無作為抽出の形で審査する。この場合も、移植中核病院とユーロトランスプラントには、回答義務及び情報提供義務がある。

46　**常設臓器移植委員会**（StäKo）は、移植経験のある医師、並びに、移植医療分野の様々な機関の代表者から成り、臓器の提供、臓器のあっせん、及び、移植に関する原則と指針について助言する。

---

23)　*Höfling* JZ 2007, 481 (483).

概要17：関係者及び関係機関

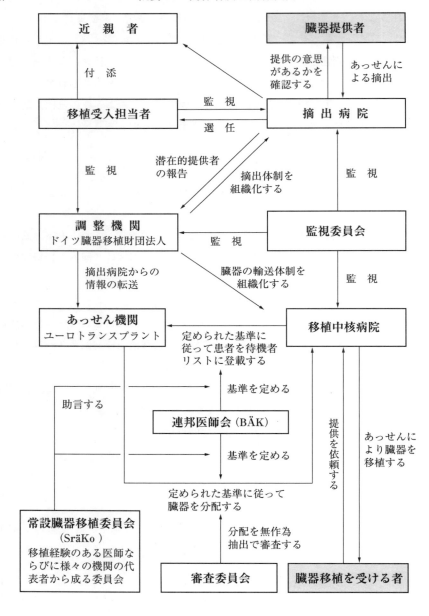

Ⅶ　臓器提供の流れ

48　臓器提供は、2000年以降、ドイツ臓器移植財団法人（DSO）によって調整されている。移植は、次のような段階を経て進められる[24]。

　ステップ1：病院の集中治療病棟が、DSOに提供者となる可能性のある者がいることを報告する。脳死が、2名の医師によって確認され、文書に記録される。

　ステップ2：脳死の確認後に、死者の近親者との話し合いが行われる。それは、主治医によって行われることが通例である。DSOのコーディネーターが関与することもしばしばある。

　ステップ3：臓器摘出のための法的な要件が全て具備している場合には、提供者は極めて厳密に検査される。とりわけ、提供者が、移植の成功を危うくする可能性のある病気、例えば、感染症や癌を患ったことがあるかどうかが、明らかにされる。

　ステップ4：得られた医学的なデータは、ライデン（オランダ）にある国際的な臓器あっせん機関であるユーロトランスプラントに送られる。そこで、ユーロトランスプラントは、提供者の臓器のあっせんにとりかかる。

　ステップ5：適切な被移植者が見つかり、あっせんが決まった場合には、DSOによる組織化の下で、臓器の摘出が行われる。それに引き続いて、当該臓器が、その都度の移植中核病院に輸送される。

　ステップ6：移植中核病院で、被移植者に当該臓器が移植される。

---

24)　DSO, Vom Spender zum Empfänger. http://www.dso.de/organspende-und-transplantation/thema-organspende/vom-spender-zum-empfaenger.html で見ることができる。

Ⅷ 「移植スキャンダル」

49 「臓器移植」というテーマは、待機者リストが操作されていることが暴露されたことによって、再び世間の強い関心を集めることとなった。とりわけ、生ずる可能性のある帰結、予防措置、及び、移植法の改正について、徹底的に議論がなされた。

1. 実　　態

50 2012年及び2013年に、(特に、レーゲンスブルク、ゲッティンゲン、ライプツィヒ、ミュンヘンにおける) 複数のドイツの病院において、病状と関係する数値を操作することによって、患者に待機者リストでより有利な位置を得させていたことが確認された。そこでは、特に、透析が実施されているように偽装され、血液検査の結果が改ざんされていたということである。それに加えて、指示されている6ヶ月間のアルコールの節制が守られる前に、患者が待機者リストに登載されていた[25]。このため、そのような患者は、提供者の臓器を待つ待機者リストで上の順位になることができることとなった。

51 2014年には、自己告発により、待機者リストが操作された疑いがあることを理由とするベルリン心臓センターに対する捜査も始められた。そのリストの操作は、2012年の臓器提供スキャンダルの後に設置された審査委員会によって明らかにされた。それによれば、約30人の患者に対する特定の薬の服用量が、健康状態が非常に危険な状況にあるということを示唆する分量に改変されていたと考えられる。それによって、対象となった患者は、待機者リストで上位になった[26]。

---

[25] MAH MedR/*Hellweg/Beitz* §13 Rn. 6.
[26] 引用は、*Küpper*, Neuer Transplantationsskandal による。検察は、故殺未遂を理由として捜査している。FAZ vom 22. 8. 2014, www.faz.net/-guw-7tOkb で見ることができる (2016年1月14日現在)。

52　操作が行われた理由が、患者から金銭の供与を受けたとか、法律上の被保険者よりも私的な患者の方を優遇したとかといった点になかったことは明らかである。むしろ、利他的な意図と並んで、その都度の移植中核病院が、目標を申し合わせにより取り決めるという形で、主任の医師に対して与えていた経済的なインセンティブが決定的なものであった[27]。

2．裁判所による処理

53　これらの事案の刑法上の処理は、いまだ進行中であるが、それは、現行移植法のいくつかの根本的な問題と不明確さを明るみに出すこととなった。

54　発覚した諸事例を、移植法17条及び18条による「臓器取引」として位置づけることはできない。連邦医師会の監査により、臓器の配分を優遇したことに関して、金銭の支払が要求されたり、実際に金銭の支払がなされたことはなかった、ということが明らかとなっている。問題は、臓器を得る目的で患者の記録が操作され、実際に移植が行われた場合に、病院から一般的に全ての移植について支払われる特別なボーナスが支払われた場合、移植法18条との関連における17条1項による刑法上重要な臓器取引があるのかどうかである[28]。多くの論者は、追加の報酬がまさに臓器の配分に当たって優遇したことの対価として支払われた（ことが証明できた）場合にのみ可罰的な臓器取引を認める、という見解を支持している[29]。

55　移植法19条の旧規定にも、その行為を包摂することはできない。なぜならば、ここで問題としているようなケースは立法者によって考慮されていなかったからである。2013年8月1日以降存在している移植法19条2項aの刑罰法規は、臓器あっせんのために必要な情報を意図的に不正に高めたり、記録したり、伝えたりする行為を処罰の対象としているが、同項は、遡及禁

27）　BT-Drs. 17/13897, 1ff.
28）　否定するものとして、*Schroth* NStZ 2013, 437 (445f.).
29）　*Kudlich* NJW 2013, 917 (919).

止のために、問題となっているケースに適用することはできない[30]。従って、移植法による処罰は問題とならない。

56 それ故、考えられるのは刑法典の犯罪構成要件だけである。待機者リストで不利に扱われた者を被害者とする故殺未遂が考慮に値する。問題は、特に、結果発生（潜在的被害者の個別化）、因果関係、故意といったものの証明可能性の領域、並びに、帰属の領域にある[31]。

57 そのほかでは、刑法典 278 条による不実の健康証明書の発行を理由とする処罰を考えることができるかもしれない。けれども、私的に設立された、オランダ法上の公益財団である「ユーロトランスプラント」を、刑法典 278 条の意味における「官庁」として位置づけることができるかどうかは疑わしいように思われる[32]。そのような解釈は、基本法 103 条 2 項の類推禁止に違反する可能性があるだろう。刑法典 267 条以下（文書偽造ないしは技術的記録の偽造）による処罰は考慮の対象とはならない。なぜならば、これらの犯罪構成要件は、文書の内容的な正しさを保護するものではないからである。

58 移植スキャンダルが発覚してから 3 年が経過し、そうこうするうちに、最初の訴訟が終結した。2015 年に、ゲッティンゲン地方裁判所は、ゲッティンゲン大学病院の元の移植外科主任に対して故殺未遂の罪について無罪判決を下した[33]。検察は、8 年の拘禁と移植外科医としての終身の職業禁止を求めていた。裁判所の認定によれば、当該外科医は、患者のデータの操作を指示したか、もしくは、そのことについて知っていた。そのような操作は、道徳的な価値観からすれば非難されるべきであるが、当時の時点では可罰的ではなかった、とされた[34]。検察は、その判決に対して上訴した。これまで、

---

30) *Rissing-van Saan* NStZ 2014, 233 (238).
31) この点に関しては、特に、*Schroth* NStZ 2013, 437ff.；*Kudlich* NJW 2013, 917ff.；*Rissing-van Saan* NStZ 2014, 233ff. 参照。
32) *Schroth* NStZ 2013, 437 (446f.).
33) LG Göttingen Urt. v. 6. 5. 2015-6 ks 4/13.
34) 2015 年 8 月 20 日付オンライン医師新聞から引用。www.dso.de>Newsticker>August2015 で見ることができる。

第 8 章 臓器移植　153

そのような事例について最上級裁判所の判例はなかったので、連邦通常裁判所の判断が、今や遅しと待ち受けられている。その判断は、移植医に対して係属しているその他の起訴に影響を及ぼすことになるであろう[35]。

3．立法者の反応

59　前述したスキャンダルに対して、立法者は、個別の点に限られた新規定を設けるという対応をするにとどまった。憲法上の観点からもいくつかの欠点がある規制体系を根本的に改めて新たな立法をすることは、たびたび求められたにもかかわらず、行われなかった[36]。

60　移植法10条、16条及び19条の規定は、疾病保険における保険料負担についての社会的に過大な要求の排除に関する法律に盛り込まれる形で[37]、修正された。今では、移植法10条3項2文が、患者の健康状態について不実のデータを収集し、あるいは、記録し（1号）、若しくは、移植法13条3項3文による報告の際に患者の不実の健康状態を伝える（2号）ことを禁止している。移植法19条2項aにより、移植法10条3項2文の意図的な違反は、2年以下の自由刑又は罰金刑に処される。

61　その規範で問題となっているのは抽象的危険犯である。なぜならば、処罰の対象となる行為は法益侵害よりも前の段階にあるものだからである[38]。実際の侵害という形での結果は、構成要件によって必要とされてはいない。立法理由によれば、例えば、血液検査用の検体の交換（この検査結果の伝達と結びつく）、処置（例えば透析）の偽装、禁忌 Kontraindikationen の秘匿といったものが、対象となる行為に当たる。その新しい規定により、とりわけ、それによって国民の提供態勢を安定化させるために、臓器提供のシステムが誠

35）　2015年12月15日付オンライン医師新聞から引用。www.dso.de>Newsticker>Dezember2015 で見ることができる。
36）　Höfling/*Lang* TPG §10 Rn. 58.
37）　BGBl. 2013 I, 2423ff.
38）　Höfling/*Bernsmann/Sickor* TPG §19 Rn. 111.

実に運用されていることへの国民の信頼を回復することが目指されている[39]。

62　そのほか、連邦医師会の指針策定権限を基礎づけている移植法16条に、新たな規定が追加された。種々の操作が発覚する以前から、既に、移植法16条によって発せられる連邦医師会の指針について、それが基本権と非常に重要な関連性をもつことを理由として、官庁の承認を必要とすべきことがしばしば要求されていた。移植法16条3項は、今後は、1項による指針、並びに、その修正は、連邦保健省の承認を求めなければならない、と規定している。

63　それに加えて、移植法16条2項2文により、指針については、その理由が説明されなければならない。特に、医学的知見の標準の確定については、理解できる形で説明されなければならない。この要件は、連邦医師会の指針策定作業の透明性を高めることに役立つとされる。それは、連邦医師会の指針策定活動に民主的な正当化基盤が欠けているのを補うことへの少なくとも第一歩となる。それにもかかわらず、このような立法者の修正の試みは、不十分であると感じられている[40]。個別の点に限定した移植法の改正は、国民の提供態勢に持続的な影響を及ぼすことはおそらくないであろう[41]。

4．社会的帰結

64　いわゆる「臓器移植スキャンダル」の影響は、立法者が行動を起こしたということからうかがわれるだけではない。国民の中にも、そのスキャンダルは、傷跡を残している。

65　国民の信頼の喪失と不安感に由来する[42]提供者数の急激な落ち込みが、そのことを物語っている。2011年以降、DSOの全支部において提供者数の

---

39)　Höfling/*Lang* TPG §10, Rn. 61.
40)　Höfling/*Höfling* TPG §16 Rn. 54f.
41)　Höfling/*Lang* TPG §10, Rn. 61.
42)　Höfling/*Bernsmann/Sickor* TPG §19 Rn. 109.

減少が認められる。2013 年には、876 人の臓器提供者しかいなかった。これは、前年比でおよそ 16.3％の減少である[43]。2013 年に行われた連邦中央保健教育機構のアンケートでは、回答者の 53％が、臓器提供に反対する理由として、提供された臓器が公正に分配されないのではないかと懸念する、という点を挙げた[44]。

66 提供者数の減少を食い止めるために現実的な観点においてどのような措置が講じられるかは、今後を待つよりほかない。一部では、現在ある移植中核病院の数を減らすことが求められている。その利点 - 透明性の向上、統制可能性の増大、有害な競争の回避 - は明白である[45]。けれども、中核病院が減るということは、長い目で見ると、それによって地域全体に万遍なく臓器を供給することが危うくなるおそれがあるということも意味するであろう。他には、経済的な動機に基づいて目標が取り決められていることを批判する者もいる。すなわち、医師へのボーナスの支払いは吟味検証されるべきである、というのである。発覚した不正の原因の一部は、移植医が多くの場合に自分が移植した臓器の数ごとに特別な報酬を受けていることにあるとされた[46]。

IX 生者による臓器提供

67 生者による臓器提供の要件は、臓器提供者の保護のために非常に厳格なものとなっている。その許容性については、移植法 8 条に規定がある。同条は、生者による臓器提供について以下の要件を定めている。

1．成年であること

---

43) DSO Jahresbericht (2013), 48.
44) ベルリンのフォルザによって行われたものである。www.dso.de で見ることができる。
45) MAH MedR/*Hellweg/Beitz* §13 Rn. 7.
46) FD-SozVR 2013, 341969（beck-online を通じて見ることができる）。

2．提供者が同意能力を有していること
3．提供者が包括的な説明を受けていること
4．臓器摘出に同意していること
5．臓器提供者として適切であること
6．提供者に手術のリスクを超えて危害が及ばないこと、及び、臓器摘出の直接的な結果を超えて重大な健康上の被害が生じないこと
7．移植を受ける者の生命の維持、重篤な疾病の治癒、又はその悪化の防止、若しくは、苦痛の緩和のために臓器移植が適切であること
8．死者の適した臓器を用いることができないこと（生者による提供の補充性）
9．侵襲は医師によって行われなければならない
10．再生能力のない臓器の移植は、第1親等若しくは第2親等の親族、配偶者、法的に登録された日常生活の同伴者、婚約者又は提供者と特別な個人的関係があり明らかに親密であると認められるその他の者に対してなされる場合にのみ許される

68 このような規制に異論がないわけではない。まず、18歳という固定的な年齢制限の正当性が問題となる。17歳の者であっても、例えば、甥や姪に腎臓を提供する決定ができるだけ既に精神的に成熟していることもあり得る。他面では、このような規制により、未成年者が圧迫状態にさらされてはならない、ということが保障される。ここでは、未成年者の保護の方が、潜在的な被移植者の利益よりも優越している[47]。

69 必要な説明の形式と内容は、移植法8条2項から分かる。同項は、医師の説明義務を一般的な説明義務よりも拡げている。同項によれば、侵襲の態様及び目的、臓器摘出又は組織摘出の範囲並びに間接的なものも含め発生する可能性のある結果及び後遺症、臓器移植の期待し得る成功の見込みに関して、臓器提供者に説明がなされなければならない。その他に、説明義務は、提供者が臓器提供の関係で意義があると考える可能性のあるその他の事情に

---

47) Roxin/Schroth HdB MedStrafR/*Schroth* 470f.

も及び、例えば、提供者と被移植者の間の今後の関係にも及ぶ[48]。更に、医師は、保険法上の観点についても説明しなければならない（移植法8条2項5文）が、その場合、説明義務は、単純な問題にしか及ばない。複雑な法的状況を明らかにすることは、医師には期待できない[49]。

70　生者による提供は、補充的なものである。すなわち、生者による提供は、死者の臓器を用いることができない場合にしか、行うことができない（移植法8条1項3号参照）。この規制は、生者による臓器提供は、被移植者にとってより良い選択肢であることが多いという点では、問題をはらんでいる。もっとも、死者の臓器を用いることができる可能性は、待機者リストの長さに鑑みれば、どのみちむしろ小さい。加えて、この移植の要件に違反しても、医師にとっては何ら刑法上の効果を伴うものではない[50]。

X　刑罰法規

1．刑法典168条1項による処罰

71　臓器摘出は、まず、刑法典168条1項（死者の安息の妨害）によって処罰される可能性がある。その可罰性は、死体を占有する権限のある者の同意があるかどうかによって左右される。死体及びそれを構成する部分は物ではないから、占有の概念は、ここでは、窃盗や横領の場合とは異なり、保管の権利 Obhutrecht という意味で理解されなければならない。もっとも、その権利は、現実の保管関係の事実的な構成要素について補充を必要とする[51]。この理由により、占有が常に近親者にあるとは限らない。とりわけ、不慮の事故の後では、近親者が、死亡した者がどこにいるのかをまだ全く知らないことも多い。このような場合には、専ら病院の管理者だけが死体に関する占有を

48）　SKGO/*Gutmann* TPG §8 Rn. 43.
49）　Höfling/*Augsberg* TPG §8 Rn. 90.
50）　SKGO/*Gutmann* TPG §8 Rn. 23.
51）　*Fischer* StGB §168 Rn. 8.

有する[52]。病院の管理者が臓器の摘出に同意しているならば、死者の安息の妨害は問題とならない。

2．移植法 19 条による処罰

72　そこから生ずる処罰の間隙は、移植法 19 条によって埋め合わされている。同条は、移植法の諸法規に対する違反を、部分的に処罰の対象としている。例えば、移植法 8 条 1 項 1 文 1 号 a 違反に関する 19 条 1 項 1 号によれば、成年ではない提供者、あるいは、同意能力のない提供者から臓器を摘出した医師は処罰される。同様のことは、提供者が十分に説明を受けなかった場合や、有効な同意を与えていなかった場合にも、当てはまる。更に、手術者が認可された医師ではない場合や、再生可能性のない臓器の摘出において提供者が移植法 8 条 1 項 2 文に挙げられている提供者の範囲に属していない場合にも、臓器摘出は可罰的である。

73　全脳死が確認されなかったにもかかわらず、医師が臓器を摘出した場合には、移植法 3 条 2 項 2 号違反に関する 19 条 2 項により処罰される。もっとも、提供者がいまだ死亡しておらず、臓器摘出が死亡の原因であったことが証明できれば、刑法典 212 条 1 項により故殺を理由とした処罰が考慮の対象となる。

74　それに対して、移植の結果に関して予期に反して誤った予測を伝えることは処罰の対象となってはいないから、提供者が説明を受け、同意していたのであれば、全く無益な移植を行ったこと自体は移植法によっては処罰されないままである。更に、その侵襲は善良な風俗に反する（刑法典 228 条）ということを論拠として刑法典 223 条の傷害によって処罰することも問題とならない。なぜならば、移植法は、刑法典 223 条を排除した最終的な規制を内容とするものだからである。同様のことは、医師が通常の程度を超えて提供者を危殆化することはないと誤って想定した場合の、移植法 8 条 1 項 1 文 1 号

---

52)　Schönke/Schröder/*Lenckner*/*Bosch* StGB §168 Rn. 6.

c違反に関しても当てはまる[53]。

75 死者、あるいは、その近親者が、臓器の摘出を拒絶していた場合には、被移植者の生命ないしは健康は死者の自己決定権よりも重要であるということを論拠として、刑法典34条によりその摘出を正当化することはできない。なぜならば、移植法は、臓器移植の要件を最終的に規定しているものだからである[54]。

3．臓器取引及び組織取引の禁止、移植法17条、18条

a) 規制の背景

76 移植法17条1項によれば、治療行為に用いることが予定されている臓器又は組織を取引することは禁止されている。移植法18条により、その違反は処罰される。臓器取引が禁止されている背景には、一面では、第3世界の諸国（例えば、エジプト、インド）において実際に臓器市場が存在しているという事情がある。こういった国々では、全く資力のない人々が、臓器を買い手に売っている。買い手は、ドイツやその他のヨーロッパ諸国からも来ている。彼らが臓器を売るのは、これによって自分たちの生存を確保するためである。売買はプロの集団によって仲介され、彼らは、それによって高い利益を手に入れている[55]。

77 しかし、他面では、臓器取引の禁止は、当然のことながら、ドイツにおける臓器取引も阻止している。なぜならば、ドイツにおいても、人が自己の臓器を経済的な必要性に迫られて売り、それによって自己の健康を危険にさらすケースは考えられるからである。更に、人から臓器を力づくで奪い取るという最も重大な犯罪行為のケースも排除されるべきである。

b) 臓器取引の禁止に対する批判

78 臓器取引の禁止は、多くの論者によって厳格すぎると評価されている。原

---

[53] Roxin/Schroth HdB MedStrafR/*Schroth* 474f.
[54] *Fischer* StGB §168 Rn. 15.
[55] Roxin/Schroth HdB MedStrafR/*König* 504f.

則として立法者により肯定的に評価されている行為を一律に犯罪化することは、疑わしい。確かに、一面では、経済的な動機から自己の臓器を売り払うほかないと考えるような事態が生じないようにしなければならないが、他面では、その厳格な禁止は、例えば感謝のしるしの贈り物をすることのように、その当罰性が極めて疑わしい些細なケースも対象としている。そのようなケースでは、立法者が引き合いに出している[56]提供者の人間の尊厳は、侵害されていない[57]。

79 他方で、なぜ、臓器取引の禁止が、例えば、美容産業のための臓器や組織の取引のような特定の行為を対象としていないのかは理解できない。たびたび批判されていた胎性組織や胚性組織に関する立法の欠缺は、2007年における移植法の改正によってふさがれた。

80 更に、臓器提供者に対して国家がパターナリスティックな態度をとることも批判されている。立法者は、臓器提供者を本人自身から守るために、自己の臓器の取引を処罰の対象として禁止し、それによって、臓器提供者の自己決定権を侵害している。被移植者や、更には医療保険機関や処置に当たった医師も、臓器の提供によって利益を得ているのに、提供者は自己の臓器を無償でささげることを余儀なくされている[58]。

　c) 移植法17条の意味における取引をすること

81 「取引を行うこと Handeltreiben」という概念は、移植法だけで用いられているものではなく、とりわけ、薬物規制法において重要な意義を有している[59]。その概念は判例により非常に広く解釈されているが、その解釈は、移植法にも当てはまる。それによれば、取引を行うことという概念は、取引される客体の売却を可能にする、あるいは、促進することに向けられたあらゆる利得のための行為を含む。構成要件的メルクマールとなるのは、取引、利

---

56) BT-Drs. 13/4355, 15, 29.
57) Roxin/Schroth HdB MedstrafR/*König* 506.
58) Roxin/Schroth HdB MedstrafR/*König* 514f.
59) 薬物規制法29条1項1号参照。

得、及び、財物を売る目的である。問題となっている行為が１回限りのものにとどまる場合や、売却の仲介が行われたにとどまる場合でも、取引を行うことは認められる[60]。

82 従って、例えば、転売目的での売買は、取引を行うことに当たる。更に、例えば、インターネットに臓器を求める広告を載せることのように、売買に向けられたあらゆる行為も対象となる。核心部分では、それによって、金銭と引き換えに臓器を引き渡すことが対象とされている。更に、感謝の気持ちから相続人として指定することや贈与のような、その他の利益を供与することも、原則として、同様に対象とされる。

d) 臓器取引禁止の例外

83 移植法17条1項2文によれば、臓器取引の禁止は、移植の枠内で必要な処置に対する適切な報酬の供与及び受領には適用されない（1号）。同様に、組織または臓器から得られた医薬品に関しても、それが薬事法によって許容されているものである場合には、臓器取引は認められない（2号）。更に、移植法は、血液には適用されない（移植法1条3項2号参照）。

e) 問題のある領域

問題が生ずるのは、以下のような事例群である。

aa) 保険による提供者の安全確保

84 被移植者が、提供者のために、職業不能保険契約を結ぶことは、立法者の考えによれば、臓器取引に当たらない[61]。確かに、提供者は厳密に言えば利益を得るが、立法者の意思が明白であるということを根拠にして、そのようなケースは不可罰なままである[62]。同じことは、旅費、病院での滞在費等々のような、移植のために提供者に生じた費用の補償にも当てはまる。このようなケースでは、既に概念上、臓器取引は認められない[63]。

---

60) Höfling/*Bernsmann*/*Sickor* TPG §18 Rn. 13ff.
61) BT-Drs. 13/4355, 30.
62) Roxin/Schroth HdB MedStrafR/*König* 515.
63) BT-Drs. 13/4355, 30.

bb）　ささやかな感謝のしるしの提供

85　例えば、食事に招待したり静養休暇の費用を出したりするように、被移植者がささやかな感謝のしるしを提供することは、臓器取引の構成要件によれば、移植法17条の文言を充足する。他の親切な行為の場合には、その種の感謝のしるしを提供することは、社会的に承認されており、それどころかむしろ、親切にしてもらった側は、相手に対してささやかな贈り物をする形で自分の感謝の気持ちを表さなければならないのが通例である。このことは、被移植者の生命を救い、あるいは、その健康を著しく改善してくれた臓器の提供者にも、あるいはむしろそのような臓器の提供者にこそ当てはまる。それ故、制限的な法解釈（目的論的な縮小解釈）をすることには意味がある。そのような社会的に承認されている感謝の気持ちを表す行為を禁止することは移植法の目的ではないから、この場合、可罰的な臓器取引は認められない[64]。

cc）　適切な報酬

86　治療行為の目標を達成するために必要な処置、特に臓器又は組織の摘出、保存、－感染防止対策を含む－その他の処理、保管及び輸送に対する適切な報酬が与えられる限りでは、移植法17条1項2文1号により、臓器取引は処罰されない。

87　このような例外は必要である。なぜならば、このような例外がないと、医師あるいは医療関係者に報酬を払うだけで既に臓器取引の構成要件が充足されることになってしまうだろうからである。けれども、無償で働く医師はいないし、その他の移植の際に生ずる費用も支払われなければならない。しかし、この臓器取引の例外は、報酬が適切である場合に限り妥当するものである[65]。

88　適切さというのは不明確な法概念であり、解釈を必要とする。社会保険担

---

[64]　Roxin/Schroth HdB MedStrafR/*König* 516f.

[65]　このような例外の例外について批判的なものとして、Roxin/Schroth HdB MedStrafR/*König* 521f.

当者との取り決め、ないしは、法律若しくは対応する法規命令に基づいて生ずる報酬のような通常の報酬は、いずれにせよ適切なものである[66]。しかし、この額をわずかに超えたとしても、特に、立法者自身が概算額での報酬が許容されることを指摘しているのであるから[67]、依然として適切だといってよいであろう。

89　適切な報酬かどうかの審査を医師に求めている点で、その規定には問題がある。提供された心臓弁に法外に高い値段がつけられていることを知った[68]医師は、臓器取引を理由として処罰されないようにするために、生きるために必要な手術を最後の時点でやめなければならないのであろうか？[69]これはほとんど是認できないことであるように思われる。

dd）　交差型提供

90　交差型提供とは、次のような事例状況が問題になる場合である。移植法8条1項2文に定められている提供者の範囲に属する人による生者による提供が、例えば血液型の不適合のような医学的な理由で行うことができない。けれども、別のペアも同じ状況にあるならば、提供を交差させて、被移植者がそれぞれ別のパートナー若しくは近親者の臓器を受け取ることは医学的に可能であろう。

91　けれども、これが法的に許容されるかどうかは問題である。まず、臓器取引の禁止違反に当たる可能性があるだろう。この場合、利得のための行為は現に存在する。なぜならば、提供者は、自分のパートナーも同じように臓器を受け取れるようにするという目的のためだけに提供するからである。けれども、臓器取引禁止の目的は、人間の尊厳を保護し、臓器取引の商業化を阻止することである。提供を交差させて相互に助け合うことは、その法律の目

66）　BT-Drs. 13/4335, 30.
67）　BT-Drs. 13/4335, 30 ; Roxin/Schroth HdB MedStrafR/*König* 524.
68）　臓器取引は、医師が報酬が不適切であることを知っているか、少なくとも甘受している場合、要するに故意で行為する場合にしか問題とならない。
69）　Roxin/Schroth HdB MedStrafR/*König* 524.

的に含まれてはいない。それ故、この行為は、当該禁止規範には該当しない[70]。

92 更に、交差型提供は、移植法8条1項2文に違反する可能性がある。この憲法上問題がないわけではない規定[71]によれば、再生能力のない臓器の摘出は、第1親等若しくは第2親等の血族、配偶者、日常生活の同伴者、婚約者又は「提供者と特別な個人的関係があり明らかに親密であると認められるその他の者」に移植する目的の場合にのみ、許容される。この規制は、臓器取引を制限することに役立つものであり、その違反は処罰される（→第8章 Rn. 72）。提供者と被移植者は、交差提供のケースでは、お互いに、血族でもないし、結婚しているわけでも婚約しているわけでもないから、この場合に問題となるのは、特別な個人的関係だけである。

93 一般的な見解によれば、相互の連帯感と責任感、及び、一時的なものではなく常に繰り返される密接で個人的な相互作用が、そのような関係の前提条件となる[72]。これが明らかであるのは、医師がそのことを職業上の接触の中ではっきりと認識できる場合である[73]。これとは異なる傾聴に値する見解によれば、共通の緊急状況が運命共同体を創り出し、今後のことを予測した時、両当事者がその関係を移植を超えて維持するであろうと判断されるならば、それで十分である[74]。それによれば、交差型提供は許容されるであろう。移植法の規定を目的論的に縮小解釈する最初の見解の支持者も、同じ結論に至る。このような解釈は、臓器取引を限定することに役立つ。けれども、交差提供は全く臓器取引には当たらない。それ故、被移植者の生命の保護と提

---

70) Roxin/Schroth HdB MedStrafR/*König* 493f.
71) 憲法適合性に関しては、BVerfG NJW 1999, 3399. 異なる見解として、SKGO/*Gutmann* TPG §8 Rn. 27ff. そのほか、*Eser*, Verfassungsrechtliche Aspekte der Lebedspende von Organen, 185ff., *Forkel* Jura 2001, 73 (77f.) 参照。
72) LSG NRW MedR 2003, 469, 474 ; SKGO/*Gutmann* TPG §8 Rn. 33 ; Höfling/*Augsberger* TPG §8 Rn. 62f.
73) BSG JZ 2004, 464 (468).
74) *Seidenath* MedR 1998, 253 (255f.).

供者の自己の身体に関する処分の自由がこれを要求するという理由で、交差提供を行うことはできるといわなければならない[75]。

XI 異種移植

94 異種移植 Xenotransplantation[76]という言葉は、異なる種の間での臓器、組織または細胞の移植をいうものと理解される。チンパンジーやヒヒの腎臓又は心臓を移植しようとした60年代の最初の試みは、失敗に終わった。臓器は、短時間で拒絶反応のためにだめになった。

95 90年代以降、豚の細胞や組織を移植目的のために利用するケースが増えている（糖尿病患者の場合の膵島細胞、パーキンソン病の場合の脳細胞、肝不全の場合の肝細胞、並びに、火傷の場合の皮膚がその例である）。それに対して、血液供給にかかる臓器の移植は、（まだ）できない。医学的な観点からすると、とりわけ、拒絶反応、更にまた感染症のリスクが問題である[77]。

96 提供される臓器が著しく不足していること、及び、臓器提供をむなしく待ち続けている人が多数に上ることに基づき、異種移植は、倫理的な観点から、「正当化される」ものとみなされており、場合によっては「命ぜられる」ものとさえみなされている[78]。けれども、動物の臓器を移植することにより、キメラ、すなわち、異なる二つの種の生細胞を含む個体が作り出されるという趣旨の倫理的な疑念が表明されている。

97 異種移植は、移植法の対象とはされていない。動物保護法（6条1項2文4号）、薬事法（とりわけ、2条1項、13条、40条以下、67条）、並びに、遺伝子

---

75) Roxin/Schroth HdM MedStrafR/*Schroth* 490f.
76) ギリシャ語の xénos は、異質の fremd、異種の fremdartig という意味である（*Gemoll*, Griechisch-Deutsches Schul-und Handwörterbuch, 2006）。
77) *Dettmeyer*, Medzin & Recht, 253f.
78) 異種移植に関する連邦医師会の学術審議会の態度決定については、Deutsches Arzteblatt, Bd. 96, A-1920, 1924.

操作が必要である範囲では遺伝子工学法に、若干の規制が存在する。結局のところ、異種移植の法的な判断に関しては、まだ相当の不明確さがある。従って、法律で明確にすることが望ましいであろう[79]。

---

79) *Borowy*, Postmortale Organentnahme, 46；他の文献の紹介も含めて Laufs/Kern HdB ArztR/*Ulsenheimer* §131 Rn. 30。

第9章　医師の守秘義務

Ⅰ　序

1　医師の守秘義務は、ヒポクラテスの誓いにまでさかのぼる[1]。

「治療の途中であるいは治療とは関係のないときに、人々の生活に関して私が見たり聞いたりすることで、よそには決して知らせてならないものは、語るに恥ずべきことと考え、他人に口外はしない。」[2]

2　この原則は、数世紀に渡り医師活動の自明の理に属し、今日では、特に刑法典203条1項1号において規範化されている。それによれば、「医師、歯科医師、獣医、薬剤師、又は、［…］その他の治療業に属する者として、その者に委ねられ、又は、その他の方法で知るところとなった他の者の秘密、特に私的な生活領域に属する秘密、又は、営業上若しくは職業上の秘密を権限なく漏示した者」は、処罰される。

Ⅱ　刑法典203条の保護法益と意義

3　医師の守秘義務によっていかなる法益が保護されているのかについては、議論がある。自己の私的な領域および親密な領域を保持することに対する当人の個人的な利益も、機能的な健康管理に対する超個人的な利益も考慮に値する。守秘義務は、医師と患者の間の信頼関係を築くための不可欠の前提条件であり、それがなければ効果的な治療はできない。

4　体系的な観点からすると、自己の私的な領域および親密な領域を保持する

---

1)　→第1章 Rn. 8ff.
2)　→第1章 Rn. 9.

ことに対する各人の個人的な利益を刑法典 203 条の保護法益とみなすことに若干有利な点がある。なぜならば、当該構成要件は「個人的な生活領域及び秘密領域の侵害」の章に置かれているからである[3]。その他の点では、刑法典 205 条が告訴の必要性を定めていることから、患者の権利が保護されていることが読みとれる[4]。それに加えて、守秘義務は、機能的な健康管理にも役立つ。ある見解によれば、この一般的な法益は、間接的に保護される[5]。別の見解によれば、社会全般のためになる任務を果たす一定の職業の秘密が守られることに対する一般的な信頼が優先的に保護される[6]。結論においては、どちらの見解もほとんど違いがないといってよいであろう。

5 　刑事手続において刑法典 203 条がもつ意義は、小さい。現在の犯罪統計では、もはや同条は挙げられておらず、1980 年代の統計で見ると、1 年に 4 件ほどあったにとどまる。有罪判決の数が少ない原因は、故意による秘密の漏示は実務においてはなかなか立証できないというところに帰せられる[7]。加えて、この犯罪は、絶対的親告罪、すなわち、対応する告訴がなされた場合にしか訴追されない犯罪である、刑法典 205 条参照。けれども、そのような告訴がなされることは稀である。なぜならば、告訴する者にとっては、自分の秘密が公の手続で議論され、その後の方がもっと悪い状態になってしまう危険があるからである[8]。

6 　より重要な意義があるのは、民法における守秘義務である。刑法典 230 条は、民法典 823 条 2 項から見れば保護法規であると同時に、民法上の損害賠償請求理由をつくりだす。加えて、権限なく秘密を漏示することは、契約違反とみなされる可能性がある。例えば、医業を売却する場合には、医師の守

---

3) 　BGHZ 115, 123 ; 122, 115 ; *Lackner/Kühl* StGB §203 Rn. 1.
4) 　LK-StGB/*Schüneman* §203 Rn. 14.
5) 　BayObLG NJW 1987, 1492 (1493) ; *Lackner/Kühl* StGB §203 Rn. 1 ; NK-StGB/*Kargl* §202 Rn. 2.
6) 　Maurach/Schroeder/Maiwalt/*Maiwalt* StrsfR BT 1 §29 Rn. 4.
7) 　*Ulsenheimer* ArztStrafR Rn. 859.
8) 　*Schünemann* ZStW 90, 11 (45).

秘義務が考慮されなければならない。この場合には、患者のデータを「同時に売却」することが許されるのか、また、どの範囲で許されるのか、という問題が提起される[9]。その他、医療費清算機関の関与や医療にかかわるデータ処理の外部委託も、守秘義務によって影響を受ける。最後に、守秘義務は、病院の体制にも影響を及ぼす。なぜならば、患者のデータを医師から医師へと伝達したり、管理部局でやり取りしたりすることは、簡単には許されないからである[10]。

Ⅲ　刑法典203条の構成要件要素

1．行為者となり得る者

a)　身分犯

7　刑法典203条は身分犯である。すなわち、誰でもが行為者となり得るわけではなく、刑法典203条において限定的に列挙されている職種に属する者しか行為者にはなり得ない。医事関係の領域では、医師、歯科医師、獣医、薬剤師、又は、職業を営み若しくは職業名を称するのに国家が規制する職業教育を必要とするその他の治療業に属する者がそれである。3項2文によれば、これらの者の「職業として活動する補助者」、及び、これらの者のところでその職業の準備のために活動する者も、これらの者と同等である。

b)　1項の行為者の範囲

8　守秘義務が課せられるのは、とりわけ医師である。それも詳しく言えば、患者の治療に直接当たっている医師だけでなく、その治療の範囲内で活動するその他の医師も含まれ、例えば、臨床検査医も含まれる。

9　自分を医師だと自称したにすぎない場合であっても守秘義務が認められるかどうかは、議論の余地がある。ある見解によれば、この場合には、不能な主体の未遂となり、その行為者は同項の行為者の範囲に属していないから不

---

[9]　Laufs/Kern HdB ArztR/*Schlund* §71 Rn. 66ff.
[10]　Laufs/Kern HdB ArztR/*Schlund* §71 Rn. 1ff.

可罰である[11]。別の見解によれば、実際に免許を得た医師であるかどうかは重要ではない。患者が相手を医師だとみなしていれば、それで十分である。なぜならば、利益状況は同じだからである[12]。こちらの見解の方が優れているであろう。医師ではない治療師 Heilpraktiker は国家的に規制された専門教育を必要としないから、守秘義務はないとされる[13]。この場合も利益状況を見れば疑問があるが、規定の文言からすればやむを得ないであろう。

c) 職業として活動する補助者

10　その他に、刑法典203条3項2文によれば、「職業として活動する補助者」にも守秘義務がある。補助者は、指示に拘束されるところに特徴がある。補助者は、単なる援助活動を行うだけである。例えば、診療助手、臨床検査技師、実験助手は、補助者である。更に、職業として活動する補助者は、組織上、その企業体の中に属していなければならない。このことは、例えば、事務作業を外部の事務所に委託する場合のような、いわゆる医師の副次的活動の外部委託の場合に、問題を生じさせる。その点に関しては、→第9章 Rn. 33 参照。

11　更に、助手が必然的に患者の秘密を知ることになる活動でなければならない[14]。ないしは、医師の活動と補助活動との間に内的なつながりがなければならない[15]。それ故、クリーニング担当の従業員や調理人は、医師の補助者には当たらない。病院の受付係に関しては、境界線を引くことがかなり難しい。ある見解によれば、受付係は患者の治療に関与する者ではないから、補助者ではない[16]。それに対して、他の見解によれば、受付係は、通例は補助

---

11) LK-StGB/*Schünemann* §203 Rn. 59.
12) Roxin/Schroth HdB MedStrafR/*Braun* 278 ; MüKoStGB/*Cierniak/Pohilt* §203 Rn. 28.
13) *Fischer* StGB §203 Rn. 12 ; Schönke/Schröder/*Lenckner/Eisele* StGB §203 Rn. 35.
14) *Fischer* StGB §203 Rn. 21.
15) MüKoStGB/*Cierniak/Pohilt* §203 Rn. 114.
16) *Fischer* StGB §203 Rn. 21 ; LK-StGB/*Schünemann* §203 Rn. 78 ; Roxin/Schroth HdB MedStrafR/*Braun* 280.

者である。なぜならば、受付係も患者のデータに触れ、緊急の場合には、当直の医師に情報を回すからである[17]。

12　補助者が生計を立てるためにその活動を行っている場合、その補助者は職業として活動している。労働契約は必要でなく、補助者が事実上その活動を引き受けている、ということで十分である[18]。それに対して、例えば、医師の妻が業務を臨時で手伝っている場合のように、一時的なものにとどまる活動あるいは無給の活動でも足りるかについては、議論の余地がある。患者の視点から見れば、利益状況は正規雇用されている診療助手の場合と異ならない、という事情は、その点について積極に解する材料となる。そのようなケースでは、少なくとも、一時的に手伝う者が組織的に業務に包含されている場合であれば、「職業として活動する補助者」に当たるとみなすことができる[19]。

d）　職業の準備のための活動

13　職業としての補助者に加えて、刑法典203条3項2文によれば、職業の準備のために活動する者も守秘義務を負う。それによって考えられているのは、特に研修生である。その規定は職業の準備のための「活動」を要求しているから、講義の場で患者と引き合わされた医学生はこの規定には該当しない[20]。

2．行為客体：秘密

14　刑法典203条の行為客体は、秘密である。支配的な見解[21]によれば、あ

---

17)　Laufs/Kern HdB ArztR/*Ulsenheimer* §69 Rn. 2.
18)　MüKoStGB/*Cierniak/Pohilt* §203 Rn. 116.
19)　*Fischer* StGB §203 Rn. 21 ; LK-StGB/*Schünemann* §203 Rn. 82 ; Schönke/Schröder/*Lenckner/Eisele* StGB §203 Rn. 64 ; 異なる見解として、MüKoStGB/*Cierniak/Pohilt* §203 Rn. 116 ; *Lackner/Kühl* StGB §203 Rn. 11b ; *Schmitz* JA 1996, 772 (773) ; Roxin/Schroth HdB MedStrafR/*Braun* 278.
20)　LK-StGB/*Schünemann* §203 Rn. 83.
21)　BGHZ 64, 325 (329) ; MüKoStGB/*Cierniak/Pohilt* §203 Rn. 11ff. ; LK-StGB/

る事実が次の三つの条件を充足している場合、その事実は秘密に当たる。
- 秘密になっていること：その事実は、当人、あるいは、いずれにせよ見渡すことができる範囲内の人にしか知られていない。
- 秘密にしておく意思があること：秘密を保護される者は、その事実を秘密にしておきたいと思っている。
- 秘密にしておくことに利益があること：秘密を保護される者は、その者の具体的な生活状況から判断して、その秘密を保護することに実際上の利益を有している。

15 真実でないことや価値判断は、この定義によれば、秘密とはなり得ない。しかし、誰がそのような真実でないことや価値判断を述べたり広めたりしているのかということは、秘密にしておく義務のある事実となり得るであろう[22]。

16 ある事実が、当人あるいは見渡すことができる範囲内の人にしか知られていない場合、その事実は秘密のものである。人の範囲を見渡すことができるかどうかは、その事実がはっきりと特定した数の人にしか知られていないかどうかによって決まるわけではない。重要なのは、その人的範囲が一定の基準により他の人的範囲と区別することができるかどうかであり、例えば、当人の友人の範囲は、たとえこれが非常に規模の大きいものであっても、他の人的範囲と区別することができる[23]。それに対して、切断手術を受けて身体の一部が欠損していることのように、誰もが知っている、又は、気づき得る事実は、秘密のものではない[24]。人前で生じた事実にも同じことが当てはまる。従って、公開された裁判所の審理の中で論究された事実も同様であり、しかも、実際にはその審理に傍聴人がいなかった場合であっても、そのことに変わりはない[25]。

Schünemann §203 Rn. 19.
22) LK-StGB/*Schünemann* §203 Rn. 20.
23) LK-StGB/*Schünemann* §203 Rn. 22.
24) Roxin/Schroth/ HdB MedStrafR/*Braun* 283.

17 具体的なケースにおいては、秘密であることと秘密でないこととの間の境界線を引くことが困難である場合があり得る。次の公式が有益である。すなわち、既に非常に多くの人が知っているため、秘密を保持している者にとって、更に別の人がそれを知ることになるかどうかはもはや重要ではないような事実は、秘密のものではない[26]、というのがそれである。

18 秘密にしておく意思があることは、明示的にも黙示的にも、医師に対して表明される必要はない。一部では、秘密にしておく意思があることが医師にとって間主観的に確認できなければならない、ということが要求されている[27]。しかし、法律の文言によれば、このようなことは必要ではない。守秘義務を負う者の主観面は客観的構成要件に関係するのではなく、故意の問題である[28]。幼児や精神障害者に関しては、法律上の代理人の意思が基準となる。

19 前述した秘密になっていることと秘密にしておく意思があることというメルクマールによれば、いかなる事実が守秘義務の対象になるかを決定するのは、秘密を保持している者だけである。客観的な基準を付け加えるために、支配的見解は、更に、秘密にしておくことの利益の存在を要求する。秘密を保護される者の利益状況に従って判断した場合、秘密にしておくことが客観的に必要であるかどうかが重要である。従って、医師は、自分自身の見方に従うことは許されず、患者の客観的な利益を基礎に置かなければならない。例えば、「好物は何か」とか、この前医師が往診した際に患者の衣服の色が何色だったかとかというような月並みな事実に関しては、秘密にしておくことの利益が欠けている[29]。

---

25) BGHZ 122, 115 (118).
26) *Bockelmann* in Ponsold, Lehrbuch der gerichtlichen Medizin, 176.
27) NK-StGB/*Kargl* §203 Rn. 4 ; *Dannecker* BB 1987, 1614 (1615).
28) MüKoStGB/*Cierniak/Pohilt* §203 Rn. 17.
29) LK-StGB/*Schünemann* §203 Rn. 27.

3. 医師の守秘義務の範囲

20　内容的に、守秘義務は、医師が処置の範囲内で知った全ての事実に及ぶ。そもそも治療を受けているという事実をはじめとして、具体的な患者に関係する全ての秘密、既往歴、診断法、治療措置、医師の予測、並びに、医療上の全ての記録、更に、処置の過程で患者について医師の知ることとなったその他の全ての事実も含まれる。

4. 保護される人

21　医療上の守秘義務によって保護されるのは、とりわけ患者自身である。けれども、それを超えて、医師が患者の処置の関連において知ることとなった第三者の秘密にも医療上の守秘義務は及ぶ。

22　未生のヒトの生命に関連する秘密は、通例は、医師の処置を受けている母親の秘密でもあるから、たとえ、胎児 Nasciturus 自身はまだ秘密を保持する者になり得ないとしても、胎児 Nasciturus は、母親を通じて間接的に（共に）保護される[30]。それに対して、死者は、引き続き守秘義務によって直接的に保護される。従って、処置をする医師の守秘義務は、患者の死後も存続する。

23　もっとも、後者のケースにおける守秘義務の射程については、異論の余地がある。ある見解[31]によれば、それを漏らすと死者の名誉が傷つけられるおそれのある秘密や、死者の社会内における社会的な名声を損なうおそれのある秘密に限って、秘密にしておく利益があるとされる。理由づけとして、刑法典189条が引き合いに出される。それに対して、今日の判例によれば、秘密にしておく死者の意思ないしは推定的意思が確認されなければならないので、このような点での制限はない[32]。もっとも、秘密にしておく利益は、

---

30)　MüKoStGB/*Cierniak* §203 Rn. 25.
31)　OLG Düsseldorf NJW 1959, 821 ; AG Augsburg NJW 1964, 1186.
32)　BGHZ 91, 392 (398) ; BGH NJW 1983, 2627.

時の経過とともにだんだん減少していくので、医療上の守秘義務は、最終的には消失する[33]。

5．職業に固有の関係

24　刑法典203条は、医師がその職業を営むこととの関連において知ることとなった秘密に限り保護している。従って、職業に固有の関係が存在しなければならない。すなわち、秘密を保持する義務は、医師が医師としての自らの職業活動の枠内で知った事実にのみ関係する[34]。その点に関しては、例えば往診した際に医師が偶然知ったにすぎない事実が問題である場合でも、その内的な関連は存在する。

25　医師が純粋に私的に知った秘密は、たとえその者に医師としての知識があったからこそその秘密に気づくことができた場合でも、保護されない。個別のケースでは、限界づけが困難になる可能性がある。なぜならば、刑法典203条は、医師と患者との間に治療契約が締結されていたことを要件とはしていないからである。そのことは、医師が私的な立場で医師としての助言を求められた場合でも、必要とされる医師としての活動に対する内的な関連は存在する、ということを意味する。その場合には、秘密を守るという約束のもとに、その者を医師として信頼し、事実が委ねられたのかどうかが、個別のケースの事情に従って確認されなければならない。

26　治療契約が締結されていることや、その事実が医師の活動に直接関連しているということは、そのような関係の徴憑となる[35]。医師が、職業を営む「折に」、その状況を私的な目的で利用したが故に、知ることとなったにすぎない場合には、内的な関連は存在しない。例えば、医師が、患者の仕事場を捜索するために往診の機会を利用し、その際に、特定の事実を知るに至っ

---

33)　LK-StGB/*Schünemann* §203 Rn. 55.
34)　MüKoStGB/*Cierniak/Pohilt* §203 Rn. 40.
35)　Roxin/Schroth HdB MedStrafR/*Braun* 288.

た、という場合がこれに当たる[36]。

27　更に、秘密が医師に委ねられたこと、あるいは、その他の方法で医師に知らされたことが必要である。ある事実が、秘密にしておくという期待の下に、認識できる形で医師に伝えられるならば、その事実は医師に「委ねられ」ている。その場合には、医師と患者との間に個人的な信頼関係が存在しなければならない[37]。

28　「その他の方法で知らされた」というメルクマールは、医師に委ねられることなしに医師が知ることとなった事実に関する受け皿構成要件になっている。医師と秘密保持者との間に（委ねる場合と同じように）信頼を基礎とする特別な関係が存在しなければならないかどうかには、議論がある。ある見解によると、同規定の意義と目的に従って判断するならば、この第二のバリエーションの場合にも、信頼関係のあることが必要不可欠である、とされる[38]。もっとも、規定の文言からすると、そのような理解には難点がある[39]。なぜならば、「知らされた」という表現は、一般的な言葉遣いでは、必ずしも、特別な信頼を必要とする地位と関係づけられなければならないわけではないからである。それに加えて、刑法典203条は、その意義に従って考えるならば、例えば、秘密保持者の意思に反して事実を知らされた裁判医のように、医師が秘密を保護される者の了承なしに行為する事例も対象として含むべきである[40]。

29　文書が医師の下に届けられた場合には、文書の内容は医師に知らされたことになる。従って、実際に文書を閲覧することは必要でない[41]。

---

36) Schönke/Schröder/*Lenckner/Eisel* StGB §203 Rn. 15.
37) RGSt 13, 60 (62) ; OLG Köln NJW 2000, 3656.
38) LK-StGB/*Schünemann* §203 Rn. 39.
39) MüKoStGB/*Cierniak/Pohilt* §203 Rn. 39.
40) Roxin/Schroth HdB MedStrafR/*Braun* 289.
41) Schönke/Schröder/*Lenckner/Eisele* StGB §203 Rn. 17.

6．実行行為：秘密の漏示

30　医師の守秘義務違反の実行行為は、秘密の漏示である。それは、「知ってしかるべき人の範囲」に属さず、その伝えられた事実を知らない人に秘密を公表することだと解釈される[42]。

31　職業として活動する医師の補助者、並びに、患者の治療若しくは看護にその者の関与が不可欠である者は全て、「知ってしかるべき人」の範囲に属する。患者の治療および看護に従事する人は、これに当たる。従って、開業医院では、例えば、診療助手や他の医師も含まれるし、クリニックでは看護師や治療に従事する医師が含まれる。他の科の仕事に従事している者に関しても、患者がそこで同じように処置を受けている限り、同じことが妥当する。それに対して、別の開業医院の医師は、知ってしかるべき人の範囲には属さない[43]。別の開業医院の医師自身は守秘義務を負わされている、ということで、その点が変わるわけではない。

32　治療に従事している者に加えて、開業医院や病院の仕事に従事するより広い範囲の者も知ってしかるべき人の範囲に属する。すなわち、組織的な理由や管理上の理由から患者のデータを扱う者、つまりは、例えば、その都度の患者を担当する事務員や管理職員などがこれに当たる。もっとも、このことは、患者のデータを知ることがその都度の任務を果たすために必要である限りでのみ妥当する[44]。

33　いわゆる管理業務の外部委託は、コスト的な理由や管理組織の簡素化のために益々増加してきているが、これは特別な問題を提起する。例えば、医師が、自己の文書作成業務を、医療上のやり取りを記録した書面の処理を専門に扱い、この業務を、医院で雇われている事務員よりもコストが安く、か

---

[42]　BGH NJW 1995, 2915.
[43]　Roxin/Schroth HdB MedStrafR/*Braun* 291.
[44]　Roxin/Schroth HdB MedStrafR/*Braun* 291；*Bockelmann* in Ponsold, Lehrbuch der gerichtlichen Medizin, 14.

つ、効率的に処理する外部の事務所に委託する場合、それによって、その医師は患者の秘密を漏示することになる。同様のことは、医療費の清算を民間の医療費清算機関に委託する場合に関しても当てはまる[45]。

7．主観的構成要件

34　刑法典 203 条の構成要件は、上述した客観的構成要件メルクマールに加えて、医師が主観的な観点において故意に行為することを要件としている。自分の行為が全ての構成要件メルクマールを充足し、かつ、このことを意欲してもいる者は、故意に行為する者である。もっとも、その場合、一般的な諸原則に従うならば未必の故意で足りる。従って、医師が守秘義務に違反する可能性があると考えながら、それを甘受することで十分である。

35　故意は、全ての構成要件メルクマールの存在に、つまり、漏示された事実が秘密のものであること、職業に固有の関係があること、知ってしかるべきではない人に秘密が漏示されることに及んでいなければならない。この領域において医師が錯誤に陥っている場合に関しては、以下のように区別しなければならない。

36　錯誤が、例えば秘密であることのような構成要件のメルクマールに関して生じている場合には、医師は、故意なく行為するものである。なぜならば、その医師は構成要件的錯誤に陥っているからである（刑法典 16 条）。

37　それに対して、医師が、別の医院の医師に患者のデータを知らせることは許されていると誤って考えた場合には、その錯誤は禁止の錯誤である。なぜならば、その医師は、その別の医師が知ってしかるべき人の範囲に属すると思っているからである。そのような錯誤は故意を阻却しない。もっとも、その錯誤が回避不可能であった場合には、その医師は責任なく行為するものである（刑法典 17 条）。判例は、回避不可能性について高度の要求をしている。すなわち、医師は、通例、事前に法律上の助言を求めなければならないのである[46]。

---

45)　Roxin/Schroth HdB MedStrafR/*Braun* 240.
46)　*Hilgendorf/Valerius* StrafR AT §8 Rn. 35f.

38　　　　　　　　**刑法典203条の検討の概略**

> 1．構 成 要 件
>   a)　客観的構成要件
>   aa)　行為者適格
>   bb)　秘密
>   (1)　秘密であること
>   (2)　秘密にしておく意思があること
>   (3)　秘密にしておくことに利益があること
>   b)　主観的構成要件
> 2．違 法 性
>   a)　同意
>   b)　推定的同意
>   c)　特別法に基づく開示義務
>   d)　法律上の規定に基づく開示権限（社会法典第5編）
>   e)　刑法典34条による開示権限
>   f)　正当な利益の擁護
> 3．責　　　任

Ⅳ　正当化事由

1．関係する正当化事由に関する概観

39　たとえ、患者の秘密の漏示が、医師の守秘義務違反の（客観的及び主観的）構成要件を充足するとしても、このことは、その医師が罪を犯したことを必然的に意味するわけではない。罪を犯したことになるのは、その行為が違法でもある場合、すなわち、その行為が正当化事由によって正当化され得ない場合だけである。まずもって考慮の対象となるのは、以下の正当化事由である。すなわち、同意、推定的同意、正当化する緊急避難、正当な利益の擁護、法律上の開示義務あるいは開示の権利がそれである。

40　医師が誤って漏示を正当化する事実が存在すると思った場合、例えば、患

者が漏示に同意していると思った場合には、その医師に故意犯の責任を問うことはできない。なぜならば、その医師は許容構成要件の錯誤に陥っているからである[47]。

2．同　　意

41　患者の秘密の漏示に関する最も重要な正当化事由は、当該患者の同意である[48]。

42　同意（同意の一般的な要件については、医的な治療侵襲に関して前述した第2章参照）は、実行行為の時点で、すなわち、漏示の時点で存在しなければならない。事後的な同意により違法性がなくなることはない（もっとも、その場合、患者は告訴をしないのが通例であろう）。同意は外部に認識可能な形でなされなければならないが、明示的に表明される必要はない。

43　同意はしかるべき態度によって黙示的に示されていれば、それで十分である。もっとも、この態度から同意があることがはっきりと分かるということが必要である。雇用契約を結ぶ前に企業嘱託医の診察を受けるのが、その一例である[49]。この場合、医師の診察を受け入れるということは、診察の結果に関する情報が雇用契約にとって重要である限り、被雇用者は、診察結果が雇用主に伝えられることに同意しているということの推断的な表明を内容として含んでいる。同意は文書の形式でなされる必要はないが、文書の形式でなされていることは、医師にとって、同意が存在することの証拠として役立つ。

44　更に、同意が有効であるためには、同意を与える者が当該法益を処分する

---

[47]　許容構成要件の錯誤とその点に関して主張されている諸見解については、*Wessels/Beulke/Satzger* StrafR AT Rn. 697ff.；*Hilgendorf/Valerius* StrafR AT §8 Rn. 40ff. 参照。

[48]　異なる見解によると、漏示への同意は、いわゆる合意として、既に構成要件に該当しないことになる。MüKoStGB/*Cierniak/Pohilt* §203 Rn. 55；*Lackner/Kühl* StGB Vorbem. §§201ff. Rn. 2.

[49]　Roxin/Schroth HdB MedStrafR/*Braun* 296.

ことが許される、ということが必要である。秘密が関係している者は、それについて処分する権限を有する。従って、もっぱらその患者にだけ関係する秘密の漏示に同意することができるのは、当該患者だけである。

45　いわゆる第三者秘密、すなわち、その患者ではなく、第三者に関係する秘密であるが、医師が処置をする範囲内で、患者から知らされるか、若しくは、他の方法で知ることとなる秘密が関係する状況には問題がある。例えば、医師が既往歴の範囲で家族の遺伝性疾患について尋ねる場合に、このような問題が生じ得る。

46　その種のケースでは、患者がその秘密の漏示に同意を与えることができるのか、それとも、これはもっぱら当該秘密の保持者、すなわち、第三者にだけ留保されていることなのか、という問題が提起される[50]。刑法典203条の保護目的からすれば、患者も同意を与えることができる、ということが帰結される。一部では、このことは、このようなケースでは医師が秘密を守ることに対する一般的な信頼は動揺しない、という理由によって説明されているが[51]、秘密の保持者自身が秘密をその患者に伝えていた場合には、その秘密の保持者は保護に値しない[52]、とする別の理由づけもある。

47　未成年者にも同意能力が認められることはあり得る。18歳という年齢によって初めて無制限に認められるその者の行為能力ではなく、その未成年者がもつありのままの理解力や判断力が、決定的である[53]。

3．推定的同意

48　推定的同意という正当化事由は、例えば、患者に意識がなかったり、自由な意思決定を不可能にする病気に罹患していたりするため、すなわち、患者に同意能力がないために、患者の同意を得ることができない場合には、常に

---

50)　後者を支持するものとして、MüKoStGB/*Cierniak/Pohilt* §203 Rn. 76.
51)　Schönke/Schröder/*Lenckner/Eisel* StGB §203 Rn. 23.
52)　NK-StGB/*Kargl* §203 Rn. 55.
53)　→第2章 Rn. 26f.

問題となる。

49　それに対して、同意を得ることが可能な場合には、例外的なケースにおいてしか推定的同意に依拠することは許されない。すなわち、例えば近親者に対してのように、特定の人に対して秘密にしておくことにその患者が何ら利益を有していないことが明らかであるとか[54]、治療上の理由から同意を得ることができないとかといった場合がそれである。例えば、治療上の理由から、患者自身は診断結果を全面的に知ることはできないが、その近親者が患者の健康状態について真実を知ることについては了承するであろうと推定される場合がこれに当たる[55]。それに対して、困難な条件をクリアするとか、高額の費用をかけたりとかしないと、同意を得ることができないというだけでは、十分ではない[56]。

50　推定的同意のケースにおいては、もし患者に同意能力があったならば、自己の秘密の漏示に同意を与えていたであろうか、ということが検討されなければならない。その際には、患者の客観的な利益に焦点を合わせるべきではなく、関連するすべての事情を考慮しながら患者の現実の意思を確かめなければならない。情報提供の正当化のために推定的同意が引き合いに出されるのは、特に近親者からの場合が多い。しかし、この場合においても、患者に尋ねることが優先されなければならず、上述したような場合においてしか推定的同意に依拠することは許されない、ということに注意しなければならない。

4．正当化する緊急避難

51　その他に、秘密の漏示は、刑法典34条による正当化する緊急避難によって正当化される可能性もある。これは、まず、緊急避難状況、すなわち、緊急避難が可能な法益に対する現在の危難が存在することを前提とする。緊急

---

54)　BGHZ 122, 115 (120).

55)　MüKoStGB/*Cierniak/Pohilt* §203 Rn. 84 ; NK-StGB/*Kargl* §203 Rn. 61.

56)　MüKoStGB/*Cierniak/Pohilt* §203 Rn. 84.

避難が可能な法益は、刑法典34条によれば、何はさておき、身体若しくは生命、健康、自由若しくは名誉である。更に、その行為が必要なものでなければならない。すなわち、秘密の漏示が、危難を阻止するのに適したものでなければならず、かつ、それが、危難を有効に回避するための最も害の少ない手段でなければならない。加えて、脅かされる利益、すなわち、事実を秘密にしておくことの利益と保護されるべき利益とを衡量した結果として、保護される利益の方がはるかに優越することが必要である。

52　このことは、医師の守秘義務違反の正当化に関していうと、より高次の法益が危難にさらされていなければならず、その危難は秘密の漏示以外の方法では回避できないことが必要だということを意味する。例えば、毎日酒に酔った状態で自動車を運転して仕事に行くアルコール中毒患者によって他の道路利用者が危難にさらされており、医師がそのことを知っている、という場合がその例である。エイズ患者が、自分の人生のパートナーに対してその病気について教えていないことを知りながら、パートナーがその病気が感染しても構わないと考えているため、そのエイズ患者によってそのパートナーが危難にさらされている、という場合もその例である[57]。どちらの場合も、その都度保護されている法益は、自己の病気を秘密にしておくことへの患者の権利を原則的に上回っているが、その点に関しては、常に、個々のケースにおいて衡量することが必要である。

53　更に、医師は、秘密を漏示すること、つまり、その病気のことを当局や人生のパートナーに伝えるなどすることよりも害の少ない手段を用いることができるかどうかを検討しなければならない。何はさておき特に考慮されるのは、患者に働きかけることである。患者が無分別な態度を示しており、その患者がそのような態度をとり続けるおそれがあるため、法益に対する危難が存在する場合に初めて、医師は秘密を漏示することが許される。もっとも、刑法典34条から認められるのは漏示の権利だけであり、漏示の義務は認め

---

[57]　OLG Frankfurt NJW 2000, 875.

5．正当な利益の擁護

54　一定のケースにおいては、秘密を漏示することによって正当な利益を擁護する場合、医師は秘密となっている事実を漏示し、自己の守秘義務を破ることが許される。このことが認められる場合として、一方では、医師が、自分に対して損害賠償請求がなされることを回避するために、秘密にしておかなければならない事実を述べざるを得ない場合があり[58]、他方では、医師自身が、医療費清算請求権を実現するためにそのような事実を述べざるを得ない場合がある[59]。けれども、その解釈論的な根拠については異論の余地がある。確かに、刑法典193条から、正当な利益を擁護する者は正当化される、という一般的な原則が導出される。しかし、ここで問題となっている関連において、この原則に依拠することはできない。なぜならば、刑法典193条は利益衡量を前提とするけれども、ここで関係しているケースにおいては、その利益衡量は医師の財産的利益にとって有利な結果とはならないだろうからである[60]。

6．法律上の開示義務及び開示の権利

55　刑法典203条の保護を受ける事実を特定の機関に開示することを医師に義務づける、一連の法律上の規定がある。このようなケースにおいては、立法者が、秘密にしておくことへの患者の利益よりも公的な利益の方をより高く評価している、という事情が背景にある。もっとも、情報を伝えることが許されるのは、特定の機関に対してのみである。特に、社会法典は、医療給付の控除が問題となる場合に、様々な開示義務を定めている（社会法典第5編

---

[58] MüKoStGB/*Cierniak/Pohilt* §203 Rn. 86；Schönke/Schröder/*Lenckner* StGB §203 Rn. 33.

[59] BGH NJW 1991, 2955.

[60] NK-StGB/*Kargl* §203 Rn. 70.

294条以下参照)。刑法典138条及び139条3項によれば、医師は、特定の犯罪行為について通告することを義務づけられているが、その秘密が医師としての資格においてその者に委ねられた場合には、その医師は選択の権利を有している。その他に開示義務を含んでいるものとしては、例えば、感染症予防法6条ないし15条や連邦届出法32条がある。

第10章　汚職と清算詐欺

I　利益収受と収賄

1　外部資金の獲得は、医学においてかなり重要な経済的要因であり、それがなければ、私たちの健康管理体制はもはや存立し得ないであろう。まさに大学付属病院においては、製薬会社の外部資金によって、医師のポストが設けられ、医学研究の大半の資金が拠出されている。それ故、大学設置大綱法25条において、外部資金の獲得が明文で規定されている。いくつかの州では、例えば、バイエルン大学法5条1項2文のように、外部資金の獲得によって自学の役割を果たすために必要な資金調達に尽力することを大学に義務づけてさえいる。同様に、製薬会社は、医師が国際会議や専門家会議に参加することも支援している。そのような支援がなければ、多くの医師は、飛行機での移動、宿泊、大会参加費に高額の費用がかかるため、そのような会議に参加できなくなるであろう。他面で、製薬会社が医師に影響を及ぼし、自社の薬剤だけを使用するように医師をそそのかす危険がある。刑法上、外部資金の獲得は、利益収受（刑法典331条）ないしは収賄（刑法典332条）の構成要件に該当する可能性がある。

1．利益収受

2　公務担当者、欧州公務担当者、又は、その他の公務に関する特別義務者として、自己又は第三者のために利益を要求し、約束させ、又は、収受した者は、利益収受のために刑法典331条1項によって処罰される。

a）公務担当者としての医師

3　誰でも行為主体になり得るわけではなく、行為主体になるのは（欧州）公務担当者又は公務に関する特別義務者だけである。それ故、個人の開業医として活動する医師、あるいは、私立病院に勤めている医師は、利益収受や収

賄を理由として処罰されることはない。教会施設が経営者である病院の院外医師 Belegärzte 及び医師に関しても同様である。たとえこの教会施設が、基本法 140 条、ワイマール帝国憲法 137 条によれば、公法上の社団であるとしても、このことに変わりはない[1]。けれども、そのような医師は、刑法典 299 条 1 項（取引交渉における収賄）によって処罰される可能性がある。その点に関しては、第 10 章 Rn. 22ff. 参照。

4 公共体によって運営されている病院に勤めている医師（あるいは、その他の医療従事者）に関しては、これとは事情が異なる。その場合には、公務員として任用されている医師だけでなく、被庸者として働いている医師も、公務担当者である。つまり、公務担当者という概念は、刑法典 11 条 1 項 2 号 c によれば、官署と雇用関係あるいは委託関係にあり、それに伴い、公の行政の任務を行う全ての者をも含んでいるのである[2]。その病院が、公の任務としての生活配慮の枠の中で公の行政によって営まれている限り、その組織形態は問題ではない。そのような医師は、その病院が独立した有限会社の形態で営まれていようと、非独立的な自治体の固有経営として営まれていようと、公務担当者である[3]。

5 それに対して、開業医である契約医が、保険医療を行うことを認可されることによって公務担当者になるのかどうかについては異論の余地がある。契約医は保険医となることの認可によって法律上の疾病金庫が行う公の任務の実現の中に組み込まれることになり、それ故、医薬品を処方する場合には国家の延長された腕として行為していることになる、という理由で、これを肯定する見解も一部にはある[4]。けれども、支配的な見解によれば、それによって、そのような医師が公務担当者になるわけではない。なぜならば、疾病金庫との組織的な結びつきが欠けており、その医師の処方行為は何ら権力的

---

1) *Ulsenheimer* ArztStrafR Rn. 994f.
2) LK-StGB/*Hilgendorf* §11 Rn. 33, 53.
3) *Ulsenheimer* ArztStrafR Rn. 990.
4) *Neupert* NJW 2006, 2811 (2813).

行為には当たらないからである[5]。連邦通常裁判所も、契約医と患者の間の関係においては、個人的な関係が非常に強く前面に出るため、公の任務を果たすという権力的な性格はその陰に隠れて目立たなくなる、という理由で、契約医が公務担当者となることを否定している[6]。それは、連邦政府が、2015年の終わりに、健康保険制度における汚職の制圧のための法律案[7]を連邦議会に提出したことの重要な理由の一つである。(その点に関しては、→第10章 Rn. 28f.)

b) 刑法典331条の意味における利益

6　本罪の行為は、医師が自己又は第三者のために得ようとする利益に向けられなければならない。その利益は、財産的利益である必要はない。それによって医師の経済的、法的、又は個人的な状態が客観的によりよくなり、医師がそれを要求する権利を有していない贈与者の物質的又は非物質的な給付の全てが、利益という概念に含まれる[8]。

7　まず、資金が与えられた場合には、物質的な利益が認められる。その場合、医師がその資金を自分の懐に入れるか、それとも、この資金が第三者の利益となるのかということは、重要ではない。それによると、例えば、医師自身への経済的な支援はもちろん、病院、患者、あるいは、他の医師への支援も利益となる。金銭の供与のほかに、医師に、国際会議や専門家会議への参加費、ホテル滞在費、渡航費が支払われたり、スポーツやコンサートの催しへの無料入場券が与えられたり、病院に専門的な機械が贈られたり、その他物品の給付がなされたりした場合も、物質的な利益が与えられている。更に、副業の斡旋やローンを認めることも考慮の対象になる。

8　非物質的な利益は、それが、一方では客観的に測定可能な内容を有し、他方では当該公務担当者の状況を現実によりよくするものである場合は、刑法

---

[5] *Kötzer* NStZ 2008, 12 (16); *Fischer* StGB §11 Rn. 22e.
[6] BGH NJW 2012, 2530 (2532).
[7] BT-Drs. 18/6446.
[8] BGHSt 47, 295 (304); *Fischer* StGB §331 Rn. 11.

典 331 条の意味における利益とみなされる[9]。この公式は、批判的に見られている。なぜならば、状況がよくなることの客観的な測定可能性がなければ、利益は全く存在しないことになるだろうからである[10]。例えば、収入の見通しがよくなることが非物質的な利益に当たることは一般に認められている。出世の見込みが高まることも、それによって、医師が客観的によりよい状態になるのであれば、非物質的な利益の一つに数えられる[11]。かつての判例の見解によれば、名誉欲、自尊心、あるいは、自己顕示欲を満足させることだけでも既に非物質的な利益に当たるとされていた[12]。けれども、この判例は、そうこうするうちに放棄された[13]。

9　医師に供与を求める契約上の請求権があり、この供与が医師の活動に対する相応の対価である場合でも、利益が与えられたことになるのかには異論の余地がある。一部では、これが肯定されている[14]。医師への給付を結果としてもたらす契約が締結されており、たとえその対価が相応のものであるとしても、利益は存在し得る。なぜならば、もしそうでないと、対応する契約を締結することによって、利益の収受が常に否定されることになりかねないからである。それに対して、異なる見解によれば、この場合には利益は存在しない[15]。

c)　医師の職務の執行

10　利益は、医師の職務の執行に関係するものでなければならない。刑法典旧331 条とは異なり、利益が職務行為に対して与えられることはもはや必要で

---

9) BGHSt 47, 295 (304).
10) *Fischer* StGB §331 Rn. 11e.
11) Schönke/Schröder/*Heine/Eisele* StGB §331 Rn. 18 ; *Fischer* StGB §331 Rn. 11e.
12) BGHSt 14, 123 (128).
13) BGHSt 47, 295 (304).
14) BGHSt 31, 264 (279f.), BGH NStZ 2008, 216 (217) ; OLG Celle NJW 2008, 164f. ; NK-StGB/*Kuhlen* §331 Rn. 52f. ; MüKoStGB/*Korte* §331 Rn. 71ff. ; OLG Celle NJW 2008, 164f.
15) BGH NJW 2006, 225（民事部）。

はなく、むしろ、職務の執行との関連性が存在していれば足りる。職務の執行は、その医師に委ねられ、その医師が職務上の身分において行う全ての任務の履行を含む。その点に関しては、医師に抽象的な権限があれば足り、その都度の任務に関する具体的な権限までは必要ではない[16]。例えば、患者の治療、医薬品の処方や発注、講演をすること、国際会議や専門家会議への参加などが、医師の職務の執行となり得る。それに対して、純粋に私的な行為は、職務行為ではない。副業の範囲内での行為は、たとえその際に職務上の知見が利用されたとしても、職務行為ではない[17]。

11　刑法典332条による収賄の構成要件とは対照的に、許され、認められている行為も、刑法典331条1項の範囲内における職務の執行に該当する。

   d）　不正の合意

12　いわゆる不正の合意は、書かれていないが、しかし、賄賂罪の中核的な構成要件要素である[18]。この要素は、職務の執行に「ついて für」という文言によって示されている。不正の合意の背後にあるのは、賄賂罪の保護法益である。すなわち、この要素は、公務担当者への利益付与と公務担当者の職務の執行との間にいかなる関連性も認めることができず、職務の執行が、公務担当者が第三者から得た何らかの利益に従属している、という印象は与えられない、ということを保証するものとされるのである。要するに、「ギブ・アンド・テイク」の印象は与えられない、ということである。

13　内容的に、不正の合意は、利益と職務の執行との間に結びつきが存在するという趣旨での公務担当者と利益付与者との間の意見の一致から成る。この合意は、関与者によって少なくとも黙示的にはなされていなければならない。その際に、医師には、ここには相互関係が存在していること、及び、職務の執行について自分に利益が与えられることの認識がなければならない。

---

16)　*Fischer* StGB §331 Rn. 6.
17)　*Fischer* StGB §331 Rn. 7.
18)　Schönke/Schröder/*Heine/Eisele* StGB §331 Rn. 35 ; *Lackner/Kühl* StGB §331 Rn. 10a ; MüKoStGB/*Korte* §331 Rn. 93.

14 「職務行為」という概念を「職務の執行」に置き換えることで、不正の合意の要件は緩和されたと見ることができる[19]。改正後は、もはや特定の職務行為が利益と結びつけられる必要はないであろう。もっぱら「面倒を見てくれそうな雰囲気づくり」にしか役立たないような不特定の利益付与も、すなわち、贈与者に対する「一般的な好意」を生み出すこととなるような不特定の利益付与も含まれるであろう[20]。もっとも、このような見解は、不可罰な贈与との限界づけを行うに当たって、相当の困難に遭遇する。あらゆる場合に妥当する一つの線引きをすることは不可能であり、個別事例のその都度の諸事情が決定的であって、それら諸事情を全体的評価というやり方で互いにつき合わせて慎重に検討しなければならない[21]。その際には、次のような視点が重要となり得る。すなわち、付与された利益の程度、贈与者の動機や主観的な意図、その都度の取引関係の種類及び期間がそれである[22]。

15 薬剤の選定については薬品委員会が決定し、その医師がこの委員会に属していないため、当該医師が組織上の理由から医薬品の発注に影響力をもっていない場合には、不正の合意は問題にならない[23]。その他、贈与者たる会社の医薬品が当該医師の指揮の下で用いられる数が増えていなければ、その事情は、その医師が自己の職務の執行をその贈与に従属させてはいなかった、ということを推認させることになる[24]。

16 更に、社交儀礼に当たったり、好意からなされたりするもので、社会で普通に行われていて、一般的に是認されている社会的に相当な給付がなされる場合も、不正の連関は排除される。例えば、クリスマスの僅少な贈り物や、30ユーロ未満の価格のノベルティーグッズなどがそれである[25]。

---

19) *Heinrich* in AWHH StrafR BT §49 Rn. 26 ; Schönke/Schröder/*Heine/Eisele* StGB § 331 Rn. 30.
20) *Fischer* StGB §331 Rn. 24.
21) Schönke/Schröder/*Heine/Eisele* StGB §331 Rn. 28.
22) *Ulsenheimer* ArztStrafR Rn. 1012.
23) *Ulsenheimer* ArztStrafR Rn. 1014.
24) *Ulsenheimer* ArztStrafR Rn. 1014.

e) 実行行為：要求すること、約束させること、又は、収受すること

17　実行行為は、利益を要求すること、約束させること、又は、収受することである。医師が、明示的又は推断的に、自己の職務の執行について利益を求めているということを認識させる場合、その医師は利益を要求している[26]。単なる問い合わせや依頼以上のことが必要だとすれば、それが圧力の行使と結びつけられていたり、不利益を予測させるものであったりする場合にのみ要求が肯定されることになる。

18　医師が、将来の給付の申し出を明示的又は推断的に受け入れた場合には、その医師は利益を約束させている。他方で、医師が、自ら、自分のために用いる意思で利益を受け取るか、又は、第三者に渡す場合には、利益の収受に当たる。

19　　　　　　　　刑法典 331 条の検討の概略

```
1．構成要件
    a) 客観的構成要件
      aa) 行為者適格
      bb) 医師の職務の執行の枠内における利益
      cc) 要求すること、約束させること、若しくは、収受すること
      dd) 不正の合意
    b) 主観的構成要件
2．違法性
3．責任
```

2．収賄、刑法典 332 条

20　刑法典 332 条による収賄の加重構成要件は、利益収受と比べて、既に行われた義務に違反する特定の職務行為、又は、将来の義務に違反する特定の職

---

25)　*Fischer* StGB §331 Rn. 26a.
26)　*Fischer* StGB §331 Rn. 18.

務行為についての反対給付として利益が与えられること、あるいは、利益が適切ではない裁量決定に影響を及ぼすことを、要件としている。例えば、医薬品の選択や発注が、そのような裁量決定に当たる。その際、約束された将来の職務遂行ないしは裁量決定が実際に行われるかどうかは、重要ではない。決定的なのは、その医師が、与えられた利益により自己の将来の決定において影響される可能性がある、という印象を呼び起こすことである。そのような医師は、刑法典332条3項によれば、利益によって影響されるつもりであることを示していなければならない。

21　　　　　　　　　　刑法典 332 条、331 条の検討の概略

> 1．構 成 要 件
>   a）　客観的構成要件
>   aa）　行為者適格
>   bb）　医師の職務の執行の枠内における利益
>   cc）　要求すること、約束させること、若しくは、収受すること
>   dd）　不正の合意
>   ee）　331 条への追加：既に行われた義務に違反する職務行為、又は、まだ行われていない義務に違反する職務行為についての反対給付としての利益
>   b）　主観的構成要件
> 2．違　法　性
> 3．責　　　任

3．取引交渉における収賄、刑法典 299 条

22　刑法典 299 条は、1997 年 8 月 13 日の汚職の撲滅に関する法律によって、刑法典に挿入されたものである。賄賂罪とは異なり、同条は、公的な職務における純粋さへの一般人の信頼を保護するものではなく、自由で誠実な競争を保護するものである。

23　刑法典 299 条によれば、経営体の従業員又は代理人として、取引交渉において、以下の行為をした者は処罰される
　　1．物品又はサービスの提供に関して、国内又は国外での競争において不正な方法で他者に便宜を図ることに対する反対給付として、自己又は第三者のために利益を要求し、約束させ又は収受した者、若しくは、
　　2．物品又はサービスの提供に関して、ある行為を行い、又は、行わず、それによって、経営体に対する自己の義務に違反することに対する反対給付として、経営体の承諾なくして、自己又は第三者のために利益を要求し、約束させ又は収受した者
24　利益収受と同じように、刑法典 299 条も身分犯である。処罰され得るのは、経営体の従業員又は代理人だけである。病院はそのような取引企業体であるから、病院やクリニックに勤めている医師はそれに該当する。
25　それに対して、契約医も疾病金庫の代理人として同様に行為者の範囲に含まれるのかについては議論がある。この問題は重要な実践的意義をもっている。なぜならば、この問題は、現行法によれば、開業している契約医が医薬品会社からの供与によって処罰され得るか否かを決めることになるからである。ある見解によれば、契約医は、刑法典 299 条 1 項の意味における代理人である。疾病金庫は経営体である。疾病金庫から付与されている代理権に基づいて、医薬品又はその他の治療に用いる薬剤の購入契約を締結するにあたり、病院の名において、その医師は、代理人として行為する、とされるのである[27]。けれども、この見解に対しては、開業している契約医は自由業として働いており、それ故、自分自身として疾病金庫に対して義務を負っているわけではない、という異論が提起されている。とりわけ、契約医と疾病金庫との間には、契約医に契約を締結する権限を付与する法律行為上の関係は存在しない[28]。なぜならば、保険医協会がこの二つの機関の間を接続しているからである[29]。連邦通常裁判所の見解によっても、開業している契約医は刑

---
27)　*Pragal* NStZ 2005, 133 (134f.).
28)　*Geis* wistra 2005, 369 (370) ; *Ulsenheimer* ArztStrafR Rn. 1048f.

法典 299 条の意味における代理人ではない[30]。契約医が供与されたものを収受することに関する可罰性の欠缺への一つの反応が、保険制度における汚職の撲滅に関する法律案である[31]。

26 　刑法典 299 条の実行行為は、賄賂罪のそれに対応している。「不正な方法で」というメルクマールは、刑法典 331 条、332 条における不正の合意の場合と同じ意味である。

27 　　　　　　　　　　刑法典 299 条の検討の概略

> 1．構 成 要 件
>   a) 客観的構成要件
>   aa) 行為者適格
>   bb) 取引交渉における行為
>   cc) 利益を要求すること、約束させること、若しくは、収受すること
>   dd) 不正の合意
>   b) 主観的構成要件
> 2．違 法 性
> 3．責　　任

4．保険制度における汚職の撲滅に関する法律案

28 　連邦政府は、2015 年 10 月 21 日に、保険制度における汚職の撲滅に関する法律案[32]を提示した。同法律案は、特に、「保険制度における収賄」（法律案 299 条 a）と「保険制度における贈賄」（法律案 299 条 b）の新たな犯罪構成要件を含んでいる。これらの規定によって保護されるのは、まず第一に、保

---

29) *Geis* wistra 2007, 361 (362) ; *Klötzer* NStZ 2008, 12 (14).
30) BGH NJW 2012, 2530.
31) BT-Drs. 18/6446, 同法律案についてはすぐ後で述べる。
32) BT-Drs. 18/6446.

険制度における公正な競争と医療に関する職業上の決定の廉潔性に対する患者の信頼である、とされている[33]。

法律案299条aの内容は次の通りである。
「(1) 職業活動又は職業表示の使用に当たって国家的に規制された専門教育を必要とする医業の一員として、その職業を行うこととの関連において、医薬品、治療薬、処置薬、又は、内服薬の処方若しくは交付の際、又は、患者の紹介若しくは診察器具の供給の際に、
1．国内又は国外の競争において不正な方法で他の者に便宜を図ること、若しくは、
2．医療に関する職業上の独立を保持する自己の職業法上の義務に違反することに対する反対給付として、自己又は第三者のために利益を要求し、約束させ又は収受した者は、3年以下の自由刑又は罰金に処する。
(2) 第1項の意味における医業の一員として、患者に交付することが決まっている医薬品、治療薬、処置薬又は内服薬の購入の際に、医療に関する職業上の独立を保持する職業法上の義務に違反することに対する利益を要求し、約束させ又は収受した者も、前項と同一の刑に処する。」

29　その法律案は、主として、開業している契約医は法律上の疾病金庫の従業員でも代理人でもなく、それ故、刑法典331条、299条をその者に適用することはできない、とする連邦通常裁判所の決定[34]によって動機づけられたものである[35]。－そういった理由からも－法律案299条aの人的適用範囲は、刑法典331条、299条のそれを越える。利益の受取り側について、同条は、「職業活動又は職業表示の使用に当たって国家的に規制された専門教育を必要とする医業」の全ての構成員を対象とする[36]。従って、例えば、医師、薬

---

33)　BT-Drs, 18/6446, 12f.
34)　BGH NJW 2012, 2530.
35)　BT-Drs. 18/6446, 1, 11.

剤師、更には、例えば看護師あるいは理学療法士のようないわゆる健康専門職も含まれる[37]。構造的に、法律案 299 条 a は、現行刑法典 299 条に対応している。それ故、その規定が施行された場合には、現行の 299 条の解釈を広範囲に渡って役立てることができるであろう[38]。

5．外部資金の獲得

30　外部資金の獲得の場合についても、収賄の構成要件は原則として適用可能である。もっとも、薬品産業からの財政的援助がなければ医学的な研究は不可能である。医師や大学には、お金がかかるコストの高い研究を行い、外国での専門家会議に参加し、国際会議やシンポジウムなどで外国の仲間と意見交換するための財政的資金は不足している。その理由だけでも、外部資金の獲得それ自体が禁止されるわけではない。判例は、むしろ、外部資金法に定められている手続が遵守されていた場合には、外部資金の獲得は許容される、ということから出発している[39]。

31　特に、2002 年 5 月 23 日の連邦通常裁判所の判決によれば、資金の流れの透明性は保証されなければならない。すなわち、「最大限の可視性」が存在しなければならない。同様に、統制可能性も重要である。それは、一方では、包括的な資料によって、他方では、監督官庁に対する許認可義務及び届出義務によって達成されることがらである[40]。それと共に、連邦通常裁判所は、外部資金を調達する場合には常に備わっていなければならない以下のような諸原則を強調している。すなわち、透明性の原則、資料保存の原則、許認可原則ないしは届出原則がそれである。これらが遵守されている場合には、不正の合意は認められない（参照→第 10 章 Rn. 12ff.）。

---

[36]　BT-Drs. 18/6446, 7.
[37]　BT-Drs. 18/6446, 17.
[38]　So auch BT-Drs. 18/6446, 1, 17f., 21.
[39]　BGHSt 47, 295 (306).
[40]　BGHSt 47, 295 (307f.).

32 それに加えて、様々な行動規範において、外部資金獲得に関する重要な基本的要件として分離原則が挙げられている。分離原則とは、外部資金の獲得に関する責任と、支出側、すなわち、購入、発注等に関する責任とが厳格に分離されていなければならない、というものである。薬品産業からの援助を受けた者は、医薬品、臨床検査機器等々の購入に関して責任者となることは許されない[41]。そうすることによって、給付と反対給付の関係があるという印象は、ますますもって生じ得なくなる。

33 また別の原則として、非現金払いの原則、口座分離の原則、利他性の原則、及び、比例性の原則がある[42]。従って、金銭の給付は、現金払いの方法で行われてはならない。分離原則から、口座分離の原則が帰結される。すなわち、援助を受けた医師が、支出側の口座に手を付けることは許されないのである。それに加えて、資金の援助は公益的なものでなければならない。すなわち、病院、研究かつ／あるいは患者の利益になるものでなければならず、医師の私的な利益を顧慮してはならない[43]。外部資金の調達が反対給付と関係している限りでは、その反対給付は釣り合いのとれたものでなければならない。

34 連邦通常裁判所の示した基準を考慮に入れたとしても、医師にとっては、常に、利益を収受するような外観を呈する状況に身を置く危険がある。検察官は発端となる嫌疑が存在する段階で既に捜査を開始しなければならないから、学説では、産業界と医学界とが共同作業をする場合には、嫌疑を受ける危険に身をさらさないために、分離原則も含めて上述したすべての原則を厳正に遵守することが強く推奨されている[44]。とりわけ、それらの諸原則は、関係者によって、自分たちの有利なように限定的に解釈されるのではなく、

---

41) *Ulsenheimer* ArztStrafR Rn. 1061.
42) *Ulsenheimer* ArztStrafR Rn. 1064ff.
43) *Ulsenheimer* ArztStrafR Rn. 1066.
44) *Ulsenheimer* ArztStrafR Rn. 1060； *Satzger* ZStW 2003, 469 (497f.)； *Laufs* NJW 2002, 1770.

客観的に、かつ、最上級裁判所の判例に沿って解釈されるべきであろう[45]。

II 清算詐欺

1．序

35　清算詐欺は、それによって毎年莫大な経済的損害が引き起こされているという理由だけでも既に、実務においては重要な問題である[46]。その点に関しては、契約医による保険医協会 – これは疾病金庫に対する全ての清算を引き受ける機関である – に対する清算詐欺と民間医師の清算詐欺を区別することができる。双方の領域には、それぞれ典型的な事例状況が存在する。それについては、以下で触れるつもりである[47]。けれども、それらは全て刑法典263条1項による詐欺の構成要件に該当するという点で共通している。

2．清算詐欺の成立要件

36　詐欺の客観的構成要件は、行為者の欺罔行為、それによって引き起こされる錯誤、財産の処分、及び、財産的損害を必要としている。主観的には、行為者は、故意で、かつ、不当利得の目的をもって行為しなければならない。その場合、故意は、追求される利得の客観的な違法性にまで及んでいなければならない。

a) 欺罔行為

37　清算詐欺は、刑法典263条1項によれば、まず、欺罔行為を必要とする。欺罔行為は、虚偽の事実を偽装すること、あるいは、真実を歪曲若しくは隠ぺいすることにある。医療費の清算の領域では、疾病金庫ないしは私費の患者に虚偽の事実を本当だと思わせるたくさんの可能性が存在する。この可能性は、医師をチェックすることは非常に難しい、ということによって助長さ

---

[45] *Ulsenheimer* ArztStrafR Rn. 1060.
[46] 詳細は、*Ulsenheimer* ArztStrafR Rn. 1075.
[47] Wabnitz/Janovsky HdB Wirtschafts-/SteuerstrafR/*Hilgendorf* §13 Rn. 12ff. 参照。

れる。患者は医療費の清算を検査できないし、保険医協会は、医療上の資料に基づく限りで清算をトレースすることはできるが、給付が実際にも提供されたのかどうかを調査することはできない。

38　実際には提供されていない給付、又は、完全には提供されていない給付を清算したり、契約上の義務に反して自身では提供していない給付を清算したりするのが、保険医である契約医による虚偽の事実の偽装の例である。欺罔行為が生ずるまた別の可能性は、給付に関する料金法上の評価又は分類を意識的に偽るところにもある[48]。

39　民間医師も、提供されていない給付について提供したものと欺くことができる。その他に、主任医師が、自己の私的な報酬請求をするにあたり、実際には助手によって行われた患者に対する給付を自ら提供したと偽りの申告をする場合にも、欺罔行為が存在する。

40　けれども、どちらの場合にも、事実に関する欺罔がなされなければならない[49]。しかし、支配的見解によれば、報酬請求権を主張するだけでは、そこに事実に関する欺罔は含まれない[50]。むしろ、この場合、医師は、法的見解を述べているのである。従って、この見解によれば、医師は、計算の基礎となっている事実についてしか欺罔することができない。別の見解によれば、適切ではない法的主張をする場合においても、詐欺に関連する虚偽の事実に関する主張を肯定することができる[51]。こちらの見解の方が優れているであろう。

41　契約医が、製造業者から受け取ったリベートやボーナスを清算において明らかにしていないケースには問題がある。この場合に問題になるのは不作為による欺罔であるが、それが可罰的となるためには開示への法的義務がある

---

[48]　他の例については、Roxin/Schroth HdB MedStrafR/*Schroth/Joost* 187ff.

[49]　法律は、刑法典263条において、虚偽の事実を真実に見せかけること、という言葉を用いている。けれども、厳密に言えば、「虚偽」であり得るのは事実の主張だけであり、事実それ自体は「虚偽」ではあり得ない。

[50]　*Fischer* StGB §263 Rn. 11.

[51]　*Hilgendorf*, Tatsachenaussagen und Werturteile, 205ff. Roxin/Schroth HdB MedStrafR/*Schroth/Joost* 192 も参照。

b) 錯誤を生じさせること

42　詐欺の更なる構成要件要素は、錯誤を生じさせることである。ここでは、欺罔行為を行うことによって、保険医協会のその都度の担当係員に錯誤が引き起こされる。その場合、係員が一つ一つの清算を点検すること、若しくは、抜き取り検査をすることは、必要ではない。契約医は実際に提供された給付とかかった費用しか請求していない、ということへの一般的な信頼で十分である[53]。

43　主任医師による民間医療費の清算についていうと、病院においては普通一般にそうなのであるが、病院側が医師を割り当てる取決めに患者が同意したため、主任医師の専門的な監督と指示の下で主任医師に従う医師によってなされた給付はその主任医師本人によってなされた給付と同等のものとなる場合には、患者には錯誤が欠けている[54]。この場合には、法的に有効な報酬請求権があるため財産的損害も生じていないのだからなおさらのこと、清算詐欺は問題にならない。

c)　財産の処分と財産的損害

44　被害者は、錯誤に基づいて自己の財産を処分しなければならない。すなわち、例えば、自分の財産から一定の金額を行為者に振り込むなどしなければならない。一般的に言うと、それによって直接的に財産に影響が及ぶあらゆる作為、黙認、不作為が財産的処分行為である[55]。財産的処分行為は、錯誤に陥った者によって行われなければならない。

45　契約医による欺罔の場合には、財産的処分行為と財産的損害は、疾病金庫

---

52) その点に関しては、*Ulsenheimer* ArztStrafR, Rn. 1114ff.; Roxin/Schroth HdB MedStrafR/*Schroth/Joost* 192f.
53) BGH MedR 2006, 721 (724).
54) *Ulsenheimer* ArztStrafR Rn. 1118.
55) *Heinrich* in AWHH StrafR BT §20 Rn. 69.

には認められない。確かに、保険医協会が診療報酬総額を請求する疾病金庫のその都度の担当係員は財産的処分行為を行っている。けれども、この財産的処分行為は、その担当係員の錯誤に基づくものではない。しかし、財産的処分行為は、保険医協会自体によって行われている。保険医協会は診療報酬総額を確定することによって、所属する契約医の財産を処分できるのであり、これらの契約医は、それによって、財産的損害を被る[56]。これで、刑法典263条の詐欺を認めるには十分である。なぜならば、処分行為者と被害者は同一である必要はないからである。

46 民間医師による報酬請求の場合には、財産的処分行為は患者によって行われる。損害は、患者に生ずるか、あるいは、費用請求をする場合には、患者が個人的に契約している保険会社又は援助機関に生ずる。

47 契約医が、例えば、認可されていない助手の雇用や見かけ上の社員の雇用について欺くというように、単に形式的な規則の遵守について欺いたに過ぎない場合の財産的損害には問題がある。判例は、この場合について、たとえ給付が実際に提供された場合であっても、社会保険法においては厳格に形式的な考察方法が妥当するということに基づき、財産的損害を肯定している[57]。けれども、学説では、このような見方は正当にも批判されている。詐欺罪の財産概念は、形式的なものではなく、経済的なものである[58]。けれども、患者がきちんとした治療を受け、この事実それ自体は正しく清算された場合であれば、経済的には何ら損害は生じていない。それ故、形式的な規則に対する違反だけで、財産的損害を基礎づけることはできない[59]。

d) 故意及び不当利得目的

48 医師は、少なくとも未必の故意をもって行為しなければならない。すなわ

---

56) *Ulsenheimer* ArztStrafR Rn. 1105ff.
57) BGH NStZ 1995, 85f.; OLG Koblenz MedR 2001, 144 (145).
58) *Heinrich* in AWHH StrafR BT §20 Rn. 69.
59) *Volk* NJW 2000, 3385 (3388); *Ulsenheimer* ArztStrafR Rn. 1121ff.; Schönke/Schröder/*Cramer*/*Perron* StGB §263 Rn. 112a ff.

ち、医師は、欺罔行為、錯誤、財産的処分行為及び財産的損害の可能性を少なくとも認識し、それを是認しつつ甘受するものでなければならない。認識ある過失との限界づけは、個々の事例においては困難なものとなる可能性がある。このことは、特に、実際の給付の提供ではなく、料金法上の問題、あるいは、手続上の問題がかかわるケースに当てはまる。このようなケースでは、医師が自己の清算を正しいと考えている場合には、その医師は故意に行為するものではない。

49 更に、医師は、財産的損害と「素材同一性のある」違法な財産的利益を獲得しようとするものでなければならない。このことは、行為者によって獲得される利益は被害者に生ずる損害のいわば裏面でなければならない、ということを意味する。保険医が患者に必ずしも必要ではない給付を提供した場合、疾病金庫に素材同一性のある財産的損害は存在しない。しかしながら、この場合、患者がこの給付分だけ豊かになっているとすれば、金庫の損害は、医師に対する求償請求をしないところにある[60]。

50　　　　　　　　（清算）詐欺の検討の概略

> 1．構 成 要 件
> a）　客観的構成要件
>   aa）　欺罔行為
>   bb）　錯誤
>   cc）　財産的処分行為
>   dd）　財産的損害
> b）　主観的構成要件
>   aa）　故意
>   bb）　不当利得目的
> 2．違 法 性
> 3．責　　　任

---

60)　BGH NJW 2004, 454 (455) ; *Fischer* StGB §263 Rn. 189.

第11章　新たな挑戦

1　医療における科学技術の進歩は、医師、研究者、患者、そして社会に、絶えず新しい問題を突き付けている。医事刑法もまた、この新しい挑戦に立ち向かわなければならない。

I　人間の自己最適化：エンハンスメント

1．自己最適化への傾向

2　既に数年前から、医療において新たな動向を看取することができる。ますます、医療は、病気の治療のためだけでなく、健康な人の状態をより向上させるためにも用いられるようになってきているのである。美容整形手術、ドーピング、遺伝子工学は、このような変化を示す若干の例にすぎない。外見だけでなく、例えば薬物を摂取することによって、運動能力や職業上の能力も高められる。そう遠くない将来において、遺伝子工学の方法で次の世代の属性を多かれ少なかれ「注文通りに」最適化することすら可能となるであろう。

3　従来、これらの展開が、スポーツにおけるドーピング、美容整形手術の商品化、胚を遺伝子工学によって操作することの許容性等々の個別の観点からしか論じられていなかったことにはもっともな理由がある。アングロサクソン語圏では、そのような全体的現象が、しばしば、「人間のエンハンスメント Human Enhancement」への傾向として描写されている[1]。その言葉の意味するところは、「病気の治療のためではない、ないしは、医学的適応性がない人間の身体へのあらゆる強化的侵襲」[2]であるとされている。人間の自己最適化という言葉を用いることもできるであろう。

---

1)　*Lenk*, Therapie und Enhancement; *FLHRBS*, Enhancement. 参照。
2)　*Fuchs*, „Enhancement" in Korff/Beck/Mikat, Lexikon der Bioethik, 604.

4　自己最適化への努力は、新しいものではない。あらゆる形態の知的な教育の継続、スポーツのトレーニング、いやそれどころか化粧品を使うことですら、究極的には「エンハンスメント」に他ならない。けれども、その手段は、この現象とその個別の観点について新たな考察を必要とするほど特徴的な形で変わってきた。新たな技術は、これまで想像することができた限界を超えて、多様な最適化の可能性に及んでいる。とりわけ、進化の支配可能性が増大していることは、社会を根本的に変える潜在的可能性を有している[3]。このような展開について理解することは、医事法及び医事刑法において現在なされているたくさんの議論をもっと明確に整理し、問題状況をよりよく理解することに役立ち得る。

2．現在の展開

a）　美容整形手術

5　美容外科は、現在、著しい増加率を示している。例えば、豊胸手術のような美容整形手術は、2013年に、ドイツで、約344,000件行われた。更にそれに加えて、例えば、ボトックス注射のような手術をしない措置が約311,000件ある[4]。

6　このような「人間をより美しくする産業」は、外観への私たちの要求や、人間の生来の素質は「自然から与えられた避けがたいものである」ということに対する考え方に、どんどん影響を及ぼしている。個々人の違いや年をとっていくといったことは、ますます、人間の生の一部としてよりはむしろ阻害要因として見られるようになってきていると思われる。特に、中進国においてでさえも、美容外科は現今のトレンドである。アジアでは、視力障害に

---

[3]　そのような指摘として、既に *Fläming* APuZ 1985 B3, 3ff.

[4]　*Kaufmann*, Deutsche spritzen immer häufiger Botox,Handelblatt vom 24. 9. 2014. 次のアドレスで見ることができる。http://www.handelsblatt.com/technologie/forschung-medizin/medizin/trend-bei-schoenheitsoperationen-deutsche-spritzen-immer- haeufiger-botox/10746612.html（2015年5月5日現在）。

関するレーザー治療 – それは確かに美容的な側面も持ち合わせている – だけでなく、目の形を変えたり、「女性的な」体つきに整形したりすることも、ますます人気が出てきている。アメリカ合衆国においては、人種的な特徴を変えることは、既にかなり以前から看取できる動きであるが、それは、自己の個性と生まれをもってアイデンティティを確認するということとの関係においても問題があるように思われる[5]。

b)　身体と精神におけるドーピング

7　ドーピングは既に古代から存在しているとしても、その現実の規模の点や、また、現実に医師がその一部に組み込まれているという理由で、今日では医学的な問題でもある[6]。スポーツの領域で、能力を向上させるために薬物が利用されていることはよく知られている[7]。ドーピングは、スポーツの能力を向上させることだけではなく、例えば、純粋に美的な理由から、成長した筋肉を手に入れるために筋肉増強剤を服用したり、「やせ薬」を服用したりすることによって、外観の最適化のためにも行われている。

8　ドーピングは、他の生活領域においても、どんどん広まってきている。そのため、インターネットで、記憶力や集中力の強化、あるいは、試験のストレスの克服のための物質を注文することができる。それらの物質は、場合によっては、既にかなり以前から広まっているアンフェタミン、あるいは、その他の違法薬物の服用よりも副作用が小さいことがあるかもしれないが、たとえそうだとしても、どのみちこれらの物質に関しても、深刻な健康の危殆化が生ずる可能性がある。加えて、服用を拒否する者にとって不利になる形で競争が害されることになる。

9　その問題は、新設された反ドーピング法[8]によって、改めてメディアの関

---

5)　*Brock* in Parens, Enhancing Human Traits, 63f.
6)　*Linck* NJW 1987, 2545 (2546).
7)　Doping, FAZ online. 次のアドレスで見ることができる。http://www.faz.net/aktuell/sport/sportpolitik/doping/（2015年5月5日現在）。
8)　BGBl. 2015 I, 2210ff.

心の的となった。ドーピングによって競争の利益を手に入れようとするスポーツ選手は、3年以下の自由刑に処される可能性がある。もっとも、対象とされているのは、ドーピング検査制度の枠内において検査対象者リストTestpoolの構成者としてトレーニング検査を義務づけられている競技者、あるいは、スポーツによって「相当な収入」を得ている競技者だけである。従って、レジャーでスポーツをする者は、ドーピング禁止の罰則の適用範囲から除外される。外国のスポーツ選手が連邦共和国で同法に違反した場合にも、同様に訴追される可能性がある。その他に、上述の行為者の範囲に関しては、ドーピング目的での禁止薬物の取得及び所持も処罰の対象とされている。

c) 次世代の改善 – 体外受精、着床前診断、遺伝子工学

10　改善の新たな段階が、将来、生殖医療と遺伝学によって達成されるかもしれない。現在でも既に、諸外国では、人工授精の際に遺伝的な病気に罹っている胚を選り分ける、ということが一般に行われている。少なくとも理論的には、このことが、他の特徴、すなわち、性別、外見上の特徴、更に場合によっては性格的な特徴による選別にまで及ぶ可能性があるだろう。人工授精と受け継がれる遺伝的素質の変更とを結びつけることによって、将来は、単に次世代の選別だけではなく、次世代の操作、すなわち、「デザイナーベビー」を創り出すことさえ可能となるであろう。

d) 全体的評価

11　ここで略述した諸展開は、いくつかの共通点を示しており、それらは、道徳的及び法的な判断をする際に重要性をもっている。まず、それらは全て、身体の状態への比較的強い侵襲を伴っており、その侵襲の副作用は、一部はかなりのものであり、一部はまだ全貌が分かってすらいない。これらの新しい侵襲の大部分は第三者の直接的な協力を必要とする、という点も注目すべきである。伝統的な「改善」の多くは、大なり小なり、自分がもつ特徴を増強しようとする者自身の行為によるだけで可能なものであった。それに対して、美容整形手術、能力を向上させる薬物の服用、あるいは、遺伝子工学的

な操作は、研究者、医師、あるいは、薬剤師の協力を必要とする。

12　それに加えて、新しい方法の多くは、かなりの費用がかかり、誰がその実施の費用を負担しなければならないのか、ということが、しばしば問題となる。美容外科では、疾病金庫によって支払うことができる施術と支払うことができない施術を分類するという問題があることが知られている[9]。しかし、このような問題は、他の領域でも考えることができる。遺伝的な病気のある胚の選別、学生のドーピング使用、美的な欠点の除去のための費用は誰が支払うべきなのであろうか？　差し当たり、その答えは明白であるように思われる。すなわち、改善を望む者が支払うべきである、というのがそれである。しかし、他面では、経済的に有利な立場にある者は自己の社会的利益をより一層拡充することができるのに対して、資力の乏しい者には現代のエンハンスメント技術の使用が妨げられたままである、ということが公正なのかは疑わしい[10]。

13　外見、人工的に高められた知力、遺伝的な改善といったことがもつ重要性は、その最適化が可能となり、また、消費者がそれを求めることもできるようになったことに伴って、高まっている[11]。「競争相手と競り合って」いけるようにするために同じようにその種の処置を実施しようとする圧力は、ますます強まっている。それ故、その種の処置の許容性について考える際には、そのことも考慮に入れなければならないであろう。

II　予測的遺伝子診断

14　遺伝学と医薬品研究の関係における興味深い将来の分野の一つに、予測的遺伝子診断がある。予測的遺伝子診断は、ヒトゲノムの研究と（少なくとも部分的な）解読によって可能となった。患者の親族の病歴を調査することは、

---

9)　*Lanzerath*, Krankheit und ärztliches Handeln, 327.
10)　その点については、既に、*Lanzerath*, Krankheit und ärztliches Handeln, 328.
11)　Brock in Parens, Enhancing Human Traits, 62f.

もはや必要ではなく、患者自身の遺伝子情報から、その患者が特定の病気に罹っている、または、罹るであろう蓋然性を知ることができる、ということが期待される。けれども、予測的遺伝子診断は、いくつかの倫理的及び法的問題を投げかける。

15　まず、誰に対してそのような検査を実施すべきか、特別な説明が必要かどうか、そして、場合によっては、どの程度まで追加の世話、ないしは、世話の拡張を近親者に勧めるべきか、ということがはっきりしない。それに加えて、獲得された遺伝子情報をどのように取り扱うべきか、とりわけ、この情報の医師による利用を制限することがどの程度可能となるであろうかという問題がある[12]。

16　「通常の」検査と治療の場合でも、医師は、時として、どの範囲まで説明すべきか、誰が説明の対象者に含まれるべきか、そしてまた、どのような検査が患者にとってむしろ非生産的なものとなる可能性があるのか、といった問題に直面する[13]。このことは、遺伝子検査の関連ではより強まる。検査結果が患者とその周囲の状況に及ぼす影響は、通常の診断の場合に比べてはるかに広い範囲にまで及ぶ。その例として、身体的には全く健康な人に関して、ハンチントン舞踏病に罹患しており、その病気で死ぬであろう、ということが確認される可能性が挙げられている[14]。その遺伝子の欠陥が確認された場合、このことは、発病確率が100％であることを意味し、更にまた、患者の両親、子供、兄弟も同様に、自分は自覚していないが、この遺伝子の欠陥を示す可能性があるかもしれない、ということも意味する。

17　従って、患者がこのような特別な遺伝子の欠陥を示すかもしれないという

---

[12]　遺伝子工学の発展に対する社会の反応については、*Stockter*, Verbot genetischer Diskriminierung, 37ff. 参照。

[13]　→第2章 Rn. 66.

[14]　*Kovács*, Prädiktive genetische Beratung in Deutschland, eine empirische Studie, 2008. 次のアドレスで見ることができる。www.ssoar.info/ssoar/handle/document/21613.

疑いがある場合には、検査の前に、様々な観点から熟慮してみなければならない。それ故、その患者が、近年の内に激しい痛みを伴う病気で死ぬことが避けられないという診断を、どのように受け止める可能性があるのかをよく考えてみなければならない。ある種のケースでは、病気を知らないことの方が、もしかしたら、患者にとってよいことなのではなかろうかという点の判断の是非、ないしは、患者がその情報にどのように反応する可能性があるのか、ということを、既に前もって明らかにしておき、相談の段階でそのことへの注意が喚起されるべきであろう[15]。いかなる場合でも、患者が遺伝子検査の結果によって孤立してしまわないことが保証されなければならない。

18　それに加えて、近親者への影響という問題がある。特に、ハンチントン舞踏病のように、確実に死に至り、親類も同じようにその病気に罹る蓋然性が非常に高い病気の場合には、その近親者の利益を考慮に入れるべきである。

19　連邦通常裁判所の最近の判決[16]は、この関連で注目を集めた。原告の女性は、説明が間違っていたとか説明がなかったということで被告の医師を非難したのではなかった。そうではなく、むしろ、彼女は、離婚した夫がハンチントン舞踏病を発病したことの説明を受けたことを理由に、被告に対して財産的及び精神的損害の賠償を請求しようとしたのである。原告の女性自身は被告である医師の患者ではなく、彼女には遺伝的血縁関係がないので、確かに確認された病気によって直接打撃を受けるわけではないが、しかし、その発病した前夫との間に子供たちがいた[17]。原告の女性は、その病気の告知を受けて以来、反応性うつ病に罹り、その結果、永続的な書字障害と、それに関連した就業不能状態に至った。

20　けれども、連邦通常裁判所は、民法典 823 条 1 項及び 2 項に基づく原告の損害賠償請求を認めなかった。一方では、侵害された法益は、原告の健康である。けれども、その損害賠償請求は、説明をしたことと健康侵害との間の

---

15)　Meincke/Kosinski/Zerres/Maio Der Nervenarzt 2003, 413ff.
16)　BGH NJW 2014, 2190.
17)　*Schneider* NJW 2014, 3133.

帰責連関が欠けているため、認められない。一方の親がもしかすると二人の間の子供の健康にも影響を及ぼすかもしれない重大な病気に罹っていることが分かり、そのことが、他方の親に告知されることは、両親が常に遭遇する可能性のある運命であり、従って一般的な生活上のリスクである。そのようなリスクは、民法典823条1項が保護すべき危険には属さない、とする。他方では、知らないでいる権利という形で表される一般的な人格権が侵害される可能性はある。自己の遺伝的な素質を知らないでいる権利というものは承認される。けれども、連邦通常裁判所は、損害賠償請求を否定した。その理由は、原告は、遺伝的な血縁関係を欠いているため、知らないままでいる自己の権利を害されるとはいえないからだとされている[18]。

21 遺伝子検査は、より一層広範囲に及ぶ個人の保護の問題を提起する。このことは、特に、遺伝子検査によって獲得されたデータの取り扱いと、もしもそのデータを他者（雇用主、保険会社）が自由に使用できるようにしたらどうなるかということに関係している。遺伝子検査によって重い遺伝性疾患の素因があることが明らかとなる人は、もはや雇ってもらえず、かつ／または、もはや（私的な）保険に加入することができないおそれがある。それ故、遺伝的な病因を有していることがこれまで知られていなかった人が「のけ者」にされるおそれがあるという危険を、どのようにすれば防止できるか、ということが議論されなければならない。

22 この関連では、その種の差別を回避する国家の義務があるかどうか、という問題が提起される。そのような国家の保護義務は、例えば、基本法3条1項（平等原則）、あるいは、基本法1条1項と結びついた同法2条1項（一般的な人格権）から引き出すことができるであろう。それらの条項は、2006年から、一般平等取扱法の基礎にもなっている[19]。

---

18) その点については、更に、*Schneider* NJW 2014, 3133f.
19) BGBl. 2006 I, 1897ff.

Ⅲ　イメージング技術

23　医学と法を重大な挑戦の前に立たせているもう一つの領域が、例えば、陽電子放射断層撮影（PET）や磁気共鳴断層撮影（MRT,fMRT）のような現代のイメージング技術である。これらの技術によって、ここ数十年で、中枢神経系の構造や機能についての目覚ましい洞察が可能となった。このような非侵襲性の方法を用いることによって、場合によっては、人間の自己理解にとって中心的な意義をもつ精神的なプロセスを説明するための新たな端緒も判明するかもしれない。意識、記憶、感情、意思自由と道徳といったものは、新たなイメージング技術によって引き起こされた人間像に関する論争的な諸議論の特徴を表している標語の若干のものにすぎない[20]。

24　このような方法は、特定の状況における被験者の脳活動を描写する。合衆国の脳研究者であるLibetの実験は、センセーショナルなものであった。その実験では、脳活動と意識的な決定の知覚の時間的な順序が調べられた。それによると、被験者自身が決定をしたと思っている前に、脳は既に活動を始めている、ということが確認された。そのことから、一部では、自由意思をもっているという私たちの信念は幻想である、なぜならば、私たちの脳は既にその前に決定を下しているからである、という推論がなされた。そうこうするうちに、脳研究者による多くの新たな実験が行われており、それらは、もしかすると、（刑）法とその解釈に影響を及ぼすかもしれない。中でも特に、人は真実を言わないとき、脳の特定の部位が賦活化することが証明されたとされている。このようにして、新たなレベルでのうそ発見器に関する議論が続けられている[21]。

---

20)　*Hillenkamp* JZ 2005, 313ff.；*Fischer* StGB Vor §13 Rn. 9ff.
21)　*Hilgendorf* FS Yenisey, 913ff.

Ⅳ　医療ロボット工学と人間と機械の結合

25　現代の医学は、機械の使用による影響をますます強く受けている。そこで問題となるのは、一方では、例えば手術用ロボットのような「補助器具」としての機械の使用が一層進んでいることであり、他方では、人間と機械の結合が増大していることである。このような展開は、医学の現実とそれを社会的並びに法的にどのように整序していくかという問題、更には、私たちの人間像にもかなりの影響を及ぼすといってよいであろう。

26　ロボットの使用は、特に、民事上及び刑事上の責任に関して、新たな問題を生じさせる。なぜならば、外科医が自分だけで行為するケース（その場合には、自分の行為の結果に関しても自分だけが責任を負う）とは異なり、ロボットとの「分業」により、新たな責任の分配が生ずることになるからである。例えば、ロボットのプログラミングに欠陥があり、そこから損害が発生した場合、そのことに関して行為をしている外科医だけが責任を負うわけではないのは明らかである。それ故、このコンテクストでは、損害の因果関係を精密に辿ることが、特に重要である。

27　このことが特に重要となるのは、ロボットが自ら「学習する」場合、すなわち、新たな経験をこれまでの経験の地平に組み込み、そこから新たな結論を引き出す場合である。この場合には、条件を設定したプログラマーが責任を負うのか、教える使用者が責任を負うのか、それとも、‐一部では既に要求されているように‐ロボット自身が責任を負うのか、ということが問題となる[22]。これは、今後も結局はそれぞれのケース毎の問題のままであろうが、その展開を精密に辿り、責任の一般的な条件を確定することが必要である。

28　将来的には、人間と機械の結合も、同じように大きな重要性をもつであろう。人間の身体の一部を技術的な人工のパーツ、あるいは、限定された意味

---

22)　議論状況についての概観は、*Schulz*, Verantwortlichkeit bei autnom agierenden Systemen.

での「機械」に置き換えることは、確かに新しいことではない－人工の関節や義歯は、普通の医療活動の一部となって既に久しい。車いすの使用も、ある意味では、人間と機械の結合である。これらの方法は、これまで、医学の方法の評価や人間像にとって新たな挑戦となるものではなかった。けれども、例えば、人工呼吸の可能性－それは、結局、肺を機械と置き換えることでもある－が臨死介助、患者の自律性、医学の治療任務の限界を巡る議論に及ぼす影響を見るならば、始まりつつある人間と機械の融合は、ものの見方や人間の取り扱い方にとって重要性をもたずにはいない、ということが明らかとなる[23]。いわゆる「閉じ込め症候群」に罹患している患者に関しては、少し前から、脳を機械に直接つなぐことによって脳と直接的に連絡を取る可能性が開かれている。このような患者のうちの少なからぬ者に関しては、ほぼすべての筋肉が麻痺しており、身体の活動は、機械を通じてしか行うことができない。

29　もう一つ別の関連する展開は、いわゆる「脳ペースメーカー」の使用である。この機器は、もともとは、パーキンソン病の患者が可能な限り病気の症状を免れた生活を送ることができるようにするために開発されたものであった。もっとも、それは、重大な倫理的及び法的問題を投げかける。すなわち、人間の脳の電流の流れに影響を及ぼす技術的な機器を用いることは、既にそのこと自体が人間像と法的規制にとっての挑戦なのである。更に、パーキンソン病患者のある特定の動きが、自らの意思活動によってではなく、機械的に引き起こされたものである場合には、そこでは今なお「その人の」行動が問題となるのかどうか、また、その人は生じ得る結果について責任を負うのかどうか、といったことがはっきりしていない。

30　ついでに述べておくと、それに加えて更に、新たな医学的方法の全てが提起する一般的な問題が提示される。どのような健康上のリスクがあるのか？　人間を使って実験をすることがどこまで許されるのか？　患者の自律性を守

---

[23]　その点については、Menschenwürde und Medizin, 997ff. und 1047ff. における、*Bech* 及び *Hilgendorf* の論文。

ることは、どの程度可能なのか？　大量に使用すると、どのような影響を及ぼす可能性があるだろうか？　そして、最終的には次のような問いも提起される。その種の方法への資金提供は、どのようになされるべきか？

31　その技術的な現実に社会が追いつくまで、そのような問いへの回答を先延ばしすることは、いずれにせよ問題をはらんでいるであろう。人間と機械の融合は、既に盛んに行われている。たとえ、新たな可能性をまだ全面的に予測することはできないとしても、このような展開は、もしかすると、クローニング、人間の遺伝子操作、胚の選別のような問題視される技術よりも更に影響が後まで残る形で社会を変えてしまうかもしれない。

V　治療と改善の境界設定について

1．医学と倫理学における境界設定

32　これらすべてのテーマに関して、まずもって提示される一つの問題がある。治療と改善とは、どのようにして区別することができるのか？　原則的には、次のように言うことができる。治療は病気を治すために行われるものであり、それを越えるものは、健康な人の改善である。それ故、どの時点から、特定の身体的若しくは精神的な状態を「病気」として定義すべきか、ということが決定的である。

33　世界保健機関は、健康に関する非常に広範な定義を提示している。「健康とは、身体的、精神的、及び社会的に完全に幸福な状態である」[24]。このような状態を達成できるのは非常にまれであることは明らかであるため、倫理的及び法的な議論にとって役に立つ境界設定基準としては、ほとんど適していない。それ故、「病気」として定義されるものは何かという問題に取り組

---

24)　「健康とは、身体的、精神的、及び社会的に完全に幸福な状態のことであり、単に病気や疾患がないということではない。」世界保健機関の病気に関する定義は、次のアドレスで見ることができる。http://www.who.int/about/definition/en/print.html（2014年12月6日現在）。

34 「病気である」とは正常性からの好ましくない逸脱を意味する、ということが、基本的には妥当する。しかし、どのような基準がその基礎に置かれるのか、また、どのような条件の下で、ある逸脱が、病気の範疇に含めるに足りるくらい重大なものと評価されるべきなのか、といったことは、はっきりしない。その点に関しては、様々な見方が主張されている。病気と健康の境界設定を行う際の視点に関して、一つの分類がなされている。主観的か、客観的か、あるいは、社会的か、というのがそれである[25]。

35 **客観的な病気概念**によれば、患者の状態が、「正常な状態」、すなわち、身体の正常な機能と比較され、そこから逸脱している場合には、「病気」という言葉が用いられる。その場合、正常性は平均値との関係で確定されるのが通例である。このような概念は、例えば、多くの血液検査において、血液中の白血球の数値が高いかどうかという問題（この点に関しては、平均値から算定された、正常とみなされ、従って、病気とはみなされない一定の幅が存在する）などに関し、その基礎になっているものである。そこからの逸脱、すなわち、数値が高い若しくは低いということは、身体機能がずれていること、従って病気であることを示唆している。

36 **主観的な病気概念**は、対象者の知覚に焦点を合わせるものである。それによると、最終的に、病気であると感じている者は、病気である。このような主観的な感情は、客観的な状態と一致しなかったり、あるいは、客観的な検査では分からなかったりする可能性がある。例えば、その原因が身体の正常な機能からの逸脱にあるとは認められないのに痛みをおぼえる人や、客観的には正常な状態を苦しいと感ずる人がいる可能性はある。特に、精神的な疾患の関係では、対象者が自分の健康状態を苦しいと受け取るかどうかが、重要なものとなり得る。

37 **社会的な病気概念**は、特定の状態に関する社会の受け止め方、あるいは、

---

25) *Lenk*, Therapie und Enhancement, 27f.

更に、その状態がもつ社会的な影響に焦点を合わせるものである。この特定の状態が、対象者を取り巻く近い関係の者からも、また比較的遠い社会的な関係にある者からも、「病気」として位置づけられている場合に、病気が存在する。こういったことは、例えば、いわゆる「燃え尽き症候群」の犠牲者の場合に考えることができるであろう。燃え尽き症候群の犠牲者は、その身体の状態は、必ずしも正常な状態から逸脱しているとは限らず、本人自身も病気だとは感じていないけれども、就業能力も、社会生活における統合能力や受容能力もなく、そのため、周囲の者から病気だとみなされる。

2．法、とりわけ医事刑法における重要性

38　病気と健康という概念は、様々な法領域において役割を演じている。既に基本法（2条2項）において、「身体を害されないこと」が保護されており、それは、生物学的－生理学的意味における人の健康だけではなく、精神的な意味における健康も含まれると解釈されている（けれども、社会的な健康は含まれない）[26]。その他にも、その二つの概念は、法において、個々の領域の内部で、ないしは、特定の事例状況に関連づけて議論されている。その理由は、とりわけ、それぞれの問題設定に特殊性があるため、統一的な定義づけは不可能である、と考えられているところにある[27]。実際、規範の目的に応じて、特定の概念に異なる法領域において異なる意味を盛り込むことも可能であり、それどころか必要であることも多い[28]。

39　薬事法においては、「病気」という概念は、ある物質を医薬品に分類することができるかどうかを決定する際に、役割を演ずる、薬事法2条1項2号。薬物規制法においても、その線引きは重要となる[29]。この領域において、

---

26) *PSKP* StaatsR Ⅱ Rn. 420。連邦通常裁判所は、生理学的意味での健康を超えた保護領域については判断を留保している。BVerfGE 56, 54, 73 参照。
27) 病気概念についてそのような見方をするのは、例えば、*Rieger*, Lexikon des Arztrechts, 502 Rn. 1113.
28) BGH NJW 1981, 1316 (1317)；BGHSt 11, 304 (309).

連邦通常裁判所は、病気を、「治療することが可能な、身体の正常な性質あるいは正常な活動を妨げるもの全て、従って、軽微なものや一時的なものも含む」と定義した。この定義の問題は、「正常な」という基準には、その意味内容を示すことができる基準値が欠けている、ということである。

40　同様に、民法上あるいは職能身分上の医師の義務を確定するためにも、健康と病気の区別をすることが必要である。その医師の義務は、職業規則によれば、健康には関係するが、美容、知力、あるいは、スポーツの成果には関係しない（2015年にフランクフルト・アム・マインで開催された第118回ドイツ医師大会で決議された「ドイツで活動する医師のための（模範）職業規則1997年版」1条1項）。

41　疾病保険の領域では、「治療行為」の概念を基礎にして、費用の引き受けが決定される。その概念は、ここ数年来、拡張されているとはいえ、もっぱら改善にのみ奉仕する措置の費用は、一般の人々によって負担されるべきではない[30]。それに相応しいのは、狭義の病気概念である。その概念は、治療の措置を必要とするか、あるいは、就業不能であると認められるくらい明らかである、異常な身体状態及び精神状態に照準を合わせるものである。従って、その概念は、客観的な基準と治療措置の必要性に関連している。

42　労働法においては、病気と健康の区別は、報酬の継続支払いに関してや解雇告知事由に関して役割を演ずる。社会法においてそうなっているように、医学的な病気の概念との関連があることが原則であり、それに加えて、常に就業不能が認められなければならない。部分的には、精神的な疾患も、労働法上の病気概念に含まれる[31]。けれども、エンハンスメントによって克服されることになる劣等感が、どの段階から、ないしは、どの程度の重さになれば、精神的な障害として評価され得るのかは、はっきりとしない。

43　医師という職業の特権から、税法において、線引きをする必要性が生ず

---

29)　BGH NJW 1991, 2359.
30)　疑問を提起するものとして、*Brock* in Parens, Enhancing Human Traits, 64ff.
31)　賃金支払い継続法 LohnFG 第1条に関する BAG Urt. v. 5. 4. 1976, AP Nr. 40.

る。なぜならば、病気を治療する者は、営業税も売上税も払う必要がないからである、営業法14条、売上税法4条14号参照。このことは、医師が、治療活動ではなく、「改善の」活動を行う場合には、改めて議論されなければならない[32]。その場合には、施術が、「病気又は他の健康障害の医学的な治療」[33]のためのものであり、従って、人間の健康の保護に役立つものかどうかを評価するために、医学的適応と社会保険者による費用の引き受けという情況証拠が引き合いに出される[34]。

44 国際的な次元でも、例えば、遺伝子工学においては、治療のための措置と改善のための措置が区別されている。そのため、欧州評議会の生物医学条約13条[35]によれば、ヒトゲノムの変化に向けられる侵襲は、予防、診断、若しくは、治療の目的でのみ許容される。

45 健康と病気の区別が役割を演ずる様々な法的問題を描写するだけで既に、諸概念間の相違に問題がないわけではないということが推測できる。病気としての状態ないしは治療としての行為の分類に関して違いがあることは、適用関係での困難を生じさせるだけでなく、評価矛盾にもつながる。

46 全体的な展開を概観すると、注目すべき社会的な変化が見て取れる。病気とみなされる不健康、障害、不満等々の形式は、益々多様なものとなっている[36]。他面で、一般的な病気概念を展開することは実現できることではない、と考えられている[37]。この問題は、もしかすると、新しい概念を体系的に作

---

32) BFH Urt. v. 15. 7. 2004-V R 27/03 ; *Linck* NJW 1987, 2545 (2547).
33) BFH Urt. v. 15. 7. 2004-V R 27/03.
34) BFH Urt. v. 15. 7. 2004-V R 27/03 では、社会法上の概念を用いることについての理由づけは見られない。このことは、BGH NJW 1958, 916 (917) と矛盾する。BGH NJW 1958, 916 (917) は、異なる法律の間で十分に熟考することなく概念を転用することは、それぞれの法律の目的に反する可能性がある、ということを指摘している。
35) http://conventions.coe.int/Treaty/en/Teraties/Html/164.htm で見ることができる（2015年5月7日現在）。
36) Laufs/Kern HdB ArztR/*Laufs* §1 Rn. 21.
37) *Schipperges* in Schipperges/Seidler/Unschuld, Krankheit, Heilkunst, 485.

り上げることによって解決できるかもしれない。その例は、労働法の領域で報酬継続支払法 EFZG 3 条 1 項により病気と並んで就業不能に焦点が合わされているところや、社会法が治療の必要性を引き合いに出しているところに見出される[38]。してみると、病気と健康、治療とエンハンスメントに関する統一的な定義上のメルクマールを見出し、それについて議論することはできるであろう。そして、そのメルクマールは、それぞれの文脈に応じて、その特殊性により補足されたり、制限されたりする可能性があるだろう。人間の改善は許容されるべきか、ないしは、いかなる条件の下で、また、どの範囲まで許容されるべきか、という中心的な問題に答えることができるのは、いずれにせよ、今日の医学の理解を基礎に置くのであれば、少なくとも、治療と改善、および、病気と健康を区別することができる何らかの基準が存在する場合だけである。

---

38) Laufs/Kern HdB ArztR/*Laufs* §1 Rn. 21.

訳者あとがき

　本書は、"Eric Hilgendorf: Einführung in das Medizinstrafrecht"（C. H. Beck, 2016）を訳出したものである。

　ヒルゲンドルフ教授は、テュービンゲン大学で哲学、近代史、宗教学、法学などを学ばれ、哲学及び歴史学についての修士論文を書かれた後、1990 年に哲学博士の学位を取得されたのに続き、1992 年には法学博士の学位を取得されている。1997 年にテュービンゲン大学にて教授資格を授与され、その後、1997 年から 2001 年までコンスタンツ大学で教授を務められ、2001 年からヴュルツブルク大学の教授となり現在に至っている。その間、2010 年 10 月から 2012 年 9 月まで同大学の法学部長を務められた。ヒルゲンドルフ教授の研究領域は、医事刑法、生命刑法、コンピュータとインターネット刑法、比較法など幅広い分野に及ぶ。最近では、ロボット工学と法という最先端の課題にも精力的に取り組まれており、基礎法学に関する造詣も大変深い方である。他方で、ヒルゲンドルフ教授は、刑法教育にも熱心に取り組まれ、法学における e-ラーニングのパイオニアとしても知られているところである。多方面でマルチな才能を発揮する、まさに異能の俊才と呼ぶにふさわしい研究者であるといえよう。

　本書は、医事刑法に関するドイツの議論状況をコンパクトにまとめた入門書である。平易な語り口で、随所に図表などを交えながら解説されており、読者の理解を助けるための教育的配慮が行き届いた書物である。その内容は膨大なドイツ医事刑法のエッセンスを凝縮したものとなっており、本書により読者はこの領域におけるドイツの議論状況の概要を的確に把握することができるであろう（本書の紹介として、福山好典・天田悠「文献紹介：エリック・ヒルゲンドルフ著『医事刑法入門（Einführung in das Medizinstrafrecht）』」年報医事法学 32 号［2017 年］200 頁以下がある。併せて参照されたい）。

このように本書はとてもリーダブルなものであるから、専門家のみならず一般の方でもそれほど苦労することなく読み進めることができると思う。はしがきにもあるように、そのように幅広い読者に読んでもらうことは、著者の願いでもあるだろう。ただ一つ心配なのは、原著がもつリーダブルであるという長所を、拙訳が減殺してしまってはいないだろうかということである。もし本書に読みにくいところがあるとすれば、それはひとえに訳者の至らなさに起因するものである。

翻訳をするにあたっては、多くの論考を参考にさせていただいた。特に、山中敬一『医事刑法概論Ⅰ　序論・医療過誤』(2013年)、天田悠『治療行為と刑法』(2018年)、神馬幸一「翻訳2012年ドイツ移植法」静岡大学法政研究17巻3・4号 (2013年) 345頁以下、岩志和一郎「ドイツにおける高齢者の自律と保護―民法上の成年者保護システムについて―」法律時報85巻7号 (2013年) 26頁以下及び甲斐克則教授の一連の医事刑法研究書からは多くのことを学ばせていただいた。記して謝意を表したい。なお、トマス・モアの引用については、トマス・モア著（平井正穂訳）『ユートピア』(1957年) の訳によっている。

本訳書の企画段階から、只木誠教授には、ヒルゲンドルフ教授とのやり取りをしていただいたり、出版社との交渉をしていただいたりと、大変お世話になった。また、井田良教授、野澤紀雅教授には、折に触れアドバイスをいただいた。皆様のご厚情に、謹んで感謝申し上げたい。

併せて、加藤裕子さんはじめ日本比較法研究所の皆様、出版に向けてご尽力いただいた西田ひとみさんはじめ中央大学出版部の皆様に心より御礼申し上げる次第である。

2018年10月　秋雨の候

髙 橋 直 哉

索引

あ　行

安楽死（Euthanasie）　　　45, 62, 65
医学上一般に承認された方法（Lege
　　artis）　　　　　　　16, 17, 20, 81
生きる権利、生命への権利も見よ
　　（Lebensrecht, s. auch Recht auf
　　Leben）　　59, 105, 115, 123, 127
医師刑法（Arztstrafrecht）　　9, 20
医師の守秘義務（Ärztliche
　　Schweigepflicht）　　　　　　167
――行為者の範囲（Täterkreis）　169
――主観的構成要件（subjektiver
　　Tatbestand）　　　　　　　　178
――正当化事由
　　（Rechtfertigungsgründe）　179
――範囲（Umfang）　　　　　　174
――秘密（Geheimnis）　　　　　167
――秘密の漏示（Offenbaren des
　　Geheimnisses）　　　　　　　177
――保護される人（geschützte
　　Person）　　　　　　　　　　174
――保護法益（Schutzgut）　　　167
意思表示方式（Erklärungslösung）
　　　　　　　　　　　　　　　141
異種移植（Xenotransplantation）　165
移植受入担当者
　　（Transplantationsbeauftragte）　144
移植スキャンダル、臓器提供スキャ
　　ンダルも見よ（Transplantations-
　　Skandal, s. auch Organspende-
　　Skandal）　　　　　　　　　　150
――裁判所による処理
　　（Aufarbeitung durch Gerichte）
　　　　　　　　　　　　　　　151
――実態（Sachverhalt）　　　　150
――新規定（Neuregelungen）　153
移植中核病院
　　（Trasplantationszentren）　145, 151
移植法（Transplantationsgesetz）
　　　　　　9, 44, 133, 143, 155, 158
――意義（Bedeutung）　　　　　135
――適用領域（Anwendungsbereich）
　　　　　　　　　　　　　　　136
一般的な人格権（Allgemeines
　　Persönlichkeitsrecht）
　　　　　　　　　13, 120, 139, 212
イメージング技術（Bildgebende
　　Verfahren）　　　　　　　　213
医療ロボット工学（Medizinrobotik）
　　　　　　　　　　　　　　　214
エアランゲン事件（Erlanger Fall）
　　　　　　　　　　　　　3, 105
エイズ（AIDS）　　　　　　　　183
エンハンスメント（Enhancement）
　　　　　　　　　　　　　21, 205

か　行

外部資金の獲得
　　（Drittmitteleinwerbung）　　198
過剰（Unverhältnismäßigkeit）　116
割礼（Beschneidung）　　　　　　25
幹細胞法（Stammzellgesetz）　9, 128
――幹細胞の輸入の許可
　　（Genehmigung eines
　　Stammzellimports）　　　　　130
――胚の概念（Embryonenbegriff）
　　　　　　　　　　　　　　　130
患者指示（Patientenverfügung）
　　　　　　　　　　　40, 63, 68, 99
患者の意思（Patientenwille）
　　　　　　　　40, 43, 69, 70, 76, 90, 99
緩和ケア医療（Palliativmedizin）　98
期限モデル（Fristenregelung）
　　　　　　　　　　　101, 102, 106
危険な道具（Gefährliches

Werkzeug） 20
期待可能性（Zumutbarkeit）
　　　　　　　　　72, 108, 109
器物損壊（Sachbeschädigung） 76, 103
強制的な治療（Zwangsbehandlung）
　　　　　　　　　74
苦痛の緩和（鎮痛）
　　（Schmerzlinderung） 7, 63, 64
クローン（Klonen） 114, 116
研究の自由（Forschungsfreiheit） 120
健康（の概念）（Gesundheitsbegriff）
　　　　　　　　　216, 218
健康損害（Gesundheitsschädigung）
　　　　　　　　　16, 17, 19
ケンプテン事件（Kemptener Fall） 73
後期堕胎（Spätabtreibungen） 109
交差型提供（Cross-over-Spende） 163
構成要件（Tatbestand） 14
――業としての自殺の促進
　　（geschäftmäßige Förderung der
　　Selbsttötung） 96
――収賄（Bestechlichkeit） 193
――傷害（Körperverletzung） 14, 16
――清算詐欺（Abrechnungsbetrug）
　　　　　　　　　200
――臓器取引及び組織取引（Organ-
　　und Gewebehandel） 159
――妊娠中絶
　　（Schwangerschaftsabbruch）
　　　　　　　　　104, 107
――利益収受（Vorteilsannahme） 187
業としての自殺の促進
　　（Geschäftsmäßige Förderung
　　zur Selbsttötung） 96
――業としての行為
　　（geschäftsmäßiges Handeln） 97
――批判（Kritik） 98
公務担当者（Amtsträger） 187
古代ギリシャ・ローマ（Antike） 2, 45

国家社会主義（Nationalsozialismus）
　　　　　　　　　52

さ　行

差し迫った生命への危険（Akute
　　Lebensgefahr） 37, 43
自己決定権
　　（Selbstbestimmungsrecht）
　　7, 13, 18, 31, 32, 37, 38, 41, 44, 54,
　　55, 66, 72, 73, 74, 76, 81, 87, 101,
　　102, 123, 126, 140, 141, 159, 160
自己最適化（Selbst-Optimierung） 205
死後の人格性の保護（Postmortaler
　　Persönlichkeitsschutz） 105
自殺（Suizid） 45, 54, 70, 79, 92
自殺幇助（Behilfe zur Selbsttötung）
　　　　　　　　　77
社会ダーウィニズム
　　（Sozialdarwinismus） 47
宗教（Religion）
　　　　　26, 63, 89, 94, 114, 142
収賄（Bestechlichkeit） 193
ジュネーブ宣言（Genfer Gelöbnis） 7
傷害（Körperverletzung）
　　　　　　　　　14, 70, 103, 158
――過失（致傷）（fahrlässig） 32
――不作為（による傷害）（duruch
　　Unterlassen） 64
承諾意思表示方式
　　（Zustimmungslösung）
　　　　　　　　　134, 135, 140
――拡大された（承諾意思表示方
　　式）（erweitert） 141
――厳格な（承諾意思表示方式）
　　（streng） 140
情報提供方式（Informationslösung）
　　　　　　　　　142
植物状態（Wachkoma） 72, 82

「知らないこと」への権利（Recht
　　auf „Nichtwissen")　　119, 212
自律性（Autonomie）
　　　　　16, 20, 21, 26, 39, 99, 215
人工的な栄養補給（Künstliche
　　Ernährung）　　　　　　74, 82
新生児（Neugeborene）　　　81
心臓及び循環の停止
　　（Herzkreislaufstillstand）　138
身体的虐待（Körperliche
　　Misshandlung）　15, 16, 17, 19
信頼関係（Vertrauensverhältnis）
　　　　　　　　　　6, 167, 176
推定的意思（Mutmaßlicher Wille）
　　　43, 62, 73, 81, 105, 141, 144, 174
SKIP の論証（SKIP-Argumentation）
　　　　　　　　　　　　　115
性器の切除（Genitalverstümmelung）
　　　　　　　　　　　　　27
清算詐欺（Abrechnungsbetrug）　200
――欺罔行為（Täuschung）　200
――故意（Vorsatz）　　　　203
――財産的損害
　　（Vermögensschaden）　　202
――財産の処分
　　（Vermögensverfügung）　202
――錯誤（Irrtum）　　　　202
――不当利得目的
　　（Bereicherungsabsicht）　203
生命刑法（Biostrafrecht）　　10
生命への権利、生きる権利も見よ
　　（Recht auf Leben, s. auch
　　Lebensrecht）
　　　　　　　9, 90, 97, 99, 101, 115
生命を維持するための措置
　　（Lebenserhaltende
　　Maßnahmen）　　　66, 72, 90
正当化事由
　　（Rechtfertigungsgründe）

――医学的－社会的適応事由
　　（medizinisch-soziale Indikation）
　　　　　　　　　　　　　108
――開示権限
　　（Offenbarungsbefugnis）　184
――緊急救助（Nothilfe）　　76
――推断的同意（konkludente
　　Einwilligung）　　　　　180
――推定的同意（mutmaßliche
　　Einwilligung）
　　　　　37, 38, 39, 43, 63, 181
――正当化する緊急避難
　　（rechtfertigender Notstand）
　　　　15, 41, 44, 65, 76, 81, 142, 182
――正当な利益の擁護
　　（Wahrnehmung berechtigter
　　Interessen）　　　　　　184
――同意（Einwilligung）
　　　　　　　　15, 21, 105, 180
正当化する緊急避難
　　（Rechtfertigender Notstand）
　　　　15, 41, 44, 65, 76, 81, 142, 182
施術の拡大
　　（Operationserweiterung）　42
説明（Aufklärung）　13, 23, 30
――義務（Pflicht）　13, 23, 30, 34
――形式（Form）　　　　　33
――実務上の問題（praktische
　　Probleme）　　　　　　　39
――時点（Zeitpunkt）　　　32
――種類（Arten）　　　　　31
――範囲（Reichweite）　　　35
――放棄（Verzicht）　　　　37
善良な風俗に反すること
　　（Sittenwidrigkeit）　　　28
早期安楽死（Früheuthanasie）　81
臓器（Organ）　　　　　　136
臓器移植（Organtransplantation）
　　　　　　　　　　　44, 133

索　引　*229*

──歴史（Geschichte）　　　135
臓器提供（Organspende）　133, 149
──意思表示方式
　　（Erklärungslösung）　　141
──移植法上の刑罰法規
　　（Strafvorschriften gemäß TPG）
　　　　　　　　　　　　　158
──関係者及び関係諸機関
　　（Akteure）　　　　　　144
──緊急避難方式
　　（Notstandslösung）　　142
──死後の（postmortal）　　137
──死者の安息の妨害（Störung
　　der Totenruhe）　　　　157
──承諾意思表示方式
　　（Zustimmungslösung）　140
──情報提供方式
　　（Informationslösung）　142
──生者による臓器提供
　　（Lebendspende）　　　155
──臓器取引及び組織取引の禁止
　　（Verbot des Organ-und
　　Gewebehandels）　　　　159
──反対意思表示方式
　　（Widerspruchslösung）　139
──流れ（Ablauf）　　　　　149
臓器提供スキャンダル、移植スキャ
　ンダルも見よ（Organspende-
　Skandal, s. auch
　Transplantations-Skandal）　150
──裁判所による処理
　　（Aufarbeitung durch Gerichte）
　　　　　　　　　　　　　151
──実態（Sachverhalt）　　150
──新規定（Neuregelungen）　153
臓器等提供証明書
　　（Organspendeausweis）　135
臓器取引（Organhandel）　151, 159
組織（Gewebe）　　　　　　137

た　行

（生）体外（In-vitro）
　　　　　　　103, 113, 121, 124
待機者リスト（Warteliste）
　　　　　　　133, 134, 145, 146, 150
段階説（Stufentheorie）　　116
着床（Nidation）　　　　103, 115
治療侵襲（Heileingriff）　　13
治療の中止、消極的臨死介助も見よ
　　（Behandlungsabbruch, s. auch
　　Sterbehilfe, passive）
　　　　　　　64, 73, 77, 81, 104, 138
ディグニタス（Dignitas）　91
適応モデル（Indikationsregelung）
　　　　　　　　　　　101, 102
──医学的－社会的（適応事由）
　　（medizinisch-sozial）　108
──犯罪学的（適応事由）
　　（kriminologisch）　　　108
適応性のある侵襲（Indizierte
　　Eingriffe）　　　　　　14, 21
適応性のない侵襲（Nicht indizierte
　　Eingriff）　　14, 21, 26, 35, 37
同意（Einwilligung）　15, 21, 105, 180
──意思の欠缺（Willensmängel）　23
──仮定的（hypothetisch）　41
──推断的（konkludent）　180
──推定的（mutmaßlich）
　　　　　　　37, 38, 39, 43, 63, 181
──善良な風俗に反すること
　　（Sittenwidrigkeit）　　28
ドーピング（Doping）　　21, 207
取引を行うこと（Handeltreiben）　160

な　行

ナチズムの安楽死（NS-Euthanasie）

53
乳児（Säuglinge） 25
人間の尊厳（Menschenwürde）
　　　　　　 9, 87, 90, 101, 115, 123,
　　　　　　 127, 133, 142, 160, 163
妊娠中絶
　　（Schwangerschaftsabbruch） 101
──医学的‐社会的適応事由
　　（medizinisch-soziale Indikation）
　　　　　　　　　　　　　　　 108
──医師の身分犯（ärztliche
　　Sonderdelikte） 109
──過失（Fahrlässigkeit） 110
──期限モデル（Fristenregelung）
　　　　　　　　　　 101, 102, 106
──刑量（Strafmaß） 106
──適応モデル
　　（Indikationsregelung）
　　　　　　　　　　 101, 102, 107
──犯罪学的適応事由
　　（kriminologische Indikation） 108
──不可罰性（Straflosigkeit） 106
──保護法益（Schutzgut） 104
脳死（Hirntod） 105, 136, 137

　　　　　　は　行

胚（Embryo）　 103, 113, 122, 130, 208
胚の「改良」（„Verbesserung" von
　　Embryonen） 118
胚の地位（Status des Embryos）
　　　　　　　　　　　　　 114, 120
胚保護法（Embryonenschutzgesetz）
　　　　　　　　　　　　 9, 103, 121
──遺伝子を変えた子孫を作ること
　　（Herstellung genetisch
　　veränderter Nachkommen） 126
──クローニング（Klonierung） 127
──生殖技術の濫用的使用

（missbräuchliche Anwendung
　　von Fortpflanzungstechniken）123
──性の選別
　　（Geschlechterselektion） 126
──着床前診断
　　（Präimplantationsdiagnostik） 124
── DNA の融合（Vermischung
　　von DNA） 128
──同意のない授精（Befruchtung
　　ohne Einwilligung） 126
──胚概念（Embryonenbegriff） 122
──胚の取り扱い（Umgang mit
　　Embryonen） 124
反対意思表示方式
　　（Widerspruchslösung）
　　　　　　　　　　 134, 135, 139
──拡大された（反対意思表示方
　　式）（erweitert） 140
──厳格な（反対意思表示方式）
　　（streng） 139
ヒポクラテスの誓い
　　（Hippokratischer Eid） 4, 8
秘密（Geheimnis） 167, 171
秘密の漏示（Offenbaren des
　　Geheimnisses） 177
病気概念（Krankheitsbegriff） 217
──客観的（objektiv） 217
──社会的（sozial） 217
──主観的（subjektiv） 217
美容整形手術（Kosmetische
　　Operationen）
　　　　　　 14, 21, 36, 205, 206, 208
比例性（Verhältnismäßigkeit）
　　　　　　　　　　　　　 140, 199
不救助（Unterlassene Hilfeleistung）
　　　　　　　　　　　　　　 64, 71
不正の合意（Unrechtsvereinbarung）
　　　　　　　　　　　　　 191, 196
フルダ事件（Fuldaer Fall） 75

索　引　*231*

分娩（Geburt）　109
分娩の開始（Beginn der Geburt）　109
法（律）案（Gesetzesvorschlag）
　　　　　69, 86, 91
法源（Rechtsquellen）　9
法的不確実性（Rechtsunsicherheit）
　　　　　11, 136
法律上の基盤、法的根拠
　　（Gesetzliche Grundlagen）　9, 11
保障人的地位（Garantenstellung）
　　　　　71, 105

ま　行

未成年者（Minderjährige）
　　　　　24, 85, 106, 156, 181
民族衛生学（Rassenhygiene）　50

や　行

優生学（Eugenik）　49
要求（嘱託）（Verlangen）
　　　　　62, 84, 87, 106
要求による殺人（Tötung auf
　　Verlangen）　54, 65, 79, 85, 86, 93
予測的遺伝子診断（Prädiktive
　　Gendiagnostik）　209

ら　行

卵細胞（Eizelle）　103, 104, 114
利益（Vorteil）　189
──非物質的（immateriell）　189
──物質的（materiell）　189
利益収受（Vorteilsannahme）　187
──公務担当者（Amtsträger）　187
──実行行為（Tathandlung）　193
──職務の執行（Dienstausübung）
　　　　　190
──不正の合意
　　（Unrechtsvereinbarung）　191, 196
臨死介助（Sterbehilfe）　7, 45, 61
──間接的（臨死介助）（indirekt）　64
──消極的（臨死介助）、治療の中
　　止も見よ（passiv, s. auch
　　Behandlungsabbruch）　64, 66
──積極的（臨死介助）（aktiv）
　　　　　62, 64, 65, 77, 81, 83
──直接的（臨死介助）（direkt）　65
臨死介助団体
　　（Sterbehilfegesellschaften）　80, 91
臨死への付き添い
　　（Sterbebegleitung）　63, 82, 91
類推禁止（Analogieverbot）　121, 152

訳者紹介

髙橋直哉（たかはしなおや）　中央大学法科大学院教授

学習と実務
医事刑法入門

日本比較法研究所翻訳叢書（82）

2019年2月28日　初版第1刷発行

訳　者　髙橋直哉
発行者　間島進吾

発行所　中央大学出版部
〒192-0393
東京都八王子市東中野742-1
電話 042 (674) 2351・FAX 042 (674) 2354
http://www.2.chuo-u.ac.jp/up/

©2019　Naoya Takahashi　ISBN 978-4-8057-0383-0　　株式会社 千秋社

本書の無断複写は、著作権法上での例外を除き、禁じられています。
複写される場合は、その都度、当発行所の許諾を得てください。

日本比較法研究所翻訳叢書

№	訳者	書名	判型・価格
0	杉山直治郎訳	仏蘭西法諺	B6判（品切）
1	F. H. ローソン／小堀憲助他訳	イギリス法の合理性	A5判 1200円
2	B. N. カドーゾ／守屋善輝訳	法の成長	B5判（品切）
3	B. N. カドーゾ／守屋善輝訳	司法過程の性質	B6判（品切）
4	B. N. カドーゾ／守屋善輝訳	法律学上の矛盾対立	B6判 700円
5	P. ヴィノグラドフ／矢田一男他訳	中世ヨーロッパにおけるローマ法	A5判（品切）
6	R. E. メガリ／金子文六他訳	イギリスの弁護士・裁判官	A5判 1200円
7	K. ラーレンツ／神田博司他訳	行為基礎と契約の履行	A5判（品切）
8	F. H. ローソン／小堀憲助他訳	英米法とヨーロッパ大陸法	A5判（品切）
9	I. ジュニングス／柳沢義男他訳	イギリス地方行政法原理	A5判（品切）
10	守屋善輝編	英米法諺	B6判 3000円
11	G. ボーリー他／新井正男他訳	〔新版〕消費者保護	A5判 2800円
12	A. Z. ヤマニー／真田芳憲訳	イスラーム法と現代の諸問題	B6判 900円
13	ワインスタイン／小島武司編訳	裁判所規則制定過程の改革	A5判 1500円
14	カペレッティ編／小島武司編訳	裁判・紛争処理の比較研究(上)	A5判 2200円
15	カペレッティ／小島武司他訳	手続保障の比較法的研究	A5判 1600円
16	J. M. ホールデン／高窪利一監訳	英国流通証券法史論	A5判 4500円
17	ゴールドシュテイン／渥美東洋監訳	控えめな裁判所	A5判 1200円

日本比較法研究所翻訳叢書

18	カペレッティ編 小島武司編訳	裁判・紛争処理の比較研究(下)	Ａ５判 2600円
19	ドゥローブニク他編 真田芳憲他訳	法社会学と比較法	Ａ５判 3000円
20	カペレッティ編 小島・谷口編訳	正義へのアクセスと福祉国家	Ａ５判 4500円
21	P. アーレンス編 小島武司編訳	西独民事訴訟法の現在	Ａ５判 2900円
22	D. ヘーンリッヒ編 桑田三郎編訳	西ドイツ比較法学の諸問題	Ａ５判 4800円
23	P. ギレス編 小島武司編訳	西独訴訟制度の課題	Ａ５判 4200円
24	M. アサド 真田芳憲訳	イスラームの国家と統治の原則	Ａ５判 1942円
25	A. M. プラット 藤本・河合訳	児童救済運動	Ａ５判 2427円
26	M. ローゼンバーグ 小島・大村訳	民事司法の展望	Ａ５判 2233円
27	B. グロスフェルト 山内惟介訳	国際企業法の諸相	Ａ５判 4000円
28	H. U. エーリヒゼン 中西又三編訳	西ドイツにおける自治団体	Ａ５判 (品切)
29	P. シュロッサー 小島武司編訳	国際民事訴訟の法理	Ａ５判 (品切)
30	P. シュロッサー他 小島武司編訳	各国仲裁の法とプラクティス	Ａ５判 1500円
31	P. シュロッサー 小島武司編訳	国際仲裁の法理	Ａ５判 1400円
32	張晋藩 真田芳憲監修	中国法制史(上)	Ａ５判 (品切)
33	W. M. フライエンフェルス 田村五郎編訳	ドイツ現代家族法	Ａ５判 (品切)
34	K. F. クロイツァー 山内惟介監修	国際私法・比較法論集	Ａ５判 3500円
35	張晋藩 真田芳憲監修	中国法制史(下)	Ａ５判 3900円

日本比較法研究所翻訳叢書

36	G. レジエ 他 / 山野目章夫他訳	フランス私法講演集	A5判 1500円
37	G. C. ハザード 他 / 小島武司編訳	民事司法の国際動向	A5判 1800円
38	オトー・ザンドロック / 丸山秀平編訳	国際契約法の諸問題	A5判 1400円
39	E. シャーマン / 大村雅彦編訳	ADRと民事訴訟	A5判 1300円
40	ルイ・ファボルー他 / 植野妙実子編訳	フランス公法講演集	A5判 3000円
41	S. ウォーカー / 藤本哲也監訳	民衆司法——アメリカ刑事司法の歴史	A5判 4000円
42	ウルリッヒ・フーバー他 / 吉田豊・勢子訳	ドイツ不法行為法論文集	A5判 7300円
43	スティーヴン・L ペパー / 住吉博編訳	道徳を超えたところにある法律家の役割	A5判 4000円
44	W. マイケル・リースマン他 / 宮野洋一他訳	国家の非公然活動と国際法	A5判 3600円
45	ハインツ・D. アスマン / 丸山秀平編訳	ドイツ資本市場法の諸問題	A5判 1900円
46	デイヴィド・ルーバン / 住吉博編訳	法律家倫理と良き判断力	A5判 6000円
47	D. H. ショイイング / 石川敏行監訳	ヨーロッパ法への道	A5判 3000円
48	ヴェルナー・F. エプケ / 山内惟介編訳	経済統合・国際企業法・法の調整	A5判 2700円
49	トビアス・ヘルムス / 野沢・遠藤訳	生物学的出自と親子法	A5判 3700円
50	ハインリッヒ・デルナー / 野沢・山内編訳	ドイツ民法・国際私法論集	A5判 2300円
51	フリッツ・シュルツ / 眞田芳憲・森光訳	ローマ法の原理	A5判 (品切)
52	シュテファン・カーデルバッハ / 山内惟介編訳	国際法・ヨーロッパ公法の現状と課題	A5判 1900円
53	ペーター・ギレス / 小島武司編	民事司法システムの将来	A5判 2600円

日本比較法研究所翻訳叢書

54	インゴ・ゼンガー 古積・山内 編訳	ドイツ・ヨーロッパ民事法の今日的諸問題	A5判 2400円
55	ディルク・エーラース 山内・石川・工藤 編訳	ヨーロッパ・ドイツ行政法の諸問題	A5判 2500円
56	コルデュラ・シュトゥンプ 楢﨑・山内 編訳	変革期ドイツ私法の基盤的枠組み	A5判 3200円
57	ルードフ・V.イエーリング 眞田・矢澤 訳	法学における冗談と真面目	A5判 5400円
58	ハロルド・J.バーマン 宮島直機 訳	法 と 革 命 Ⅱ	A5判 7500円
59	ロバート・J.ケリー 藤本哲也 監訳	アメリカ合衆国における組織犯罪百科事典	A5判 7400円
60	ハロルド・J.バーマン 宮島直機 訳	法 と 革 命 Ⅰ	A5判 8800円
61	ハンツ・D.ヤラス 松原光宏 編	現代ドイツ・ヨーロッパ基本権論	A5判 2500円
62	ヘルムート・ハインリッヒス他 森 勇 訳	ユダヤ出自のドイツ法律家	A5判 13000円
63	ヴィンフリート・ハッセマー 堀内捷三 監訳	刑罰はなぜ必要か 最終弁論	A5判 3400円
64	ウィリアム・M.サリバン他 柏木昇 他訳	アメリカの法曹教育	A5判 3600円
65	インゴ・ゼンガー 山内・鈴木 編訳	ドイツ・ヨーロッパ・国際経済法論集	A5判 2400円
66	マジード・ハッドゥーリー 眞田芳憲 訳	イスラーム国際法 シャイバーニーのスィヤル	A5判 5900円
67	ルドルフ・シュトラインツ 新井誠 訳	ドイツ法秩序の欧州化	A5判 4400円
68	ソーニャ・ロートエルメル 只木誠 監訳	承諾, 拒否権, 共同決定	A5判 4800円
69	ペーター・ヘーベルレ 畑尻・土屋 編訳	多元主義における憲法裁判	A5判 5200円
70	マルティン・シャウアー 奥田安弘 訳	中東欧地域における私法の根源と近年の変革	A5判 2400円
71	ペーター・ゴットバルト 二羽和彦 編訳	ドイツ・ヨーロッパ民事手続法の現在	A5判 2500円

日本比較法研究所翻訳叢書

番号	著者・訳者	タイトル	判型・価格
72	ケネス・R.ファインバーグ 伊藤壽英訳	大惨事後の経済的困窮と公正な補償	A5判 2600円
73	ルイ・ファヴォルー 植野妙実子監訳	法にとらわれる政治	A5判 2300円
74	ペートラ・ポールマン 山内惟介編訳	ドイツ・ヨーロッパ保険法・競争法の新展開	A5判 2100円
75	トーマス・ヴュルテンベルガー 畑尻　剛編訳	国家と憲法の正統化について	A5判 5100円
76	ディルク・エーラース 松原光宏編訳	教会・基本権・公経済法	A5判 3400円
77	ディートリッヒ・ムルスヴィーク 畑尻　剛編訳	基本権・環境法・国際法	A5判 6400円
78	ジェームズ・C・ハウエル他 中野目善則訳	証拠に基づく少年司法制度構築のための手引き	A5判 3700円
79	エイブラム・チェイズ他 宮野洋一監訳	国際法遵守の管理モデル	A5判 7000円
80	トーマス・ヘェーレン編 山内惟介編訳	ミュンスター法学者列伝	A5判 6700円
81	マティアス・カスパー 小宮靖毅編訳	コーポレート・ガバナンス、その現下の課題	A5判 1300円

＊価格は本体価格です。別途消費税が必要です